周易象说

钱世明

图书在版编目（CIP）数据

周易象说 / 钱世明著 . —— 北京：华夏出版社有限公司, 2020.2
ISBN 978-7-5080-9880-7

Ⅰ.①周⋯ Ⅱ.①钱⋯ Ⅲ.①《周易》– 研究 Ⅳ.① B221.5

中国版本图书馆 CIP 数据核字 (2019) 第 258878 号

周易象说

著　　者	钱世明
责任编辑	张　平　裘挹红
出版发行	华夏出版社有限公司
经　　销	新华书店
印　　刷	三河市少明印务有限公司
装　　订	三河市少明印务有限公司
版　　次	2020 年 2 月北京第 1 版 2020 年 2 月北京第 1 次印刷
开　　本	880mm×1230mm　1/32
印　　张	12.5
字　　数	247 千字
定　　价	59.00 元

华夏出版社有限公司　　地址：北京市东直门外香河园北里 4 号　邮编：100028
　　　　　　　　　　　　网址：www.hxph.com.cn　　　　　电话：（010）64618981
若发现本版图书有印装质量问题，请与我社营销中心联系调换。

目 录

自序（第一版）……………………………………001
易象通说……………………………………………001

乾 /003	坤 /007	屯 /012	蒙 /016
需 /018	讼 /021	师 /023	比 /026
小畜 /031	履 /033	泰 /035	否 /039
同人 /041	大有 /044	谦 /046	豫 /048
随 /050	蛊 /052	临 /054	观 /056
噬嗑 /058	贲 /061	剥 /063	复 /064
无妄 /066	大畜 /068	颐 /070	大过 /072
坎 /074	离 /076	咸 /078	恒 /081
遁 /082	大壮 /084	晋 /086	明夷 /088
家人 /090	睽 /091	蹇 /093	解 /095
损 /097	益 /101	夬 /103	姤 /106
萃 /109	升 /111	困 /112	井 /114
革 /116	鼎 /119	震 /121	艮 /123
渐 /125	归妹 /126	丰 /129	旅 /132
巽 /133	兑 /135	涣 /136	节 /138
中孚 /140	小过 /142	既济 /144	未济 /147

象传通义 ·········· 149

小引 /151　乾 /151　坤 /154　屯 /157
蒙 /159　需 /160　讼 /162　师 /164
比 /165　小畜 /167　履 /168　泰 /171
否 /172　同人 /174　大有 /176　谦 /177
豫 /179　随 /181　蛊 /182　临 /185
观 /186　噬嗑 /188　贲 /190　剥 /191
复 /193　无妄 /195　大畜 /197　颐 /198
大过 /200　坎 /202　离 /203　咸 /204
恒 /206　遯 /208　大壮 /209　晋 /210
明夷 /212　家人 /214　睽 /215　蹇 /217
解 /218　损 /219　益 /221　夬 /222
姤 /224　萃 /226　升 /227　困 /229
井 /230　革 /232　鼎 /233　震 /235
艮 /236　渐 /238　归妹 /240　丰 /241
旅 /243　巽 /244　兑 /246　涣 /247
节 /248　中孚 /250　小过 /252　既济 /253
未济 /255

周易的启示 ·········· 257

小引 /259　乾 /261　坤 /264　屯 /266
蒙 /268　需 /270　讼 /272　师 /274
比 /275　小畜 /277　履 /278　泰 /279
否 /281　同人 /282　大有 /283　谦 /285
豫 /286　随 /287　蛊 /289　临 /290

观 /291　　噬嗑 /293　　贲 /294　　剥 /295

复 /297　　无妄 /298　　大畜 /299　　颐 /300

大过 /302　　坎 /303　　离 /304　　咸 /306

恒 /307　　遁 /308　　大壮 /310　　晋 /311

明夷 /312　　家人 /314　　睽 /315　　蹇 /316

解 /317　　损 /318　　益 /320　　夬 /321

姤 /322　　萃 /324　　升 /325　　困 /326

井 /327　　革 /329　　鼎 /330　　震 /331

艮 /332　　渐 /334　　归妹 /335　　丰 /336

旅 /337　　巽 /338　　兑 /340　　涣 /340

节 /341　　中孚 /342　　小过 /343　　既济 /344

未济 /345

周易臆说 …………………………………………………347

一、伏羲画卦和坤尊乾卑 /349

二、远取诸物和近取诸身 /351

三、六七和八九 /354

四、坤与宇宙 /356

五、人与天、地的关系 /357

六、卦与爻的不同在静与动 /359

七、立象尽意和依象断意 /362

周易美学浅探 …………………………………………365

一、易象符号是艺术符号 /367

二、易经的美学思想 /382

自 序
（第一版）

《周易》中的美学思想实是中国艺术美学的源头之一，所以引起我对它的研究。我认为卦形所显示的象，是表现性形式。卦象与中国古象形文字的美学本质是一样的，卦象符号与中国古文字的形成与流衍，造就了中国民族各类艺术的整体性风格特征——以象见意。这"象"，是具象符号。卦形乍看似是抽象符号，而实质上它们是自然诸物的本质或形式结构的表现体，所以它们是具象性的符号——意在其中的表现性形式，而不是意在其外的纯代指性的抽象符号（如拼音文字）。"象其物宜，是故谓之'象'。"《系辞传》的作者早就点明了卦象的表现性！正因如此，才"立象以尽意"，才"观其象而玩其辞"。辞，就是对象中含蕴的意的文字说明。承袭了卦象的特征，所以中国的视觉艺术（舞蹈、绘画、戏曲等）的可视形象都是在似与不似之间的具象符号，而不是纯写实性的物相再现！研究《易》的卦象，是揭开中、西艺术表现特征上根本歧异的关键。

我在拙著《周易卦爻辞通说》中提出了"卦象思维"的概念。这种"卦象思维"正是"观象玩辞"的思维过程，是形象思维与逻辑思维完美融合的过程。意就在象中，故这种思维不是形象思维与逻辑思维的交织进行，也不是交替进行，也不存在谁为主谁为次的问题。所以，研究《易》象，是研究中国形象思维特征的重要途径。

这部《周易象说》是对旧作《易象通说》的补订扩充。书中的《象传通义》是对《象传》的阐发。《象传》实是教人观象得意之后自律修身的，是将客观现象的内理用于指导人生行为的。如"天行健——君子以自强不息"，即以天体运行的不息，来指导人的行为，人生一世也应自强不息！读《象传》，对今人提高道德修养是有助益的。所谓"天人合一"，也正体现于斯也。运用《易》理指导自己的言行、处世应变，是读《易》的目的，也是读《象传》的收获。正如《世说新语》注引《管辂别传》中所谓"夫善《易》者不论《易》也"，其所"不论"于口舌间，实已贯融于行为中了，而理就蕴于象中。观象而得义理，义理也就是"意"。《象传》诸条在说完象之后，就说"君子"应如何如何，正是明白地以象中的道理指导人呢。从这个意义上看，《象传》是在讲述积极入世的处世哲学。《象传》先点象，继而明意阐理。言简意赅的写法，也开后世引喻说理的诗文评一类短制的先河。

归结一句话：我写这书，旨在把《易》象研究归入艺术学、美学的范畴。要知古代形象思维的成就，不明《易》象是不行的。

钱世明
1997.6.24

易象通说

䷀ 乾 乾下乾上

乾：元、亨，利贞。

【说】乾为天，为阳。天地阴阳成立，万物始得化生。元，始也。亨，通也。利，作用及其功效也。贞，正也。乾（☰）具有元始、亨通、作用、正固四种品行，即四德。始而通，则可以发挥其利，其利既成，便说明其行为正。

初九：潜龙勿用。

【说】"—"为龙象，龙为阳物。初九在卦的最下，又六爻之初、二象地，所以称之"潜龙"。潜，藏也。龙处于潜藏之时，所以说"勿用"——不宜作用也。"—"为男性生殖器之象，初九之潜龙，实则喻男性尚未成熟之期，因此勿用！由此可知：所谓"龙"，即男阴之代称。

九二：见龙在田，利见大人。

【说】九二位在地之表，所以说"田"。龙之在田，即龙之出现于地表。龙已出现于田上，故兆大人利于出面。以阳性而言，乃成熟之谓。

前儒无不以为《易》以乾阳为大，坤阴为小。我认为伏羲画卦应是事实，即八卦初作于母系氏族社会。那时候，女性为首领，故当以阴为大，阳为小。卦爻之辞虽后世所作，但在《坤》之六二"直方大……"及《泰》☷之居上，☰位下和《否》之☰居上，

☷位下来看，是保存了母系社会之影响的。《乾》《坤》《泰》《否》四卦中，小者谓乾阳，大者谓坤阴。故"利见大人"之"大人"，指女性也。此"见"字，于阳性而言是见大人之意，反过来即是阳性成熟时，大人（女性）见则得利。大人见于此时，阴阳始有交合之利。

九三：君子终日乾乾，夕惕若，厉无咎。

【说】三爻居内卦乾之上，又居互卦乾之中，所以说"乾乾"。以意而言，乾乾即自强不息。"日乾乾"与"夕惕若"为互文，即终日终夕乾乾而惕若。如分而作先后句法，则不可解矣——为什么白天乾乾，非到晚上才惕若不可呢？又为什么晚上才惕若？唯有乾乾的同时存惕若，才纵有险厉而无咎！乾以阳性象君子，象日，故说："君子终日。"终日，晨至晚也，即包括了"夕"在内。

九三已居内卦之上，继续上进便入于四位。阳在九二，已然成熟，在此处则有奋进之象。奋进（即乾乾）而存惕虑，则进而不致有失了。阳性成熟之后，虽亢奋而守惕，养生之道也！

九四：或跃在渊，无咎。

【说】此爻省略了主语"龙"。四位已是上卦之初，以龙处于此位作比喻，正是可以进跃，也可以居于水渊不动之时，进退皆可，所以无咎。

☵（坎）为阳入于阴，阴阳交媾之象。乾☰，伏象为坤☷。坤为水，为渊。九四居上乾之下位，即伏坤之下位，又四位为阴位，故有在渊之论。九四进为九五，正入上乾伏坤之中，"或跃"即指入坤之中成☵。

九五：飞龙在天，利见大人。

【说】重卦之五、上两位象天。"—"居五位，故称"飞龙在天"。五位为阳位，所以阳爻当此位，乃阳处盛旺的象征。阳于此时最利与阴相交，以化生万物。于人而言，即男处盛壮，宜于女交之时。

龙升天位，故称"飞"。飞，升也，腾也。前儒有以五变成离——九五阳爻也，变为阴爻，则上乾☰即变为☲——离为飞，故称"飞龙"。此说过矣！何以五必变？初、二、三、四为何不变？且九二变亦成☲，何不称"飞"？三与四皆居互乾之中，何亦不变为☲以称"飞"？因之，用变爻去迎合爻辞之象是穿凿附会，不足取者也。

上九：亢龙有悔。

【说】上（第六位）为卦之极位，九处于上，阳已自适当之盛，进入亢盛。亢则将转为衰，所以阳处亢有悔生之象。因处于极端，将向其反面转化，故上九变为--之后，上☰即成☱。☱为毁折，衰象在焉。阳于九五，已处盛健，至于上位，仍逞盛用壮不已，则无异于自戕！上九之亢而有悔，于人而言，实警钟之鸣，可不惕哉！男性欲求养生保健，不知亢龙有悔则危矣哉！一旦阳亢，衰竭即至，殆矣！

用九：见群龙无首，吉。

【说】"用九"，释《易》之阳爻称"九"之原因，即言"九"之作用也。九，老阳，阳数之极。极，至也，穷也。《说文》："穷，极也。"《系辞传下》："《易》，穷则变，变则通，通则久。"用九，即言变也。九，既为阳数之极，故用之以标示阳至极将变阴。阳老则变，九可变为六。《易》阳爻称九不称七，即用九不用七。用九，既明阳刚行健之意义，复作阳老即变之警诫。《文言》所云："乾元用'九'，乃见天则。"这"天则"，就是四时变化的自然法则：暑极则寒来，寒极则暑来，阴、阳消息，四季分明。群龙，六位阳爻之总称。无首，即无极、无穷端。阳至极端即转向阴，阴到极转化为阳，周而复始，故曰"无首"也。无首，无首尾可寻也。《易》阴用六，六为老阴，六变即为阳。虽不说用六"无首"，实则六亦无首也。

坤之用"六"，与乾之用"九"，意义一致。六，老阴之数。阴至于老，即将穷极，即将向其对立面——阳转化。仍是"穷则变，变则通，通则久"法则之体现。

因此，阳爻不以"七"称，阴爻不以"八"名——七、八，不变，不能体现《易》的宗旨。《系辞传上》："爻者，言乎变者也。"又："六爻之义易以贡。"爻变，故以"九""六"为代名词以指阳爻、阴爻。元朝陈应润《周易爻变易缊》"'用九'一章，乃阳爻变阴之则……'用六'一章，乃阴爻变阳之则"所论正确。

有以"用九""用六"为占辞者，大谬！如以六爻皆九，即以"用九"占；以六爻皆六，即以"用六"占，则"初九"与"上六"，在占得乾坤二卦时，便被闲置无用了！请看：

（一）如乾之一爻为九，五爻皆为七，则推得九二；

（二）如乾之两爻为九，四爻皆为七，则推得九四；

（三）如乾之三爻为九，三爻为七，则推得上九；

（四）如乾之四爻为九，两爻为七，则推得九五；

（五）如乾之五爻为九，一爻为七，则推得九三。

如此，初九则无用矣！再请看：

（一）如坤之一爻为八，余五爻皆为六，则推得六五；

（二）如坤之两爻为八，四爻皆为六，则推得六三；

（三）如坤之三爻为八，三爻为六，则推得初六；

（四）如坤之四爻为八，两爻为六，则推得六二；

（五）如坤之五爻皆为八，仅一爻为六，则推得六四。

如此，则上六于占无用了！所以，唯有在乾之六爻皆为九时，才得用初九；唯有在坤之六爻皆为六时，才得用上六。由此可知，"用九"与"用六"，非占辞也，乃解释何以用"九"与何以用"六"之辞。

䷁ 坤 坤下坤上

坤：元亨。利牝马之贞。君子有攸往，先迷后得主，利。西南得朋，东北丧朋。安贞，吉。

【说】坤（☷）为地，地生万物，故亦具元、亨之德。☷为阴，为牝。☰为马，☷为牝马，故利牝马之蕃息。"利牝马之贞"之"贞"，是干、本质的意思，引伸为本能之谓。《文言》："贞者，事之干也。"《广雅·释诂三》："干，本也。"☷为迷，☷为女主，坤为君子。女亦称"子"，《诗·大雅·大明》："长子维行。"长子，长女也。《左传·庄公二十八年》注："子，女也。"君子往而先迷，下坤之象。进而上行，则遇上☷，上☷居尊位，所以君子后得遇主。依先天卦位，乾（☰）居南，坎（☵）居西。☰、☵都是阳性的，☰为男，☵为阳入于阴的交合之象，因此，☷阴遇西之☵、南之☰，都是得朋。☲居东，☷居北。☲、☷都是阴性，☷为女，为阴；☲为女，有女阴中空之象。因此，☷于东、北都遇同性，不成朋交，故有丧朋之断。☷静而顺，阳动而阴承，所以坤以安贞为吉。得朋，得交。合也！

为什么我断"得主"之"主"指☷呢？在《乾》卦说中，我已提到伏羲画卦当在母系社会，此处细论一下：

金文之"羲"字下边之"ㄗ"，是女阴符号，因此人们已认为伏羲为女性首领。我认为这无疑是正确之见。且金文、甲骨文的"帝"字，中间"▽"亦为女阴，帝，即母系社会的女首领。"羲""帝"二字，纵非创于母系社会时，也保留和反映着母系社会之特征。伏羲为女主，其画卦事又多见于先秦古籍记载，则八经卦及六十四重卦的全部或一部分，是母系氏族社会的产品，乃无疑者也。卦辞、爻辞明显地是父系时代的产品，但也存有母系时代之影响。以☰下☷上为《泰》，以☷下☰上为《否》，以下☰上☲、--居尊位据五为《大有》，皆可洞见这种影响。坤之上☷，中爻正居五位，故而我断☷有女主（于母系社会中，即主也）之象。所云"得主"之"主"，指☷无疑！

又：卦、爻辞中，"主"字又见于《明夷》初九："有攸往，主人有言"、《睽》九二："遇主于巷"、《丰》初九："遇其配主"及九四："遇其夷主"。此四处，皆一上进遇--之时也！又足证--为主。详见各卦之说，兹不多论了。

初六：履霜，坚冰至。

【说】初六居最下，阴之初现也。阴开始生出，将继而发展，如履霜而知坚冰将接踵而至也。

此爻，依近取诸身而言，指女性未成熟之时。

六二：直方大，不习无不利。

【说】直，同"值"。方，女阴。方，甲骨文作"𠂔""𠂕""𠂖"，从𠂎。郭沫若指出："示"乃牡神，"方"乃牝神，"盖古人于内外皆有牝神，祀于内者为妣，祀于外者为方，犹牡之祀于内者为祖，祀于外者为土（社）也。"（《沫若文集》十四卷《释祖妣》）方大，谓女性之成熟。大，即《象传》"含弘光大"之义。此处"直方大"，在意思上与乾卦九二"见龙在田"正相对应。女性成熟，自可成交接之事，本性自然，何用修习？因此说"不习无不利"了。

六三：含章可贞。或从王事，无成有终。

【说】章，文络、文采。含章，包含文采的意思。坤为闭合，为文，故曰"含章"。《坤·文言》："阴虽有美，含之以从王事，弗敢成也。"是知"章"即"美"。含章，含文采之美也。六位中，初、三、五为阳位，二、四、上为阴位。六三，阴居阳位是不当位也，因其含章，所以可贞。贞，正也，固也。坤为王——我以甲骨文"王"写作"太"而断，"△"为女阴符号，可知王即女首领也！故坤有王象。坤为顺，坤为事，故曰"从王事"。王事，女子交合之事。六三不当位，故曰"或"，曰"无成"。六三处内卦之极，故曰"有终"。

六四：括囊，无咎无誉。

【说】坤为囊。四位多惧，六四阴居阴位，惧而吝，有退缩象，有括束象，所以说"括囊"。囊括闭，与外无争无涉，故说"无咎无誉"。六四居上卦之下位，故有"括囊"不交之寓意。括束不交，无咎无誉。

六五：黄裳元吉。

【说】六五居上卦之中，故云"元吉"。坤为黄，为裳，故云"黄裳"，以黄裳代指女坤也。

《系辞传下》："二与四同功而异位，其善不同：二多誉，四多惧。近也，柔之为道不利远者！其要无咎，其用柔中也。三与五同功而异位：三多凶，五多功——贵贱之等也。其柔危，其刚胜邪？！"可见二位和五位，虽皆居于卦体之中，但二在下卦，虽多誉，而比起居上卦之中的五来，还是不如的（王弼称五位为尊位）。所以六二只言"无不利"，而六五则言"元吉"了。

坤为黄，坤为裳。此"黄裳"之黄，中色也。裳配衣，而黄色，女婚于男主中匮之象。六二虽象女已成熟，但未言可婚，六五言"黄裳"，则女已婚矣。

上六：龙战于野，其血玄黄。

【说】坤为土，上六居坤卦之上，所以称"野"。龙，男阳也。战，交接也。上六，阴爻处阴位，坤阴已盛至极顶，故与阳交合。阴阳交合，血合为一。玄，乾阳之色；黄，坤阴之色。玄黄混杂一起，血色不复纯——合而生息新生命矣！

用六：利永贞。

【说】六为老阴，阴老则变。六（阴）之变是为九（阳），如九（阳）之变则为六（阴）一样。用九，可戒阳刚知进不知退。用六，可戒阴柔知退不知进。六虽阴柔,而可变刚,所以用六之德,可以永得正固,永持本性也。坤为永。

坤之卦辞:"君子有攸往,先迷后得主,利。"此为一完整之句,主语为"君子","先迷"与"后得主"者,君子往之所遇也。《周易正义》说:"'先迷后得主,利'者,以其至柔,当待唱而后和。凡有所为,若在物之先,即迷惑;若在物之后,即得主,利。"是解"先迷"为先之则迷,解"后得主"为后之则得主。即把"先迷后得主"作为君子有往的时候,所应注意的是凡事都不要挑头儿争先!前儒皆以此为释,我不取之。我但用"先、后"的时间次序为解:开初迷,往后则得主。且古汉语中,凡以"先""后"置于句前,无不把介词——在、于——后的名词或代词写出者,如:

《左传·隐公十一年》:"我不可以后之!"

《左传·文王二年》:"子虽齐圣,不先父食久矣。故禹不先鲧,汤不先契,文、武不先不窋。"

《论语》:"绘事后素。"

《孟子·告子下》:"徐行后长者,谓之弟;疾行先长者,谓之不弟。"

如果坤卦辞如前儒所释,则当加"之"或具体名词于"先""后"两字之后。既无,实即与《否》上九之"先否后喜"、《同人》九五之"先号咷而后笑"、《明夷》上六之"初登于天,后入于地"、《睽》上九之"先张之弧,后说之弧"、《旅》上九之"先笑后号咷"等句的语法一致。前儒所以代经文补充上"之"及所指,平添上一番意思，无非囿于阴从阳、臣从君、妇从夫之观点之故耳！

䷂ 屯 震下坎上

屯：元亨利贞。勿用有攸往，利建侯。

【说】震（☳）为动，坎（☵）为险。震在坎险之内，动则可冲出险地，是谓"元亨"。元亨者，大通也。坎险在前，动虽可，但不可轻举妄动，是谓"利贞"。利贞者，以守本自固为利也。互艮为止，初九应于六四，六四在艮，所以不宜动以往去，是谓"勿用有攸往"也。震为长子，为雷。雷震可惊百里，故震有诸侯之象，故曰"利建侯"。震为生，有建象。

或问：既言"元亨"，何又言"勿用有攸往"？岂非前后矛盾？

答：元亨利贞，通论"屯"之德也。具体而言，则"勿用有攸往"和"利建侯"也。犹如说提包可装物。装物，提包之功用也。然不可以装燃烧之柴！——具体而言也。

坎（☵）为水，坎在震上，水在雷上则水为云之时，未成雨也。云雷屯聚，雨前之象，处于酝酿之期，艰难之境况也。雨欲落而未落，物欲生而未生——"产前期"也！其难可知。所以"勿用有攸往"——动须慎重。所以"利建侯"——建侯以经理屯难也！

《屯·彖》："屯，刚柔始交而难生。"刚，指乾阳；柔，谓坤阴。"—"即阳，"--"即阴。屯内为☳，阳近于阴之象。外为☵，阳入于阴中之象——交合之象。阴阳交合，则有生育万物之功。生育于人而论，女性之一险关也。远古人知之，故屯卦反映之！刚柔交，屯难生焉。屯难得解，新一代产生矣！

初九：磐桓，利居贞，利建侯。

【说】初九居震（☳）之下，震为动，初九阳爻亦有向上行进之功能。然而震之覆象为艮（☶），三、四、五为互艮（☶），艮为山为止。震既有隐含的止象，向前又遇艮，故欲动而止，所以说"磐桓"——徘徊而不径直向前。既磐桓，就说明有阻力在前，因此以居正守静为利。既磐桓，就说明有困难，有困难就应设法解决之，所以利建侯。建侯，设官立爵之谓也。设官立爵，可以理民理事，解决问题。

六二：屯如邅如，乘马班如，匪寇婚媾。女子贞不字，十年乃字。

【说】屯邅，踟蹰不进之状。震为马，坤为牝马，坎亦为马。震、坎为马，因主爻为阳爻（—），乃乾入坤体，乾为马，故震、坎也有马象。班马，马行列成班，以震、坤、坎皆为马之故。六二与九五相应，九五在坎，坎为臀，所以说乘马。六二上与九五有应，当向前进，然下乘初九，又被初九相牵系，前后皆阳，六二处于进而被牵的地位，故曰"屯如邅如"。外卦坎（☵）为寇，寇即强盗，施行暴力凌人者。六二与坎之主爻九五相应，所以有婚媾之象。六二既然与九五有应，便否定了强暴婚姻，即婚媾乃顺利结成，非受暴力所勉强结成者，故曰"匪寇婚媾"。然则坎为险，虽匪寇婚媾，马行遇险，亦不得不屯如邅如了。二、三、四爻为互坤（☷），坤为女，为虚，所以说女子占此有不字之兆。字，育养也，妊娠也。坤为年，其数为十。二虽进应五有屯邅之难，但六二与九五为正应，终有和合，所以说"十年乃字"。

六三：即鹿无虞，唯入于林中，君子几不如舍。往吝！

【说】即鹿，就鹿，谓从禽也。无虞，无准备也。几，语辞，其也。舍，止也。震为鹿，六三居震上，故云"即鹿"——狩猎去捕鹿也。互坤为虚，六三居坤之中，故有即鹿而无虞之象，虚无准备，狩猎无成，唯入林中而已！震为木，互艮为覆震，故初至五为林中。六三为震之上、互艮之下，正位于林之中。既然知入林不得猎物，所以君子其不往而止——往，则吝！坤为君子。六三失位，与上六无应，故吝。

王弼以"三既近五而无寇难，四虽比五，其志在初，不妨己路，可以进而无屯邅也。见路之易，不揆其志——五应在二，往必不纳，何异无虞以从禽乎？虽见其禽而无其虞，徒入于林中，其可获乎"意指九五之上下，有四阴相比附，六三亦为五之比，然五与二为正应，于是六三欲亲比于五而必不可实现——此不揆五之志在二的缘故，所以不异于即鹿无备！所以无备虞，又因为自以为往为得近五，只看到四虽比于五而志在应乎初九，不会阻拦自己之向五的缘故。这样，六三便把屯难轻忽了，只看到容易之一面，便不做备虞而往了。此种解释，也有道理，然三之应在上，今以比五而言，终嫌牵强。

虞翻以"艮为山，山足称鹿。鹿，林也"是谓"鹿"与"麓"二字通。则"即鹿"，近于山下之林也。"鹿"，不指动物，指植物，与"林"相应。此解可用，然"虞"字，虞氏释为"虞人"，不如王弼解为"备"义为佳。陈士元以外坎伏离象——离为佃渔，虞人之象——来钩解，亦可说通——六三居内卦，与互艮同体，虽不与上坎相连，但所应在上，上在坎体也。

六四：乘马班如，求婚媾，往吉，无不利。

【说】坎、坤皆为马，故曰"班如"。六四为坎之下、坤之上，与坎、坤同体，当位，故曰"乘马班如"。六四与初九为正应，是为"婚媾"。但是，初九盘桓不直进，所以此处"婚媾"乃指九五来求。艮为求，九五居艮之上爻，六四与九五紧相亲比，也有"婚媾"之象，故六四往则吉，无不利。

九五：屯其膏，小贞吉，大贞凶。

【说】坎为雨，为膏泽。处于屯难之时，九五虽居尊位，但不能尽施膏泽恩惠于下，所以小贞吉而大贞凶。坎为难、险，九五居坎正中，故处屯难。九五既处屯难之中，来求与六二婚媾则不易，正应而难以应，故凶。九五来下求六四，近而无阻，然非正应者，故小贞是吉。乾为小，九五乾爻，可比于六四，吉。坤为大，六二坤爻，不得乾阳之施膏泽，故大者凶。

上六：乘马班如，泣血涟如。

【说】震、坤、坎皆有马象，六居上，故曰"乘马班如"。六二、六四、上六，皆为阴爻居阴位，是谓重阴者。六二乘马班如，是待九五之来应；六四乘马班如，是待初九之应。唯上六无应——上与三为相应，然三位是阴爻，上六亦阴爻，故无应。阴阳无应，是不吉。坎为血，为雨，故有"泣血涟如"之象。此爻虽不言吉凶，其不吉已昭然可知了。

《九家易》曰："上六乘阳，故班如也。下二、四爻虽亦乘阳，皆更得承五，忧解难除。今上无所复承，忧难不解，故泣血涟如也。"谓二乘初九之阳，可解，四下为六三，何以谓乘阳？如指四乘初九，中有六二、六三为阻，何以得乘？又曰："体坎为血，伏离为目，互艮为手——掩目流血泣之象也。"甚是！

䷃ 蒙 坎下艮上

蒙：亨。匪我求童蒙，童蒙求我。初筮告，再三渎，渎则不告。利贞。

【说】艮为山，坎为水，坎下艮上，山下泉水出之象。蒙，幼稚也。艮为少男，童也。坎为隐伏，隐则不明，不明则愚暗，是为蒙昧也。幼稚而未开化，蒙也。九二居中而不正，上应于六五，阳在下，阴在上，阳往而求阴，所以亨！三、四皆阴，二上而无阻，所以亨！二、三、四互震，是为覆艮，艮覆而又在坎，故是童蒙。故，童蒙者谓九二也！艮为求，艮覆是不求。前儒皆以六五为蒙，非！三、四、五为互坤，坤为我。艮为求，所以"求我"之象在于互坤与艮，"匪我求童蒙"之象在震与坎。九二阳爻，上往应六五，正是往求之义。"匪我求童蒙"，谓五不下求二；"童蒙求我"，谓二上往求五。

"初筮告，再三渎，渎则不告"，是阐述蒙求应以诚心之理，不必寻象。前儒或以艮为手，震为草，寻以手揲草之筮象；或以坎为圣，寻筮告之象；或以互震为言，以寻告象……皆烦琐事，我不取之！

初六：发蒙。利用刑人，用说桎梏。以往吝。

【说】发蒙，启蒙也。启蒙，当先教示仪法，以正其身，使其摆脱蒙昧之野性的桎梏。"刑人"，是一动宾词组。《广雅·译诂三》："刑，治也。"《经典释文·诗·大雅·文王》："刑，正也。"刑人，即治人，正人也。坎为法，为桎梏，为治，为逋。逋，逃也。故有"刑人"和"说（脱）桎梏"之象。初六居坎之下位，有初次受法仪之象，故说"利用（以）刑人"，说"用说（以脱）桎梏"。震为生，为出，也是"说桎梏"。初六与六四，阴遇阴无应，故"以往"是"吝"。

九二：包蒙吉。纳妇吉，子克家。

【说】九二为阳爻居阴位，阴虚而有容纳之德，故包蒙吉。六五，阴居天位，九二求之，六五来应，阴阳相合，故纳妇入主中匮是吉。三、四、五为互坤，坤为容纳为妇。坎为家，互震为长子，九二为互震之主爻，居于坎中，是"子克家"之象。坎为法，克者治理也。

六三：勿用取女，见金夫，不有躬，无攸利。

【说】乾为金，乾交于坤，一索得长男震，再索得次男坎。坎为夫，故称"金夫"。坎之伏象为离（☲），离为目，故曰"见金夫"。三、四、五为互坤，坤为女，为身，六三又在坎体之上，有女身陷入坎中之象，坎为失，所以说"见金夫，不有躬"。不有躬，失身也。女见金夫而失身，所以此女不可娶！故断曰：无利！巽为利，六三居互震体中，震之伏象为巽（☴），今见震（☳）而不见巽（☴），故无利！

六四：困蒙，吝。

【说】六四居互坤之中，坤为暗昧。童蒙处于暗昧中，故吝。又六四以阴爻处阴位，重阴也。上距上九及下距九二两阳爻皆远，受六五、六三之阻，承乘不利，故吝也。

六五：童蒙，吉。

【说】艮为童蒙。从蒙卦整体观之，童蒙指九二，从爻象而言，外艮为童蒙。六五居于艮体，故称"童蒙"。六五以阴居五位，虽不正，但居中，上承上九之阳，下应九二之阳，所以吉也。

上九：击蒙，不利为寇，利御寇。

【说】艮为手，故曰"击"。坎为盗寇，上九居极上，居高临下，所以说"利御寇"。上九与六三为应，而六三在坎体，故上九不宜下而就六三，下就六三则与寇为应，故不利也。

艮为手，为蒙，所以有"击蒙"之象。击蒙，训教童蒙之义。教之勿为寇，而应御寇。

䷄ 需 乾下坎上

需：有孚，光亨贞吉，利涉大川。

【说】需者，待也。云居天上，待时而降雨也。坎为云，乾为天。九五，阳爻处坤体之中，坤虚，虚怀为孚，故曰"有孚"。

坤，地也，土也。土性实，育万物，故坤为信——虞翻有此说。信，诚也，孚也。故，坤为孚。孚，诚也，信也。三、四、五为互离，离为明，故曰"光亨"。贞吉者，守正以待为吉。乾为行健,坎为水,乾行而健,则利于涉越川水,故曰"利涉大川"。

初九:需于郊,利用恒,无咎。

【说】乾行涉川,以三爻距水之远近而言,初九距坎水最远。乾为郊,初九居最下,故云"需(待)于郊"也。待涉险川,故以能守恒常而不妄动为利,为无咎。乾伏坤,坤为用,为永,为恒。

九二:需于沙,小有言,终吉。

【说】九二较之初九,进一步接近川,故云"需于沙"。沙,水边沙滩。二、三、四为互兑,兑为小、口、言,故曰"小有言"——稍有口舌之事。兑为悦,九二居中,故云"吉"。乾伏坤,坤为终。

九三:需于泥,致寇至。

【说】九三已濒于水,为水岸相接存泥之处,故曰"需于泥"。坎为寇,三已临坎,故有招致寇来之象。

六四:需于血,出自穴。

【说】坎有血象,六四居坎体之下,故云"需于血"——待立于血泊。此乃立于险地之义,但因六四与初九有应,所以又云"出自穴"——可离开坎穴之义。坎有穴窨之象。出穴虽有离危地之象,但并非危转安也。

《九家易》曰:"云从地出,上升于天。自地出者,莫不由穴。"爻辞并无"云"字,何以及之!王弼曰:"四处坎,始居穴者也。"更与爻辞相背,辞云"出自穴",非"居穴"!陈应润曰:"坎之险自上而入,上六既入于穴,则六四出于穴矣!"来知德实袭陈说,亦曰:"观上六入于穴'入'字,此言'出'字,即'出''入'二字自明。"此说之可笑,在于从上边的穴口钻进去,从下边的穴口爬出来——六四位在上六之下,也就是在上六之前,先见四位而后才能数到上位。你怎么知道"他"是从上边穴口钻进来的?你现在见到的是四!你尚未"爬"到"上头(姑且设喻为山上吧)"呢,又安知"上头"有穴口?读爻辞还没读到"上六"呢,怎么就知道后边的辞里有"入于穴"?如果说是通读之后,以上六之"入"来解,那么于位之先后也仍说不通:为什么不从四位处钻入,从上位处钻出呢?四先而上后呀!一穴有两口,必当由先见之口入,入穴中行尽穴道,才能发现出口——此口,乃后见之口!也就是从后见(发现)之穴口出!

此爻之"穴"象,在于兑,兑为口,有穴象。朱震《汉上易传》:"兑为口,穴也。"是。六四在兑,亦在坎,兑为穴,坎为逃——"出自穴"之象在焉!

九五:需于酒食,贞吉。

【说】坎为酒食。九五居中正之位,故曰"吉"。此处何以取坎为酒食之象,而不因阳爻处于二阴之间以取险难之象呢?一则是五位为尊位;二则是互兑在下,兑为口,口向上有需待饮食之象也。贞,卜也。

上六:入于穴,有不速之客三人来,敬之终吉。

【说】坎为入,为穴,"入于穴",此象易明。

上六处坎之上,卦之终,是在穷尽之地,故有陷入坎穴之象。乾为人,"三人"指九三。九三上行,与上六为应,然须待时而至,非一招即来者,所以称"不速之客"。九三来应,则阴阳有合,可助上六脱于坎穴，故上六敬待之，终有吉。上六只属于坎卦，不似六四介于坎、兑之间，故不言"出"而取"入"象。坎无出象！六四之"出"，相对于兑之穴象者也。

以爻变论：

六四变，则互离成乾，乾为始，有出象。上六变，则坎成巽，巽为入。

䷅ 讼 坎下乾上

讼：有孚，窒惕，中吉，终凶，利见大人，不利涉大川。

【说】《彖》："讼——上刚下险，险而健：讼！"谓乾为刚，坎为险，且刚且险者好争讼，故卦名为讼。《象》："天与水违行：讼！"指乾为天，日行于天上，自东升而没西；坎为水，水行于地下，自西而东流。二者运行相反，故有争讼之象。互离，阴爻居中，阴爻，坤之爻也，中虚，故称"有孚"。坎中实，有窒涩之象，坎为忧，为惕，故曰"窒惕"。互离为明，互巽为利，故曰"中吉"。前儒皆以二居中，或二、五居中，而言中吉，我不敢同。二既居坎中，具窒惕之象，又言吉，岂不自相矛盾？乾阳健而上行，坎水阴柔而下注，阴阳不交，故终归于凶。九五，位中而正，故利见大人。乾阳上行，而坎水在下，乾不下行涉水，故不利涉大川。

初六：不永所事，小有言，终吉。

【说】初六，阴处阳位，位不当，故曰所行讼事不会持久。讼事不能持久，是小有争讼，终可消袪，因此为吉。坤为永，为事，坎中爻折坤，故不永所事。坎之下中（☵）和中上（☵），为正、反兑（☱、☱）之半象，口相背，故有小有言语之争之象。如《家人》之九三："家人嗃嗃……妇子嘻嘻……"嗃嗃、嘻嘻皆口出喧闹之声，亦取互坎（☵）言语相争之象。初六与九四有应，故终吉。

九二：不克讼，归而逋其邑人三百户，无眚。

【说】九二上无应，故曰"不克讼"。无应故仍居于二，因此称"归"。坎为隐伏，有逋逃之象。坤为邑，为民，为百，为户，有三爻，故称"邑人三百户"。坎乃阳入于坤中所变，坎成而坤失，故而言"逋其邑人三百户"。此言讼而不克，归有所失。虽有所失，然而无眚。为何无眚？九二，阳居阴位，刚处于柔地，柔可济刚，因之无眚。

六三：食旧德，贞厉，终吉。或从王事，无成。

【说】乾为旧德，坎为食，坎亦有口象（见初六之说），故曰"食旧德"。食旧德，坐吃先人遗惠也。六三为坎之上口，正向上乾，有仰食之象。六三，阴处阳位，位不当，三位多凶，所以说"厉"！六三上可与上九相应，因此说"终吉"。坤为王，是母系社会影响未消，作爻辞者故用于《坤》六三中。乾为王象，则是父系社会以男主为王的反映。坤、乾同为尊，《文言》称"乾元"，《坤·象》称"至哉坤元"，即为铁证。坤为事，但坤已交乾成坎，坤体已失，所以"或从王事，无成"！坎为难，事已处险难，故无成矣。

九四：不克讼，复即命，渝。安贞吉。

【说】争讼不胜，归而听从他人命令——此讼败也！故讼败之后，以安正勿妄行为吉。九四不当位，故争讼不克。三、四、五互巽，巽为命令，故曰"复即命"。即命，就命，从命也。巽为陨落，故象讼之失败。渝，变也，指自好变坏。四与初有应，所以安贞守正是吉也。

九五：讼元吉。

【说】九五，处尊位，中而正，故曰"元吉"。王弼曰："处得尊位，为讼之主，用其中正以断枉直。中则不过，正则不邪，刚则无所溺，公则无所偏，故：讼元吉。"

上九：或锡之鞶带，终朝三褫之。

【说】或，设辞。上九下应六三，互巽为鞶带，所以说"锡之鞶带"。乾为日，上九居乾之终极，故说"终朝"。坎为亡失，坎为三。上与三应，所以说"终朝三褫之"。三，喻多也，非定指三次。《象》："以讼受服，亦不足敬也。"乃言因讼争获胜，得受服饰（指鞶带之类），也是不值得人钦敬的。受锡鞶带，一日之内屡次被人褫夺，正说明以讼受服不足敬也。

䷆ 师 坎下坤上

师：贞，丈人吉，无咎。

【说】丈人，崔憬曰："《子夏传》作'大人'，是也。"大人，指王者。军旅整肃，乃王者之吉。故曰"无咎"。此卦唯九二为阳爻，居下卦之中，互震为长子，故大人指六五，坤为王。坤为众，有师旅之象。坎为险，战乃凶险事也。坤为顺，行师以正，历险而顺，所以吉而无咎。

初六：师出以律，否臧，凶。

【说】初六居下，有师旅始出之象。坎为律。师出有律，吉。否则，凶！否臧，不好也，指失律。陈士元曰："律度、量衡之法，皆起于黄钟之九寸。黄钟，坎位也。《尔雅》曰：'坎律铨也。'律者，节制之谓。"律，所以节制军伍也。《孙子兵法·地形》篇："将弱不严，教道不明，吏卒无常，陈兵纵横，曰'乱'。"乱，就是师出无律，孙子说这"乱"，是"败之道也"。师无律，必败。假使爻辞是周公姬旦所作，也可见在周初之前，军事家们已深刻认识到了法纪对统兵作战的重要，精辟地总结出了"师出以律"的经验性结论。

九二：在师中，吉，无咎。王三锡命。

【说】九二居坎之中，督统师众。互震为长子，一阳爻统五阴爻，帅师之象。震为三，为言，故曰"王三锡命"。锡命，授予命令也。王，坤之六五也，自上而下为赐。巽为命，互震伏巽，是三命也。

六三：师或舆尸，凶。

【说】六三，阴居阳位不当，上无应。坎为车，互坤——注意是互坤——为死，为尸。尸在车上，称为"舆尸"。虞翻以上坤为尸，欠妥。尚秉和以坎为尸，以互震为舆，虽与六三相关，然岂有尸在车下之理！

六四：师左次，无咎。

【说】左次，后退也。震为左方。六四前遇重阴，六五为阴居尊位，上六为当位之阴，六四虽当位，但不敌五、上，故不得进。四位与二位同功，故六四可退与九二相依。六四，阴居阴位，位当，所以无咎。

六五：田有禽，利执言，无咎。长子帅师，弟子舆尸，贞凶。

【说】坤为君主，为母，六五居尊位，下与九二为应。九二所在震，震为征，为畋猎，为言。互震为覆艮（☳→☶），艮为手，有擒、执之象。故曰："田而有获，利于执擒。"执言，擒执之。言，语助辞。六五居尊位，故无咎。震为长子，统师众，是"长子帅师"。九二又居坎之中，坎为弟为车，互坤为尸，是"弟子舆尸"之象。

六五以坤之中居尊位，坤为母，故下视震为长子、坎为弟子，显示着母系社会女为尊之实况。

或问：九二既为互震之主爻，又为坎之主爻，为何所断不同？

答曰：以九二为互震体主爻而论，则震为长子，为言，为征，为生，所以断长子有颁令督师之象。以九二为坎体主爻而观，则坎为灾，为险，如此九二便陷于灾险之中，故断次子有舆尸之不吉象。

六五："长子帅师，弟子舆尸。"舆尸，前儒众解纷纭。或以"舆"为众，以"尸"为主，我皆不取。《象》曰："长子帅师，以中行也；弟子舆尸，使不当也。"是主"任将不专"之说的依据。长子帅师，徒有虚位，实由弟子专掌军权，致主将受掣肘之困，于军不利，故以"凶"称——这道理是不错的。然实属穿凿之论。《象》的作者——如果真是孔子，我也要说句不恭之辞了——也没弄清楚爻辞！"长子帅师"与"弟子舆尸"，字面乃对文也。"帅""舆"皆动词。《广雅·释诂一》："舆，举也。"同书《释诂三》："舆，载也。"《管子·轻重甲》："舆死扶伤，死者过半。""死"即尸也。《吕氏春秋·期贤》："扶伤舆死"。高诱注："'死'与'尸'同。"《管子》《吕氏春秋》

所云"舆死"即"弟子舆尸"之"舆尸"。舆尸，抬死人也！或用车拉死尸也！长子帅兵打仗，落得个弟弟抬死尸——非凶为何！字句明明白白，何必附会字面上本没有的意思呢？

郑刚中《周易窥余》："尸，神主也。古者行师，必载庙社之主，所以示三军以不敢专赏罚之义。"不知所据为何。《礼记·王制》但云："天子将出征，类乎上帝，宜乎社，造乎祢，祃于所征之地，受命于祖，受成于学。"是讲祭、卜之礼，未闻载主而征。《魏书·太祖纪》倒是记述了鲜卑族以车载神主，设"神车"事，实为游牧迁徙方便也，亦未言载主征伐。

故，释"舆尸"为众主，或载神主，我皆不取也。

上六：大君有命，开国承家。小人勿用。

【说】古今诸儒，无不以"大君"谓九二。我认为此爻辞又反映了母系氏族社会时期女为主的思想，乃《易》早期占辞之遗痕也。大君，指坤，坤为女主，为大，坤为国家，为布，互震为言。坤执言向下颁布，故曰"大君有命"，曰"开国承家"。小人，指坎也。上六与六三无应，六三在坎体，故曰"小人勿用"。

坤为女主，为国，为布，故亦有命令之象。巽之为命，亦有坤爻为其主爻之故耳。

䷇ 比 坤下坎上

比：吉。原筮：元永贞，无咎。不宁方来，后夫凶。

【说】比，亲附也，辅助也，阴阳为比故吉，此指九五承乘五阴。元，坤元也。坤用六，利永贞静，故无咎。坤为乱，坎为灾，皆不宁者也。方，并也。坤下坎上，不宁并至，是"不宁方来"。诸儒皆以"夫"为丈夫之"夫"，非！夫，语辞也。"后夫凶"，即"后而凶""后凶""后乃凶"之义。言不宁并至之后，凶！

初六：有孚比之，无咎。有孚盈缶，终来有它，吉。

【说】陈士元曰："《易》言有孚者二十三，有取阴画者中虚，孚之本也；有取阳画者中实，孚之质也。"孚，信也，诚也。谓阴画中虚为孚之本，甚是。《易》之言"孚"者，无不就阴爻而断。此关系甚大，请细论之如下——

《需》："有孚"。三、四、五互离，六四阴爻当位，九五下得六四之拥戴，故有孚。

《讼》："有孚，窒惕"。互离，故称"有孚"。互巽，阴爻上托阳爻；坎，下为阴爻，上托中之阳爻，皆"孚"之象。

《小畜》六四："有孚"。六四居互离之中也，以孚信托戴九五。九五之"有孚挛如"，即指六四以孚拥戴。

《泰》九三："勿恤其孚"。九三上临坤，坤虚故为孚。六四："其邻不戒以孚"。邻指九三，九三阳爻，非孚也！

《大有》六五："厥孚交如威如"。六五，离之中爻也。

《随》九四："有孚"。九四之下为六三，阴爻也。初至四为大离。九五："孚于嘉吉"。九五，互巽之上爻，巽体下为阴爻。

《观》："有孚颙若"。指巽在上也。

《坎》："有孚"。二至五，大离在卦之中。

《大壮》初九："征凶，有孚"。有孚，指六五为阴居尊位，下乾伏坤，初变为巽。

《晋》初六："罔孚"。上卦为离，已具有孚，此初六虽居坤体，然在坤体之下，其孚不敌六五，故有罔也——九四已孚于六五！

《家人》上九："有孚威如"。上九居巽体之上。

《解》六五："有孚于小人"。阴居尊位。

《损》："有孚"。阴居五，且在互坤之上。

《益》六三："有孚"。此因六三居互坤之中也。九五："有孚"。此因九五居巽体也。

《萃》初六："有孚"。因内卦为坤。六二："孚"。此爻居坤之中也。九五："匪孚"。六二有孚，九五当与六二应，然为九四所阻，故匪孚矣。

《升》九二："孚"。九二居巽中，下有阴爻，故孚。

《井》上六："有孚"。上六与九三有应，九三离体，故有孚。

《革》："孚"。六二居离中之故也。九三："有孚"。九三为互巽中爻。九四："有孚"。九四亦在巽体。九五："有孚"。此五得六二之应，即孚于二也。

《丰》六二："有孚"。六二居离中也。

《兑》九二："孚兑"。九二居互离体。九五："孚于剥"。九五、上六仅两爻，不能如二、三、四可成互离。既少一阳，故有孚于剥落之厉。

《中孚》九五："有孚挛如"。九五居巽之中，巽主爻为六四，为有孚。二至五为大离，故有孚挛如。

《未济》六五："有孚"。六五居离之中也。上九："有孚"。亦因居离体之故尔。

综上可知坤、离、巽皆为孚也。前儒以坎为孚，实亦因阳爻在坤体之故。

此爻居下坤，互坤与下坤联体，孚得孚为比，是乃言"有孚比之"。坤为缶，互坤、上坎皆为水，故曰"盈缶"。坤为终，向内为来，坤为蛇，故曰"终来有它"，"它"即"蛇"字。蛇与龙同类，《述异记》："水虺百五年化为蛟，蛟千年化为龙……"上古人敬蛇为神物，《山海经·北山经》："其神皆人面蛇身。"《列子·黄帝》："庖牺氏、女娲氏、神农氏、夏后氏蛇身人面、牛首虎鼻——此有非人之状，而有大圣之德。"《拾遗记》卷二："又见一神蛇身人面，禹因与语。神即示禹八卦之图，列于金版之上……蛇身之神即羲皇也。"因之断为"吉"！

六二：比之自内，贞吉。

【说】六二阴居中而正，重阴也，阴比阴。二与五相应，但六二进则遇敌，不能比于九五，所以称"比之自内"。下卦为内。

六三：比之匪人。

【说】六三无应，而且前临坎，坎为匪人，六三承坎，故曰"比之匪人"。

六四：外比之，贞吉。

【说】六四与初六不应，而承九五，与九五为比，五在四外，故曰"外比"。

九五：显比。王用三驱，失前禽，邑人不诫，吉。

【说】九五为卦中唯一阳爻，下与六二为正应，故曰"显比"。

坎伏象为离，离者光明也，是坎有离相比之，九五为坎主爻，故曰"显比"。显，明也。王，仍指坤。坤在九五之下，有王已向前之象。坤之中爻自五位前而至二，是三驱。三驱，三田也。田，即畋猎。三驱者，礼也。《春秋谷梁传·桓公四年》："四时之田，用三焉，唯其所先得，一为乾豆，二为宾客，三为充君之庖。"《礼记·王制》："天子、诸侯无事，则岁三田，一为乾豆，二为宾客，三为充君之庖。"三驱，即三田。畋必驰驱，故称三驱。三田者，一年中三次狩猎也。狩猎为何？一取猎物为祭祀之品，二为敬待宾客，三为供庖厨以为食用。朱熹《周易本义》以网开一面而释三驱，"天子不合围，故开一面之网，用三驱也"。以朱子之学，舍经传而不用，颇可怪也。坤王本当居上，今即已前驱，则相对而言坎为后矣，此空间之变异也。以时间而言，坤王在上时，为前。艮为手，有擒象。坎为失，则先前所擒获者复失，即"失前禽"。互坤为邑，为民，与九五所在之坎为连体。互艮为止，互艮之覆象为震，震为人，为言，为惊动。震覆即艮，艮飞而震伏，九五即互艮之主爻，所以有邑人安止不惊不言之象。

或问：何以《师》之互震覆艮有擒象，即曰"利执"？互震之覆艮亦与坎连体，却不言"失"？

答曰：《师》之坤居上位，自六五下视之，则覆艮为前伸之手，顺而执擒之象，故利。《比》之王位已向前，艮手向后，非顺势者，故坎失之象现也！

上六：比之无首，凶。

【说】坎为下首——无头也。上六居卦之终、坎之上，欲比于九五而不见首，故为凶象。又：卦上为首，坎为失，是无首之象。上六当位而不中，下无应于坤，坤为王，元首也。与元首失比，故凶也。

䷈ 小畜 乾下巽上

小畜：亨。密云不雨，自我西郊。

【说】畜，《释文》："积也，聚也。"小，指六四。六四阴爻当位，一阴畜聚五阳。虽其当位，未能居五之尊位，故称"小畜"。小，非谓阴为小也！互兑为密，为云；互离伏坎，坎为雨，坎伏，故曰"密云不雨"。以象观之，坎伏，是不雨。兑为小，为暗昧，为水，亦为云象，小云也。四至五为离，离为日。上卦为巽，巽为风。风、日在天上，小云必不能成雨也！乾为郊，乾伏坤为自，为我，兑为西，故曰"自我西郊"。

初九：复自道，何其咎！吉。

【说】《姤》卦（䷫）之初六，上行至四位，即小畜。姤之九四让位于阴爻，回到初位，是谓"复"。乾——此指《姤》之二、三、四互乾——为道，故说"复自道"。九四不当位，回至初位为初九，初九当位。阴爻在初，失位，来至四，当位，所以无咎，吉。

九二：牵复，吉。

【说】九二在初九之上，初九称"复"，九二居上牵引之，故称"牵复"。

九三：舆说辐，夫妻反目。

【说】乾伏象为坤，坤为舆。巽为辐，互兑为毁折。巽在伏坤之外，是辐脱舆。舆脱辐，是二者互脱也。前儒未见互脱之象，仅以为舆脱于辐，若此，则与"夫妻反目"不尽相符矣。乾为夫，巽为妇，互离为眼，巽为多白眼有怒象，故"夫妻反目"。

六四：有孚，血去惕出，无咎。

【说】巽有孚象。互离中虚，亦有孚象，故"有孚"。坎为血，为惕，坎象伏，故"血去惕出"。

九五：有孚挛如，富以其邻。

【说】巽为孚，互离为孚，二"孚"相牵挽，故"有孚挛如"。巽为利，为资；离为斧，为黄；互兑为金。九五之邻为六四，阴阳相孚。六四为互离、互兑之主爻，故有黄金之象。有黄金，有资斧，故因邻相孚而得富。

上九：既雨既处，尚德载。妇贞厉。月几望，君子征凶。

【说】《离》之六五："出涕沱若"，《睽》之上九："往遇雨"，《夬》之九三："独行遇雨"，皆因有兑在，可知兑为雨。

上巽是覆兑，是雨已下过之象，即"既雨"也。巽为处，为伏，是"既处"之象。巽为妇，坎为月。上九，阳处于穷极，将变为阴。变，则坎成而巽坏。坎象将成，是月圆之兆；巽体坏，是妇有险厉之祥。"妇贞厉。月几望"是其象征也。上九下无应，所以征凶。几，其也。君子，与妇相对而言，指男子，上九阳爻也。

䷉ 履 兑下乾上

履虎尾，不咥人，亨。

【说】履，行践也。六三为阴爻，为卦之主爻，践于阳位，柔履刚也。兑伏象为艮，艮为虎，艮之上为虎尾，六三正履于伏艮之上位，故为"履虎尾"。伏艮（☶）虎口向下，乾为人，在上，故"不咥人"。

初九：素履往，无咎。

【说】此卦之阴爻，乃自初位上进至三者。阴爻在初时，即在兑之伏象艮，艮位西北，为金，为白，故曰"素"。往，是指将向前进而未行之时。如以"在内为来，在外为往"而论，则此初九在内之下，当称"来"。所以，"在内为来，在外为往"之说，片面之说也！已经来了或要来，皆是来；已经往矣或将往，皆是往！——此"往""来"之义，至关重要，详论于《泰》卦。

九二：履道坦坦，幽人贞吉。

【说】三、四、五互巽，伏震象，震为道。互离为明。九二居互离之下，前临大道，故谓其履途坦坦也！兑为少女，有幽人象，兑为悦，故幽人吉。

六三：眇能视，跛能履。履虎尾，咥人，凶。武人为于大君。

【说】兑为小，互离为目，故"眇"而能"视"。巽为股，兑为毁折，股折故"跛"，跛非不能行，故"跛能履"。下兑伏艮，艮为虎，六三正履伏艮之尾，是"履虎尾"也。六三与上九有应，上九在乾，乾为人，兑为口，是"咥人"之象。六三坤爻，坤为君主，互巽伏震，震为征，为人，是"武人"之象。伏震之主爻正当六三之位，是武人夺位为大君也。以象而断，凶！以爻而言，六三不当位，三位多凶。

所应解释者，在于为何卦辞云"履虎尾，不咥人"，此爻却又云"咥人"？卦辞，就整体卦象而言，乾在兑口之外，故不咥。爻辞针对具体各爻而言，爻有应，有变，此六三应于上九，故虎口进而噬人矣！

九四：履虎尾，愬愬终吉。

【说】艮为虎，坤亦为虎。上乾伏坤，九四正履虎尾——以刚居柔位，有愬愬之义。四位多惧，故称"愬愬"。九四为互离之上，下乘阴，有孚，故终吉。

九五：夬履，贞厉。

【说】九五以阳履阳位，刚决太甚！九五居互巽之上，反巽为兑，有毁折、陨落之象，故厉！九五下无应。

上九：视履考祥，其旋元吉。

【说】上九是履之终，处于终点，回顾所走途程，据所行以考吉凶之征兆，是"视履考祥"。考，考察。离为目，有考察象。乾为行人，为祥。祥：吉兆、凶兆皆谓"祥"。《九家易》："古者无文字，其有约誓之事——事大，大其绳；事小，小其绳。结之多少，随物众寡，各执以相考，亦足以相治也。《夬》本《坤》世，下有伏坤，书之象也。上又见乾，契之象也。以乾照坤，察之象也。"是可证乾为察。乾为日，可照见万物，故有察象。虞翻曰："坤为书，兑为契。"书契者，记事用，供考祥也。由此，履卦中：乾为日，为照，为察；离为日，为目；巽为绳，可记事；兑为契，乾亦为契，皆记事之物。以上诸象，皆可成"考祥"之意。穷则变，极必反，故"其旋"为大吉。旋，还也。上九应于六三，互离为视，六三为履主，是视履。

䷊ 泰 乾下坤上

泰：小往大来，吉亨。

【说】自汉迄今，治《易》者无不以乾为大，坤为小。八卦出现于母系社会之时代背景！伏羲之"羲"字中"㇇"，"帝"之"▽"，"王"之"▽"，皆甲骨文中女阴符号，足证当时女为尊主。八卦之创于伏羲时，以重卦之《泰》《否》，最可证明。《泰》之☷在上，《否》之☷在下，即女居尊为泰，女居卑为否，女来为泰，女往为否。坤阴为大，乾阳为小！阴可纳阳，阳不可纳阴，故《坤》六二云："直方大。"大者阴也。《老子》："玄牝之门，是谓天地根。"可以佐证。今出土文物，早已证实古代先民崇拜女阴，更为铁证。"往""来"二字，前人多以为"在内为来，在外为往"。实不符《易》之实况也。虞翻说得对："之内为来，之外为往。"《易》之言"往"，即将往也；"来"，即将要来也。或依具体情况，以爻之动向称"往"称"来"。如——

《坤》："君子有攸往，先迷后得主"。有攸往者指下坤，下坤往而居上，为上坤，居尊位，故先迷后得主。如"在外为往"，上坤往何处去？

《屯》："勿用有攸往"——指下震不宜往。如"在内为来"，震，动象，在内，何不言其"来"呢？

《无妄》："不利有攸往"——指下震也，震为动，不利向上行，行则遇刚。

《大过》："利有攸往"——指下巽之初，往则应四。

《解》："其来复吉"——指上卦之震中爻，来与二应。

治《易》者，亦于解其他诸卦时，将"往"解为未往而将要往，将"来"解为未来而将要来。而于《泰》《否》二卦，把"往"解为已经去至彼处，将"来"解为已经来到此处，何其怪哉！究其竟，无非是受父系社会之以男为尊，以女为卑之影响，忽视卦之始于母系社会之缘故也。因此，硬认定乾阳为大，坤阴为小，便不得不力倡"在内为来，在外为往"了。此语细究，则不通！"在内为来"尚可说是已经来到；"在外为往"，既已在外，还往哪儿去？

小往，指乾将往而居外；大来，指坤将来而居内。以尊卑论，稳定的泰卦卦象是女居于上，男位于下。以男女分工论，女自外来主于内，即大来，男往于外以从事诸般劳作，即小往。以天地阴阳论，坤为地为阴，乾为天为阳，地在上天在下或阴在上阳在下是反常，坤来乾往，则天地、阴阳乃各正其位，所以是泰！因此，往，将往；来，将来。往，非已往于某处；来，非已来于某处。

初九：拔茅茹以其汇，征吉。

【说】初九与六四为相应，六四来下，乾变为巽，巽为茅。初往四，坤变为震，震反为艮，艮为手，手向下成拔茅之象。茹，饲也。乾为马，故拔茅以茅汇饲马也。

九二：包荒，用冯河，不遐遗。朋亡，得尚于中行。

【说】高亨云："包，疑借为匏。《说文》：'匏，瓠也。'"甚得！荒，虚空也。以中空之匏为腰舟，以渡河，不遗远程——纵涉水其程远，亦不避舍也！乾为圆，为木果，有匏象。兑为水泽，乾伏坤亦为水，有凭河象。乾为远，是"遐"也。亡，往也。朋，指九二为六五之朋。九二往与六五应，是朋往。乾为道，九二居乾之中，是"得尚于中行"也。行，道路。中行，路之中。不遐遗，即不遗遐。

九三：无平不陂，无往不复，艰贞无咎。勿恤其孚，于食有福。

【说】三、四、五互震为大道，是"平"；二、三、四互兑为泽，是"陂"。九三往与上六应，上位为终、穷、极之位，至极必反，是"无往不复"。《系辞传下》："二与四同功而异位，其善不同：二多誉，四多惧……三与五同功而异位，三多凶，五多功……"九三，阳处于三位，其刚太甚，故宜艰贞守正则无咎。坤为孚，九三往而临坤，故不忧其孚。互震为口，与坤连体，有食象。坤为福。福，富也。《坤·象》："至哉坤元，万物资生，乃顺承天。坤厚载物，德合无疆，含弘光大，品物咸亨。"故知坤为大，为富，为福。

六四：翩翩。不富，以其邻不戒以孚。

【说】震为翩翩有翼象。六四居互震之中，故言"翩翩"。六四在坤体，故"其邻"指乾。六四为互兑之主爻，兑为毁折，故"不富"也。互兑中、下皆连乾体，故"不富"乃因"其邻"之故。乾三爻皆实，无孚象，兑为口，为言，故"不富"之因，是"其邻"

不以"孚"相"戒"之故。戒，同诫，告诫也。古人重视卜邻，择善邻是吉。邻不以孚信相告诫，是不得善邻，故不富。

六五：帝乙归妹以祉，元吉。

【说】《泰》为尊卑正位之卦。故上坤有女帝之象，六五居中，震为乙，故谓"帝乙"。《说文》："乙，象春，草木冤曲而出，阴气尚强，其出乙乙也。"乙，草木出土时，茎芽柔弱，屈曲未伸之貌。震为春，为木，故有乙象。震为交，阳始交于阴，正当阴气尚强之象。《九家易》以震为乙。虞翻以坤为乙，乃依纳甲之序：乾纳甲、壬，坤纳乙、癸，艮纳丙，兑纳丁，坎纳戊，离纳己，震纳庚，巽纳辛。衡其义，依《说文》释"乙"之义，其象更明确。坤为福，为祉。妹，指互兑，兑为少女。自六五下观之，震为男，为反，为归，从于兑女之后，错后一位而连体，为妹从外入内之象，故曰"归妹"。

前儒以震为帝，用于此则误。以震为帝，以乾为君，社会进入父为主时代之后之象。《周易》繇辞或成于殷周之际，但其反映出母系时代意识，诚不可疑者也。纵然其象有依父系社会情况而立义者，如以☳为帝，以☰为君，但作为筮卜之书，必多遵旧象，略入新象，多从旧繇，略添新繇。否则，一部新编之新繇辞占卜书，必不得人信任也！《礼记·礼运》："孔子曰：'吾欲观殷道……吾得《坤乾》焉。"《晋书·束皙传》："汲冢竹书，有《易繇》阴阳卦二篇……"《坤乾》与《易繇》固非与《周易》同，然从其先言坤后言乾，先叙阴后叙阳观之，则时至殷、周，母系时代尊崇母性之遗痕尚在卜书之中。故《周易》绝不可能尽扫尊女之故俗，尊男而卑女。汉以下治《易》者，无一不忽视于此，尽以封建时代思想意识以断象，宁不失其真乎！

上六：城复于隍，勿用师，自邑告命，贞吝。

【说】坤为积土，为邑，为城象。上六处终极，极则必反于初。复，返来也。上六来至初，则泰（☷☰）变为恒（☳☴），城象倾破，积土落于隍中。三、四、五互兑，兑为泽，有池隍之象，泰坤之中、下两爻，正入兑口。隍为城下无水之沟，挖隍之土可以垒城，城土倾覆，复入于隍。坤为师，坤体已破，故师象不存，勿用师也！坤为邑，巽为命，震为言，乾亦为言，上六反初，自邑而来；反初成巽，告命也。上六反初，泰变为恒，恒之初六："浚恒，贞凶，无攸利。"故此处云："贞吝。"

䷋ 否　坤下乾上

否之匪人，不利君子贞。大往小来。

【说】乾为人，坤为君子。乾阳居于坤阴之上，失母系社会母性为尊之序，故称"匪人"，匪人居上，故不利君子。坤阴为大，乾阳为小。大将往外，小将来内，故否！以交合而论，女来，则成交；女往，则交不可成，故否！以天地阴阳论，地往翻上，天将覆下，阴阳将颠倒，故否！

重卦之上、下，示尊、卑之位也。重卦之来内、往外，示主、从之分也。所以男下女即泰，女下男即否；女来则泰，去则否。

初六：拔茅茹以其汇，贞吉，亨。

【说】爻辞与《泰》初九同。初六往四，则乾变巽，巽为草。九四来初，坤变为震，复震为艮，艮为手。震为萑苇，亦草象。震、反艮成拔茅象。坤为牝马，震在下，有茹茅之象。九四为阳爻，来下与初六相应，所遇皆阴，无所阻碍，故吉、亨。

六二：包承，小人吉，大人否亨。

【说】阴虚而包容，托载，是为"包承"也。六二为坤之主爻，居中且正，其承者即坤所承者——上乾也。乾阳为小，小而得承托，故小人吉。坤为大，大在小下，为小所乘，故大人否亨。否亨，不亨也。

六三：包羞。

【说】六三，坤阴之上，正当乾阳，有阴户开张将受阳物之象，故曰"包羞"。此爻虽无断辞，以男女将合而论，吉也。又：互巽为妇也。

九四：有命无咎，畴离祉。

【说】九四，阳据阴位，互巽为命，故曰"有命"。畴，类也，谓下乘三阴之畴。三阴同类而得九四一阳来附丽，反言之，三阴亦附丽于九四，故九四得福。离，丽也。祉，福也。

九五：休否，大人吉。其亡其亡，系于苞桑。

【说】休否，安于否难之际也。九五位中正，有安贞象。《九家易》："五处和居正，以否绝之。乾坤异体，升降殊隔，卑不犯尊，故大人吉也。"《九家易》的说法，本是循乾尊坤卑之观念的。然则，其"乾坤异体，升降殊隔"却说对了！坤阴为大，为尊，是

"大人"。九五在乾体,九五安于否,且又阳气上行,故不犯坤,因之大人吉也。坤为地,互巽为木,为桑之谓。巽为绳,有系象。乾阳之气上升,但乾体被系缚于苞桑之上。苞桑,丛桑。坎为丛棘,四、五是半坎,故称"苞"。"其亡其亡,系于苞桑"即"系于苞桑,其亡其亡"!系于苞桑,则牢固不可失去,喻居安。居安当思危,是《易》忧患意识之体现。如一味因居安而忘危,是取亡也!此乃感慨、激越之辞。巽为木,为桑,为苞。苞桑,根固且牢,不易动摇,喻根基之巩固。"系于苞桑",直以"苞桑"代指根基,是暗喻。"其亡其亡,系于苞桑",译为白话,即:败亡啊,败亡啊,是与根基(的牢固与否)紧密相关的!根基固,则安;根基不固,则亡。

上九:倾否,先否后喜。

【说】倾否,否将覆灭。上九居卦之极,极则将变,否极一变,则否亡。上九未变,是仍处否地、否境之中,变之后始喜,是谓"先否后喜"。

䷌ 同人 离下乾上

同人于野,亨。利涉大川,利君子贞。

【说】与人和同谓之同人。同,有呼应、协和之义。乾为人,为郊野。六二为本卦之主,与上乾、互乾相和同,为"同人于野"。虞翻谓"巽为同""二得中应乾,故曰'同人于野'"。云"二应乾",非也!实则乾来应二也!离伏坎,坎为大川,乾上行已居伏坎之外,故云"利涉大川"也。六二、九五皆中而正,故利君子之贞。以乾、坤为阳、阴二气论,皆为大,缺一不可,抑彼扬此亦不可,也就是二者同等重要,皆可以喻君子,只以乾为君子,失之偏矣!

又:乾为河,为大川。六二上行,所遇皆阳,是"利涉大川"之象。尚秉和以利涉者指九五,欠商量也。

初九:同人于门,无咎。

【说】乾为门,坤亦为门。阴爻--有门象,如《易象钩解》引建安邱氏曰:"两户为门。阴画偶,有门之象。"甚是!初九前临六二,有将出门之象,故曰"同人于门"。

陈士元曰:"于,往也。"谓初九将上行出门,是也。

六二:同人于宗,吝。

【说】坤为宗。离为阴卦,主爻在二;互巽亦阴卦,主爻亦是二,有同宗之众相聚合之象。宗人相聚合,有私而不公之嫌,故曰"吝"!

荀爽谓:"上下众阳皆欲与二为同……阴道贞静,从一而终。今宗同之,故吝也。"乃以封建道德解此。

九三:伏戎于莽。升其高陵,三岁不兴。

【说】离为戈兵,有戎象。互巽为伏,为草莽,故曰"伏戎于莽"——离在互巽之下,戎伏于莽下之象。互巽为高;互巽伏震,伏震为动,为足,为行,为陵。巽为股,股动而升于高陵之上,是"升其高陵"。九三升而遇九五,遇敌难升。六二与九五为正应,九三阻九五,近据六二,故与九五成敌。九三至九五,为三位,至三位上遇敌,故曰:三岁不兴。乾为岁。九四阳处阴,失位,非九三之敌也！九三当位，势强于九四，弱于居尊之九五。"伏戎于莽"为一句，"升其高陵，三岁不兴"为一句。同人卦，言兵争也。伏戎于草莽中，为隐蔽也。设伏以待敌，是以逸待劳，是出敌不意，攻敌不备。升其高陵，是仰攻敌所据之高地，此乃敌据有利之势，我处不利之势。《孙子兵法·军争》篇："故，用兵之法：高陵勿向，背丘勿逆。"张预注："敌处高为阵，不可仰攻。人马之驰逐，弧矢之施发，皆不便也。故，诸葛亮曰：'山陵之战，不仰其高。'"敌居高临下，我硬仰而攻之，受损必大，故曰："三岁不兴。"所谓"三岁不兴"者，夸张之辞，以此强调升其高陵——仰攻——之危险。王弼不知兵法，注此二句为："伏戎于莽，不敢显亢也。升其高陵，望不敢进。量斯势也，三岁不能兴者也。"纯属书生但知死啃经文，横施臆度尔！治《易》者多矣，皆不知以兵法注此，惜哉！

卦辞："同人于野，亨。"上九："同人于郊，无悔。"何以同人于郊不言"亨"，而仅言"无悔"？野、郊有所不同也。《周礼·秋官·县士》："掌野。"注："地距王城二百里以外，至三百里，曰'野'。"《尔雅·释地》："邑外谓之'郊'。"《周礼·春官·肆师》注："远郊百里，近郊五十里。"《说文解字》："距国百里为'郊'。"陈兵于野，则进退之地广阔，故亨。于郊，则地域逼仄，进退不便，故仅无悔而已。《象》曰："同人于郊，志未得也。"所谓"志未得"，正言地窄而军旅开阖不能任意也。

又：《孙子兵法·行军》篇："战隆勿登。"曹操曰："无迎高也。"梅尧臣曰："敌处地之高，不可登而战。"登，即升。此又可补证"升其高陵，三岁不兴"之理。

九四：乘其墉，弗克，攻，吉。

【说】巽为墉，九四居互巽之上，是乘其墉。九四上遇九五为敌，退有九三为阻于后，虽不克，必进攻，不后退，如此是吉。以文义而论，既已登墉之上，有进无退矣，故不克仍须攻也。

九五：同人，先号咷而后笑——大师克相遇。

【说】九五与六二为应，是"同人"之义。九五应六二，先经互巽，巽为号咷。后遇离，离为目，巽伏震，六二为离之主爻，亦为伏震之主爻所居之位，有目动之象，目动为笑。虞翻谓"震为后笑"，可参考。乾伏坤，离伏坎，坤坎重为师卦，即有师旅之象，故曰："大师克相遇"。

上九：同人于郊，无悔。

【说】乾为郊，上九居乾体之上，故曰"同人于郊"。

虞翻曰："乾为郊。失位（案：指上九）无应，与《乾》上九同义，当有悔，同心之家故无悔。"甚是。

《象》传："同人于郊，志未得也。"伏坤为志，既伏，故志未得。

䷍ 大有 乾下离上

大有：元亨。

【说】阴居尊位，得五阳比附，是博有众阳，故为"大有"。明朝陈士元曰："《易》之一阴五阳者，凡六卦。大者，阳也。"甚失坤阴为大之本源正理，然其又曰："此卦柔得尊位，大、中，而上下五阳皆应之，故为大有。"此语是也！《彖》传："大有，柔得尊位，大、中而上下应之，曰'大有'。"真得上古之遗意！

初九：无交害，匪咎。艰则无咎。

【说】离为火，为恶人。四在离体，初与四当应而不应，不应则有害，故曰"无交害"。初九无应而当位，故当处艰。能安处于艰难，故无咎。

九二：大车以载，有攸往，无咎。

【说】下乾伏坤，坤为大舆，伏坤载乾，是"大车以载"。所载之乾，乃互乾。九二与六五有应，故有所往而无咎。

九三：公用亨于天子，小人弗克。

【说】三为公位；天子谓六五；互兑为口，有享食象，兑口正在六五，故"公用亨于天子"。小人，指互乾之伏坤，坤为小人，小人伏，故弗克。坤为小人，取阴象也。

尚秉和取汉儒之说，谓"小人谓四"。谓"四，不中不正，失位无应，故曰小人"。又谓"三，兑体，可受亨于五，然而弗能者，以四亦阳，害之也"。非。"公用亨于天子，小人弗克"，译为白话，是："公得以亨于天子，小人不能参与。"岂是"公用亨于天子，因为小人的缘故而不能"呢？"公用亨于天子"，已是肯定公可亨于天子矣，如何又因有小人而弗能呢？

九四：匪其彭，无咎。

【说】彭，鼓声，又盛多也。四是阴位，如阴爻当四位，则上体互震。今阳爻居于四位，折断震体而成互兑。震既失，鼓象即失，故曰"匪其彭"。匪其彭，不张扬盛大之义。不自盛大，故无咎。四近于五,五为君位,近于君而谨慎谦抑,无咎矣。

六五:厥孚交如威如,吉。

【说】离为孚,中虚而明。六五为本卦之主,五阳来归附,是为交如。一阴统有五阳而居尊位,有威如象。

从此爻辞可以看出坤阴所象之女性在母系社会为尊之事实。孚、交、威,皆君主所有之德、行、尊严。六十四卦三百八十四爻中,唯此爻有此辞,《易》之尊阴不亦明乎哉,不亦明乎哉!

上九:自天佑之,吉无不利。

【说】六爻中,五、上为天位。兑为佑。上九居六五之上,六五为尊而相助上九,故上九吉,无不利。

䷎ 谦 艮下坤上

谦:亨,君子有终。

【说】坤为地,艮为山,山居地下,是谦象。能谦,故亨。九三为本卦之主,君子也。艮为止,为终。君子谦而获福,故曰"有终"。

初六:谦谦君子,用涉大川,吉。

【说】艮为君子。初六居艮之最下,是谦而又谦。初六之前为互坎,坎为水。君子以谦谦之德操去涉川险,吉。用,以也。

六二:鸣谦,贞吉。

【说】互震为鸣。陈梦雷云:"阴阳唱和为鸣。卦以三为主,三互四、五为震,善鸣者也。《易》凡与震相应者皆言鸣——《豫》初、《中孚》二是也。故此卦二、上皆言鸣谦。"此解甚是。六二,阴得中正，与震承乘和鸣，故吉也。夫六二，在艮体内者，故与三和鸣。上与三为应，故亦云"鸣谦"。

九三：劳谦，君子有终，吉。

【说】九三在互坎中，坎为劳卦，故曰"劳谦"。劳谦，劳而能谦者也。艮为终，九三居艮之上，为"君子有终"也。能劳而谦，能保终，故吉。九三当位，乘承皆阴，吉。

六四：无不利，㧑谦

【说】"无不利，㧑谦"，即：㧑谦，无不利。㧑，挥，举也。㧑谦就是发扬谦虚之品德。六四，柔处正位，逊顺㧑谦，所以无不利。艮为手，六四在艮上，有被挥之象。

六五：不富以其邻，利用侵伐，无不利。

【说】坤虚故不富，互坎是邻，坎为盗，故不富之因在于邻也。坤为众，为师旅象，互震为征。六五以君位而伐邻盗，所以利也。

前儒有以四、上为邻者，尚秉和以互震为邻，我以为皆非也。《泰》之六四亦云"不富，以其邻……"其邻指乾，不富因互兑，与此爻辞虽相似，其义不同。何也？象不同也。故玩《易》者，不可见字面皆有"不富以其邻"五个字，忽略象之差异——象异则义殊焉！

上六：鸣谦，利用行师征邑国。

【说】上与三为正应，震为鸣，故称"鸣谦"。坤为顺，为众，为邑国，故利以行师征邑国。

《易象钩解》引双湖胡氏曰："谦卦下三爻皆吉而无凶；上三

爻皆利而无害。《易》中吉利，罕有若是纯全者——谦之效固如此！然艮体称吉而坤体称利，静则多吉，顺则多利故也。"信哉斯言！

䷏ 豫 坤下震上

豫：利建侯行师。

【说】九四为卦主，四位为诸侯之位，卦主居四，有利于建侯之象。震为行，为征，为建侯；坤为师旅，是利于行师出兵之象。

初六：鸣豫，凶。

【说】豫，和乐也。自鸣和乐，是安于享乐而不知思危，故凶。坤顺而和，初六居下，与四为应，四为震主，震为鸣。初六与九四相和鸣，以豫乐自鸣，故凶。

六二：介于石，不终日，贞吉。

【说】介，坚也。于，比较之词。介于石，坚过于石，比石还坚。介，耿也，耿介过于石也。此言守节操，坚于石。互艮为石，故有坚如石之象。艮为终为止；互坎伏离，离为日。日象伏，所以说"不终日"。六二中正，能守正如石之坚，去安逸不俟终日，故吉。耽溺于安豫，必凶；不溺于豫，屏斥安豫不待日终而积极从事，如何不吉？

六三：盱豫，悔迟有悔。

【说】《释文》："盱——姚（姚信）作'盱'，云'日始出'，引《诗》曰：'盱日始旦。'"高亨曰："盱豫者，晨而厌倦也。与上六'冥豫'正相对为文。"姚氏以"盱"作"旴",有理。高亨从姚氏说,解为"晨",是也。旴豫,晨起即安于豫乐也。一日之晨,乃兴办诸事之始,不操不持,不惜晨光,反晨起即求享乐,是有悔之山。有悔当速改过,悔迟则又生悔也。有,同"又"。六三、九四（☲）离之半象,离为日,半象为日始出于地面,未升入天空之时,正象旭也。《随》之九四,亦用此象。

九四：由豫,大有得。勿疑,朋盍簪。

【说】由,从也,用也。由豫,和乐之所由。阴为大,坎为交合——阳入于阴中之象也。阴阳相交,豫乐之所从由。四为阴位,九四为阳入阴位。卦体是一阳入于纯坤,故"大"有所得。"大"之得是什么？得阳来交也。坎为疑,九四既成阳入于阴中之象,豫乐已生,故而何疑之有！坤为朋,为发,为合。九四一阳入于坤阴,如一簪插入发中以束发。簪入于发,发聚合以纳簪——此阴阳媾合之暗喻！

或问：谦之九三,亦为阳入纯坤之体中,何不成交合之象？

曰：谦卦之九三,阳入阳位也！阳在阳位,何豫乐之有哉！

六五：贞疾,恒,不死。

【说】坎为心病,为疾。坤为死。震为反生。六五位于尊,又在震体之中,故虽疾而不死。

上六：冥豫,成,有渝无咎。

【说】上六本坤之上,坤为暗。冥,暗也。互坎伏离,离为日；震伏巽,巽为入——日入而不见,天已黑也。《坤》上六云："龙战于野,其血玄黄。"言男女交合也。此冥豫者,入夜而豫乐也。成者,媾合有成也,即龙战之义。有渝,有变也,阴阳交而生变,其血玄黄也!男女相合,精血混一,何咎之有!震,阳入阴坤之体也。上六,卦之终也,冥豫既成,成则终,终则变,变则生生不息矣。初六鸣豫之凶,实在于坤阴尚远未能交于阳时,却自鸣和乐——空自鸣豫,实则未交,故凶也。

䷐ 随 震下兑上

随:元亨,利贞无咎。

【说】随,从也。兑为少女,震为长男;兑为悦,震为动——长男随于少女之后,男动而女悦之。元亨,大亨。利贞无咎,能守正则无咎。男下而从女,是大亨。然则长男从少女,是有咎也,能利贞,乃无咎。

初九:官有渝,贞吉,出门交有功。

【说】官有,《释文》:"'蜀才'作:馆有。"官,馆也。艮为门阙,为屋舍象。初九在震体,震,覆艮也。艮覆,是馆舍有变毁。变则通,故贞吉。震为出,为交。初九上进遇重阴,阳遇阴成交,故有功。功,成也。艮为成功。

六二:系小子,失丈夫。

【说】系,牵也。陈梦雷云:"初阳在下而近。以在下,有小子象。"是小子谓震。初九云:"出门交有功。"与二交也。互艮为少男,有丈夫象,然二隔三,不得与四交,是为失丈夫。

六三：系丈夫，失小子。随有求，得。利居贞。

【说】六三在互巽，妇也，系也。丈夫指互艮之主爻九四，六三近四，是系丈夫。六三与初九相隔有六二，不得近，是失小子。艮为手，巽为利，故随有求可得。巽为伏，故利居贞。

九四：随有获，贞凶。有孚，在道以明，何咎！

【说】互艮为手，有持象，故曰"有获"。上兑为毁折，有获而毁，故凶。巽为孚，初至四为大离，为孚。艮为道，有光明象，是在道以明。六三之随，随九四也；此九四之随，随九五也。六三之随九四，阴阳之随，故求而有得。此九四随于九五，阳遇阳，九四不当位，非九五之敌，故有获却凶也。

九五：孚于嘉，吉。

【说】九五与六二正应，孚于嘉指五孚于二。尚秉和说"嘉指二"，说对了，但说："《易林》每以震为嘉……二，震体，故曰孚于嘉。"须看到初至四为大离，离中虚，为孚。《易林》乃"易外别传"之书，未可为据！

上六：拘系之乃从，维之。王用亨于西山。

【说】上与三当应而不应，故拘系之，三乃从随。互艮为手，为拘；互巽为绳，有系象。三在艮、巽，故被系被维者指三。尚秉和谓"六穷于上，五恐其去，拘系之，从维之"。如此，"之"指上六。《易》之爻辞，其主语无不是所系之爻名，此爻即"上六"象征、预兆着"拘系之……"岂有上六自拘自系之理！

王，指九五。兑为巫，后天卦位兑为西，兑为口有享象，互艮为山，故王用祭享于西山。按：此象与九五关联，九五既在兑，又在艮上，此句似当系于九五之下。

䷑ 蛊 巽下艮上

蛊：元亨，利涉大川，先甲三日，后甲三日。

【说】蛊，乱也。乱极则治，故"元亨"。初至四为大坎，坎为川。巽为木，木为舟象，入于水中，故利涉。先甲三日为辛日、壬日、癸日，后甲三日为乙日、丙日、丁日。伏羲先天卦位为离在东，甲位，从甲位逆数三位，得艮——艮先于甲三日；从甲位顺数三位，得巽——巽后于甲三日。艮上巽下（䷑），是蛊。以先甲后甲而论，艮在先，艮为止；巽在后，巽为陨为落。先刚而后柔，先治而后乱，蛊象成矣。以卦之贞（内）悔（外）而观，巽乱而艮止，乱止则治，故元亨。

初六：干父之蛊，有子，考无咎。厉终吉。

【说】干，正，匡正。《左传·昭公元年》："秦伯使医和视之，曰：'疾不可为也，是谓近女室，疾如蛊。'……赵孟曰：'何谓蛊？'

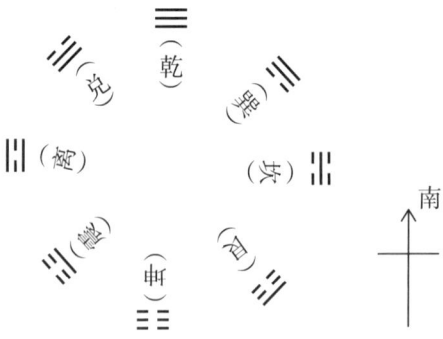

对曰：'淫溺惑乱之所生也。于文，皿、虫为蛊。谷之飞，亦为蛊。在《周易》：女惑男，风落山，谓之蛊。'"可见"蛊"亦指耽溺女色所受之害。"干父之蛊"，即匡正父亲（溺于女色）之过失。子能如此，父可无咎矣。子干父事，虽厉，但终为吉。巽乃坤之初爻交于乾体，乾为父。乾变为巽，巽为蛊惑，是父有益。巽伏震，震为长子，是子干父之蛊。初与四无应，故厉。初上而遇阳，故吉。

九二：干母之蛊，不可贞。

【说】巽为妇，居内，有母象。巽为退，为陨落，为风。巽风毁落艮山——风落山，即山石被风化而陨坏——为蛊。伏震为子。子干母之过错，是干预闺中事，故不可固执而行，当顺入以匡正。巽为顺伏，互兑为悦。

九三：干父之蛊，小有悔，无大咎。

【说】巽为阴爻入乾，成蛊；乾为父。互震为子。九三与上九无应，然当位而上临重阴，故小有悔而无大咎。九三，当位，无咎。

六四：裕父之蛊，往见吝。

【说】虞翻曰："裕，不能争也。"父有过，子不能勇于争谏匡正，是助长父之过也。下巽为阴入乾体之下，互兑为阴入乾体之上，两女惑于父，是父蛊有增加之象。六四往则遇六五，阴遇阴成敌，与初六又无应，故往见吝。兑为见。

六五：干父之蛊，用誉。

【说】六五与九二有应，九二在乾体，艮为少子，故干父之蛊有誉。互兑为悦为喜，三至上为大离，离为明，六五居尊位，所以有誉。

上九：不事王侯，高尚其事。

【说】艮为阳爻入于坤体之上，坤为王，为事。坤交阳爻变为艮，坤体已失，故不事王侯。艮之阳爻，高居二阴爻之上，与九四无应，故高尚其事。高尚，形容词转为动词使用。高尚其事，即：自己把自己所从事的工作视为高尚的。尚，上也，不卑下者。《周易正义》："但自尊高慕尚其清虚之事，故云'高尚其事'也。"其，代词，谓自己。

☷☱ 临 兑下坤上

临：元亨，利贞。至于八月，有凶。

【说】乾阳来下，与坤相交，进至二位，与六五有应。坤居上，在尊位，故元亨，利贞。☷为子月卦，☶为丑月，☳寅月，☲卯月，☱辰月，☰巳月，☰午月，☴未月，☵申月，☶酉月，☷戌月，☳亥月。临☷旁通为☴（遯），临变为遯，则卦体全消匿了。遯于周为八月，所以临卦说"至于八月，有凶"。

夏历以十三月为正月（见《大戴礼记解诂》《夏小正》解），于卦为☷。周历以十一月为正月，于卦为☷。所以三国虞翻曰："与遯旁通，临消于遯——六月卦也，于周为八月。"或上古时代历法为周所采用，故周之八月在遯？虞翻之说，非无道理。尚秉和嘲曰："后儒往往以殷正、周正为说，皆梦呓语也！""梦呓语"三字，措语太过了！

初九：咸临，贞吉。

【说】咸，感也。相感者，阴阳也。初九与六四有应，阴阳相感，故吉。

九二：咸临，吉，无不利。

【说】高亨曰："本卦初九云：'咸临，贞吉。'九二云：'咸临，吉，无不利。'……知二咸字必有一讹也。疑此爻咸当作威……威临者，以威临民也。初九《象传》曰：'咸临贞吉，志行正也。'志行正方可感人，盖读咸为感，是古本初九爻辞作咸临也。九二《象传》曰：'咸临吉无不利，未顺命也。'民未顺命，故临之以威，是古本九二爻辞作威临也。《书·吕刑》：'德威惟畏。德明惟明。'《左传·文公七年》引《夏书》曰：'戒之用休。董之用威。可见以威临民，自古尚之。有威则万民服，无威则天下乱，故曰威临，吉，无不利。"此说颇有理。兑☱为巽☴之覆，巽为伏，为命。巽覆，故不顺命。九二与六五有应，上遇重阴无阳，故吉，无不利。互震为雷，有威象。

六三：甘临，无攸利，既忧之，无咎。

【说】六三在兑口，兑为悦为口，有以甘言说人之象。虞翻曰："坤为土，土爰稼穑作甘。兑口衔坤，故曰甘临。"六三，阴居阳位，上无应，故无攸利。九二、六三为半坎☵，有忧象，但阳爻已至二，再上则三变为阳，卦变为泰，故无咎——其咎不可长也。

六四：至临，无咎。

【说】六四在互坤之中，阴柔当位。坤为终，终即至。六四与初九正应，故无咎。

六五：知临，大君之宜，吉。

【说】知，智也。坤为虚可藏知，是坤有智象。坤为大君，六五为坤之中爻，居尊位，是位宜也。六五宜其位，故吉。由此，又可证《易》反映母系社会女为首领为君之事实。前儒以"大君谓二"，是以父系社会男为君主之例衡度《易》象之意。

上六：敦临，吉，无咎。

【说】敦，厚也。坤为土，互坤亦为土，上六居二坤之上，坤土厚，故曰"敦临"。以敦厚临民，故吉，无咎。

观 坤下巽上

观：盥而不荐，有孚颙若。

【说】巽为白眼，有观象。艮为鬼门，为宫阙，有宗庙象。坤为水，艮为手，艮出坤上，有盥象。盥，洗手。《释文》："马云：盥，进爵灌地以降神也。"是解盥为祼、灌。祼，祭礼也。王弼曰："王道之可观者，莫盛乎宗庙，宗庙之可观者，莫盛乎盥也。至荐简略，不足复观，故观盥而不荐也。"坤虚为有孚之象，巽亦为孚。坤为众，巽为眼，目在上，仰观之象，故曰"有孚颙若"。

案：汉儒之说，于象有据。然，此卦之象实指女子生子，置于床上观之之象。《诗·小雅·斯干》："乃生男子，载寝之床。"互艮为屋舍，坤为妇，巽指所生长女，坤为舆为载，艮有床象（《剥》之象可佐证），艮为手。是则谓妇生子，以手置诸床上而观也。

初六：童观，小人无咎，君子吝。

【说】陈士元曰："阴居坤始，所见不大，如童稚然。"甚是。阴为小人，阳为君子——此以德行而论也。阴，暗；阳，明。故阴为小人。初六阴居阳位，小人之德显，君子之德伏，故小人无咎而君子有吝。坤为小人，乾为君子，亦以道德而论。

六二：窥观，利女贞。

【说】窥观，窃观也。坤为女，为阖户，互艮为宫室，为门户。女掩户而窃观之象。妇人产子，有女窃观于户外。利女贞，利女之占卜也。《象》曰："窥观，女贞亦可丑也。"虞翻曰："女贞，利不淫视也。"皆以封建道德衡量母系社会之女操，失之甚矣！

此爻之象，实一幅神情逼肖之少女窥儿图也！中国符号艺术之始于《易》象，诚有据焉！

六三：观我生，进退。

【说】《集韵》："生，产也。"生，生子也。坤为我，阳爻在外，是生出也。三、四、五、上为巽之大象，巽为进、退。艮为门，三当门户之缘，或进或退。

六四：观国之光，利用宾于王。

【说】互坤为国，互艮有晨曙之象，为光，巽为眼目，是观国之光。用，以也。利用宾于王，以为王之宾为利。五位为尊位，王之位也，四近于五，故利为王之宾。

又：坤为文，有光采象，坤为利，为用，坤为臣，为宾。以德而论，乾、坤同等，乾为王，坤亦为君，乾为人，坤亦为民。此需因具体卦象和爻位而取以用之，不可胶着也。唯坤为大，乾为小，于女尊男下之象中，绝不可更改！为何？女尊，母系氏族社会之实情也。

九五：观我生，君子无咎。

【说】观我生，我，坤妇自谓，生指长女。观我生，我自观所生之子也。坤为妇，为我，巽为长女，艮覆震，震为生。君子谓坤。

上九：观其生，君子无咎。

【说】此"观其生"，省去主语"我"。巽为眼，覆兑为视，上九居巽之上，下观九五——观坤妇之所生长女也。巽为利，坤为顺，所生之子顺也，置诸床上，自观之，人观之。坤妇生产顺利，故无咎。

此卦可见母系社会时，女因生产繁育人口，故受推尊之状。上古之人崇拜女性，崇拜女阴之故，于《易》中可窥见矣！为什么说此卦可见上古人崇拜女阴之情况？巽为鱼。鱼形为女阴符号，考古发现已有许多佐证。

噬嗑 震下离上

噬嗑：亨，利用狱。

【说】卦为颐䷚中有物之象，颐为颊，为口腔。口中有物供嚼噬，是为噬嗑。口中得实，故亨。阳爻为实。坎为棘，棘乃狱牢周围所置藩，故有狱象。

初九：屦校灭趾，无咎。

【说】校，木制刑械。屦校，械足也。坎为校。灭趾，古代斩足趾之轻刑。受刑尚轻，故无咎也。震为足，为趾。震在互坎之下，是"屦校灭趾"之象。坎为灾为难，初、二半坎也，轻灾之象。

六二：噬肤灭鼻，无咎。

【说】陈应润曰："肤，体之皮也；灭鼻，劓刑也。"甚是。陈氏又谓初九之灭趾为"古者肉刑，罪之轻者灭其趾，欲其不能行也"。于上九之"灭耳"，陈氏亦云："既桎其项，又灭其耳。"则三个"灭"字，皆训为刑灭。如此解，胜以"灭"为"没"（遮没）之说多矣！《文献通考·刑一》："周官……司刑，掌五刑之法……劓罪五百。"注："劓，截其鼻也。"又："《吕刑》：苗民弗用灵制以刑，唯作五虐之刑曰法……为劓、耴、椓、黥。"耴，即截耳之刑。此可证陈氏之正确。艮为肤为鼻，震为口，下震之口已噬互艮之下爻，有噬肤之象。震为覆艮，艮履，鼻灭，故曰灭鼻。劓鼻，古刑。噬肤，劓鼻，轻犹未重，故无咎。

《序卦》："可观而后有所合，故受之以噬嗑。嗑者，合也。"卦辞曰："利用狱。"《象》曰："先王以明罚敕法。"《系辞传下》则又有"日中为市，致天下之民，聚天下之货，交易而退，各得其所，盖取诸《噬嗑》"之说。一个离（☲）上震（☳）下的卦形，竟得出诸种意蕴，盖因取象不同之故。由此，我作如下观：六十四卦，在系辞的过程中，必然有过一卦一爻被系以多种解说之辞，甲取此象则出一辞以说，乙取彼象则又出一辞以说。《周易》之卦、爻辞，乃是经过对流传的众说之辞，作取舍、增添、加工、整理之后的"定本"。倘或当"文王作卦辞""周公作爻辞"的时候，另有几个人也为卦、爻系辞，必然会出现多种《易经》了！《系辞传》说得好：《易》之兴也，其当殷之末世、周之盛德耶？当文王与纣之事耶？"卦、爻辞的最后确立，就正在殷末周初。《系辞传下》只说："《易》之兴也，其于中古乎？作《易》者，其有忧患乎？"这"作《易》者"是谁？没说。可见作《易》之辞者，绝非一人！卦辞是文王作的，爻辞是周公作的，是不足信的说法。

六三：噬腊肉，遇毒，小吝无咎。

【说】艮为肤，六三在艮中，肤之下故称肉。腊肉，晒干之肉。初、二、三、四为大离，离为日。肉在日中，故为腊肉。互坎为毒，故噬腊肉遇毒。六三，阴处阳位，不当，故有吝。六三与上九有应，故无咎。

九四：噬干胏，得金矢，利艰贞，吉。

【说】干胏，晒干之有骨之肉。离为干肉，为兵矢有金象，为黄，故得金矢。九四与初无应，处阴位，阳刚而履柔，互坎为难，因之以艰贞为吉。

六五：噬干肉，得黄金，贞厉，无咎。

【说】离为鳖、蟹、蚌之属，外坚内柔，外为甲壳，内为肉。离为日，故为干肉。离为黄，为兵戈有金象。且离为坤爻入于乾体，是故离为金——乾为金。艮为手，因之曰：得黄金。噬肉而遇金，金硬物。六五与六二无应，故厉。虽然如此，六五居尊位，故无咎。

上九：何校灭耳，凶。

【说】何，荷也，戴也。木校加于头上故凶。坎为耳，离伏坎，坎伏故耳灭。郑玄曰："离为槁木，坎为耳。木在耳上——何校灭耳之象。"是亦因坎伏而论，并以离为木校也。

䷕ 贲 离下艮上

贲：亨，小利有攸往。

【说】贲，文采也，文饰也。郑玄曰："离为日，天文也；艮为石，地文也。天文在下，地文在上，天地二文相饰成贲者也。"艮为阳入坤体，坤色黄。离为阴入乾体，乾色玄。离下艮上，玄黄相杂。离为火，赤色；艮为山，青色。青红相映。王廙曰："山下有火，文相照也。夫山之为体，层峰峻岭，峭峻参差，直置其形，已如雕饰。复加火照，弥见文章。"此说极妙。《彖》："贲，柔来而文刚故亨，分刚上而文柔，故小利有攸往。"坤上爻来下入于乾中成离，是柔来饰刚，六二位中而正，故亨。乾之中爻往上，入于坤体之上——即坤之上爻与乾之中爻互换位置——成艮，是刚来饰柔，但上九不当位，故小利有攸往。

往，来，将往，将来也。此卦，乃阴阳爻调位已定之卦，言往言来，是追述也。藉既往既来之后之象，以言其往其来之休否。

初九：贲其趾，舍车而徒。

【说】初九上与六四有应，六四在震体，震为足，离为文明。初九以阳往则饰六四，故曰"贲其趾"。离伏坎，坎为车，坎伏，故舍车而徒步了。

六二：贲其须。

【说】贲其须者，文饰其须也。侯果曰："自三至上有颐之象也。二在颐下，须之象也。"甚是。六二在离，离为明，离之明映饰须，故曰"贲其须"。陈梦雷曰："须生而美，非外饰者。六二柔丽乎中正，固有其美须之贲，非待于外也。"此论极高！我因之译此句为："美啊胡须！"

九三：贲如濡如，永贞吉。

【说】离为文，九三在离体最上，文饰盛极，是贲如。互坎为水，九三在坎，有被濡润之象，是濡如。有文采而润泽，其美至极。永贞，谓能永葆其美，使之不失。

六四：贲如皤如，白马翰如，匪寇婚媾。

【说】皤如，洁白貌。互震为马，为白。震伏巽，巽也为白。互坎为马。翰，《释文》："郑云：白也。"三、四、五、上为大离，离为文，为飞。《释文》："翰，黄云：马举头高昂也。"故曰"贲如"，曰"翰如"——骏马昂首驰行如飞。坎为寇。六四下应初九，越过坎寇，阴阳相交，故乘马疾驰，与盗寇无关，乃是往婚媾的。

六五：贲于丘园，束帛戋戋，吝终吉。

【说】艮为山，为果蓏，为松柏多节之木，震为竹，为萑苇，为陵。故有丘园之象。震伏巽，巽为帛，为绳，是为束帛。高亨曰："戋戋为少貌。"甚当。震为覆艮，艮为手，手倒持束帛，必不多也。虞翻云："艮，手。持，故束帛。以艮断巽，故戋戋。"则似亦知"戋戋"为少貌也。束帛，古人聘问所馈之礼物。《仪礼·士冠礼》："主人酬宾，束帛俪皮。"又《仪礼·士昏礼》："纳征玄纁、束帛、俪皮。"此云"贲于丘园，束帛戋戋"，当是持束帛往丘园纳聘也。戋戋束帛，故吝啬。六五阴居尊位，故终吉。

又：虞翻又谓："束帛戋戋，委积之貌。"《释文》："戋戋，薛、虞云：礼之多也。"若乃则"贲于丘园，束帛戋戋"，可释为：以盛多之束帛贲饰丘园。如此,是奢侈之状,奢侈则有吝。然以束帛饰丘园,丘园美而盛矣,美盛是吉。此解虽可说通,终嫌勉强。

上九:白贲,无咎。

【说】艮伏兑,兑为秋,为西方,色白。三至上大离,离为文明,是贲饰之象。兑伏,是白在下,文饰在白上,是为先有素白,而后于素上加饰,故曰"白贲"。白贲,绘事后素也。上九下乘二阴,有孚,故无咎。

剥 坤下艮上

剥:不利有攸往。

【说】坤为顺,下体互坤为顺,上体互坤为顺,艮为止。顺而遇止,故不利有攸往。剥,阴气盛行,阳气被剥之象。

初六:剥床以足,蔑,贞凶。

【说】此卦之象即床象,艮为床是无疑的了。坤可载物,坤为舆,亦通床之用。初六在下,床之足也。初六为阴气之始,故"剥床以足"。剥,落也,腐蚀也,毁也。蔑,《释文》:"犹削也……荀作'灭'。"《集解》:"卢氏曰:蔑,灭也。"床足被剥灭,床将倾,故凶。

六二:剥床以辨,蔑,贞凶。

【说】崔憬曰:"辨,当在第、足之间,是床栏也。"即床腿。阴升至二,自床脚剥至床腿,故凶。

六三:剥之无咎。

【说】六三,阴气升至三位,何以无咎?六三与上九有应之故。

此"剥"字，卦名也，言《剥》之六三，乃剥卦之无咎者。"剥之"，不是动宾词组。

六四：剥床以肤，凶。

【说】艮为肤。床肤，谓床笫也，即床板。剥床已至床之上表，故凶。

六五：贯鱼以宫人宠，无不利。

【说】坤为女，为阴。鱼，女阴之符号也。六五以下，共三坤，如鱼之贯穿成行也。宫人，宫中侍妾。艮为宫，坤为女，是为宫女也。宫中侍妾如鱼贯，依次承宠，无不利。

阴爻--即女阴符号，故与"鱼"之含义相同。故，坤阴为鱼。六五为众阴之主，上承阳，故有利。

上九：硕果不食，君子得舆，小人剥庐。

【说】艮为硕果。艮覆震，震为口，为食，震覆故不食。艮伏兑，兑为口，兑口隐伏，故亦不食之象。阳为君子，阴为小人。上九阳爻，得坤之托载，坤为舆，为车，是"君子得舆"。艮为庐，为屋舍，艮之上九被五阴剥削，故"小人剥庐"。

䷗ 复 震下坤上

复：亨，出入无疾，朋来无咎。反复其道，七日来复。利有攸往。

【说】此卦为纯坤之后，一阳复始，阳气渐生，阴气渐消之卦，故亨。震为动，为出，伏巽为入，坤为顺，故云出入无疾。初九为阳，阳来下入坤体，是朋来之象，众阴得朋，故无咎。姤☰☴是阴长阳消之始，继而为遁、否、观、剥，阳消迨尽，至于纯坤，阳已尽矣。复，则一阳又生，自姤至复，即阳始消至阳复生，共历七卦。一爻为一日，是为七日来复。以十二月而言，五月夏至一阴始生，于卦为姤，自五月开始，经六月、七月、八月、九月到十月，阴达极盛，十月为坤卦。十一月冬至，阴极阳生，是为复。从五月阳始消，至十一月阳复生，共经七个月。侯果曰："五月，天行至午，阳复而阴升也。十一月，天行至子，阴复而阳升也。天地运往，阴阳升复，凡历七月，故曰'七日来复'，此天之运行也。《豳》诗曰：'一之日觱发，二之日栗烈'，一之日，周之正月也，二之日，周之二月也。则古人呼'月'为'日'，明矣。"以节候运行周而复始而论，所云"七日"即"七月"也。震为动，为征，为行，坤为顺，震行而顺，故利有所往。

初九：不远，复，无祗悔，元吉。

【说】初九在震之初，震为动，为行，则是始动始行之时，所行不远，及时可返回，所以无大悔，元吉。祗，大也。

六二：休复，吉。

【说】休，美也，喜也。六二位中正，下有阳承，故曰"休"，曰"吉"。坤为美，震为笑，故曰"休"。

六三：频复，厉，无咎。

【说】六三居震体之极，处上下卦进退之际，故曰"频"。六三失位，进而无应，故厉。失位而能知复，则无咎。虞翻曰："频，蹙也。"震伏巽，巽为进退、不果。

六四：中行独复。

【说】三、四位，是全卦之中，故曰"中行"。卦中唯此爻与初九为正应，故曰"独复"。

六五：敦复，无悔。

【说】六五居坤之中，坤为土，为厚。敦，厚也，敦厚故无悔。

上六：迷复，凶，有灾眚。用行师，终有大败，以其国君凶，至于十年不克征。

【说】坤为冥，为暗，为迷，为终，为死，为师众，为女主，为十年，为国。上六居穷极之位，下无应，故凶，有灾眚。上六位穷，故行师终有大败。君指六五，师败则国君凶。震为征，上六远离初九，上六在坤，故十年不克征。

汉儒以乾为君，坤伏乾，乾伏，故国君凶。此以父系社会意识解易也，虽通——以乾、坤平等而言，乾亦为君也——我不取。

不克征，不能兴师以行征伐也。

䷘ 无妄 震下乾上

无妄：元亨利贞，其匪正有眚，不利有攸往。

【说】无妄，诚实也，以辞义言，因诚故元亨利贞。于卦象言，九五、六二中正而相应，是正也。如不正，则有眚，则不利有攸往矣。

初九：无妄，往吉。

【说】震为行，初九当位，为震之主，故往而吉。互巽为长女，震为长男，初九往则与巽交，故吉。初九阳爻，上承二阴，亦吉象。

六二：不耕获，不菑畬，则利有攸往。

【说】不耕不获，不菑不畬，欲获欲畬则应往耕往菑，耕、菑始有利也。震为稼穑，艮为手。震覆艮，艮覆则手象失，故云不耕、不菑。初至四为大离，离为兵戈，为斧，有刈象耕象，故又云获、菑、畬。

六三：无妄之灾，或系之牛？行人之得，邑人之灾。

【说】既不妄想妄动，本应无灾。无妄之灾，飞来之祸也。坤为牛，坤伏于乾，是失牛之象，故说"或与牛有关系"——猜度之语也。震为行，为足，故曰"行人"。艮为手，巽为绳，行人之手持绳，故设想牛为行人所得。伏坤为邑，乾为人，故曰"邑人"。是设想邑人窃牛也。邑人未牵牛，故受无妄之灾。六三与上九有应，上九在乾体，故疑于邑人。巽为疑。

九四：可贞，无咎。

【说】九四无应，故当正固自守，勿轻动则无咎。

九五：无妄之疾，勿药有喜。

【说】九五阳得中正之位。伏坤为疾，坤伏，乾为健，故勿药有喜。

上九：无妄，行有眚，无攸利。

【说】上九处穷极之地，不当位，故不宜妄动，行动则有眚无利。上九之行，是下行来应六三。下行则遇二阳，九五中正，上九不能敌，行则遇敌有阻，故行有眚，无攸利。

䷙ 大畜 乾下艮上

大畜：利贞，不家食，吉。利涉大川。

【说】大，谓六五，阴居尊位也。畜，蓄，聚也，养也。此六五得六四为辅，畜养四阳，谓之大畜。乾为健，艮为止，乾下艮上，健行而止，故以贞定为利。内卦为家中，外卦为家外，互兑为口，兑口在外，故不家食。李鼎祚曰："乾为贤人，艮为宫阙也。令贤人居于阙下，不家食之象。"贤人受养于外，故吉。兑为泽，震为木，震在兑上，有舟行水上之象，故利涉大川。

内卦为家，外卦为外，《泰》之"小往大来"，即指坤女来主家。《否》之"大往小来"，即言坤女将自家中出往，女不能主家而外往，故否也。此卦之"不家食"，以内卦为家，亦为佐证也。参见《家人》卦之说。

初九：有厉，利已。

【说】初九应于六四，六四当兑口，兑为毁折，故厉。六四在艮，艮为止，故初九宜止而勿上，则可免灾厉也。已，止也。

九二：舆说輹。

【说】《说文》："輹，车轴缚也。"李鼎祚曰："輹，车之钩心，夹轴之物。"二说正确，即今大车下把持车轴之"冂"形轴槽儿也。车脱輹，是车轮脱出车輹之外。乾伏坤，坤为车。九二"—"阳爻刚健，有车轴象，如《豫》之九四"—"有簪象一样。兑为说。九二在兑体之下，故有车轴脱车輹之象。

此爻未言吉凶，实则与《小畜》九三"舆说輹，夫妻反目"相同，不利也。

九三：良马逐，利艰贞。日闲舆卫，利有攸往。

【说】乾为良马，震为逐，为惊走，兑为毁。九三上无应，故利艰贞自守，以免遭毁折也。三至上为大离，离为日。伏坤为舆，震为征，有武卫象。良马惊逐，是驭术不娴熟，故利艰贞。能日习车马，驭之娴熟，则利有所往矣。

此爻辞前半为正，后半为补充，为副。正文是作出结论，副文是就正文作解难之办法。

六四：童牛之牿，元吉。

【说】牿与梏通，《易象钩解》作梏。坤为牛，上艮，阳爻在上，有横木象，如以牿笼于牛角。艮，小木也。故艮之上有横木象。小牛加牿，既可防其触伤人、物，又可防其自伤嫩角，故元吉。六四，阴处柔位，当位，故吉。艮为少男，故为童。

六五：豮豕之牙，吉。

【说】《周易正义》："豮损其牙。"引褚氏云："豮，除也，除其牙也。"豮豕之牙，除去豕牙，使其不得恃以伤人害物，故吉。

前儒有释"豮"为去猪之势者，非。上古人以猎为生，豕乃猎物中主要者。甲骨文豕写作丅，金文作丅。豕，写作丅，象以绳套豕，反映出上古猎豕之状。故，"豮豕之牙"之豕，当指野猪。野猪以牙为利，故必除其牙，才不致伤人。艮为黔喙。黔喙，山中野兽，虎豹之属也。野猪为猛兽，嘴黑而长，正应黔喙。是知艮为野猪。三至上有颐象、齿象，互兑为毁折，为豮豕齿之象。豕齿被豮，凶刚遭到制抑，吉。六五与九二应，六五柔而蓄九二之刚，以柔制刚，吉。

上九：何天之衢，亨。

【说】艮为路，五为天位。"何"，虞翻曰："当也。"程颐曰："予闻之胡先生曰：'天之衢，亨。误加何字。'"朱熹曰："何天之衢，言何其通达之甚也！"张载曰："其道大行也，升于天，何待衢路而进？"王弼曰："何，辞也。犹云：何畜乃天之衢亨也？！"孔颖达曰："何，谓语辞。犹云'何畜'也。处畜极之时，更何所畜？"高亨曰："何，犹受也。"以上古今诸家所训，皆可说通。我以虞翻之训"何"为"当"为上。何天之衢，大路接天之意。当，对也，临也，如"对酒当歌"之"当"。大路远而临于天。有如此路，故亨。上九在天位之上，有大路遥通接天之象。

䷚ 颐 震下艮上

颐：贞吉，观颐，自求口实。

【说】艮震合体，有口颊之象。艮为止，震为动，下动上止，是口动之象。外实中虚有离象，离为目，故曰"观颐"。颐，养也。口颊所以饮食者也，得饮食是自求颐养。口实，口中饮食。观人颐养，当自求口实以自养。欲观其颐养好坏，亦当求诸其口实优劣，故求口实乃观颐之自也。自，始也，由也，根源之意。坤为自，艮为求。

初九：舍尔灵龟，观我朵颐，凶。

【说】颐，大离之象，离为龟。龟甲可用以卜，故称灵龟。初九与六四有应，初往应四，是入于口中。往应四，是舍尔灵龟；应于四,入口中,则成口实,有被嚼之象。互坤为我。朵颐,嚼动貌。舍灵龟之美味不食,反观我朵颐,故凶。震为动,故云"朵颐"。朵,动也。颐,口、车(下牙床)、辅(上牙床)之总称。

六二:颠颐,拂经于丘颐,征凶。

【说】尚秉和云:"颠与窴同。丘颐,空颐也。盖颐以空为用,今乃填塞,违颐之常,故曰填颐,拂经于丘颐。"此解甚是!然经文文义固可作此解,于象则不符。

颠,下。颠颐,就养于下。六二阴爻,上无应,与初相临,有相就象,然此乃反常者也。于,往。六二求阳,既不能下以就初九,唯上往以求。丘颐,指上九。艮为山丘。然上九非所应者,故征亦凶焉。六二当应于五,然与六五无应,故征凶。

六三:拂颐,贞凶。十年勿用,无攸利。

【说】拂颐,除去颐养。拂,除也。六三在下卦之极,位不当,处互坤中。坤为空,为虚,为丧。无养之象,故曰"拂颐,贞凶"。坤为十年。位不中不正,故勿用,无利。

六四:颠颐,吉。虎视眈眈,其欲逐逐,无咎。

【说】颠颐,六四当下往与初九应,下养也。六四与初九正应,六四阴当阴位,初九阳当阳位,其应正,故吉。坤为虎,艮为视,为明,故虎视眈眈。坤为欲,四应初,初在震,震为征,故曰"其欲逐逐"。正应故无咎。"虎视眈眈,其欲逐逐",状求颐养之心切也。

六五:拂经,居贞吉,不可涉大川。

【说】拂经,反常也。六二拂经,六五亦拂经。六五与六二无应,六五近于上九,与上应反常,与初九应亦反常。六五柔居尊位，艮为居止，故既无应则须居正守静乃吉。☲旁通☵，为大坎有大川象。六五正在坎水之中，故不可涉大川！又：震为行，坤为水，艮为止，故不可涉。

上九：由颐，厉，吉，利涉大川。

【说】由，从也，自也。艮为止，上九为上牙床之象，止而待下颔之动，故由颐也，其颐自下也，从下也。止，所以厉，待下动而成颐养之功，转为吉。☲通☵，艮为木，上九为艮主爻，伏兑与互坤为水，木在水上，故利涉大川矣。

六五、上九皆在艮体，一不可涉，一利涉，判然不同，因爻位而断其在水中或水上也。

䷛ 大过 巽下兑上

大过：栋桡。利有攸往，亨。

【说】桡，曲折也。栋桡，则屋将毁，故曰"大过"。过，过失。大，形容词。全体而观之，☰为乾阳入于☷体之中象。四阳，状阳盛之象，盛阳凌阴，阴不胜其凌焉。坤为家，乾为男，男主家中，其势大且斥坤女于外，反上古之风俗，故为大过。因阳将坏阴，故以栋桡毁屋为喻。栋桡，是栋失正也，阴阳交合，阳不正，乃至伤阴，过之大者矣！

此象又利有攸往，亨，何也？巽为入，为顺，兑为悦，顺入而悦出，其往有利，故曰"亨"。以阴阳交合论，如此；以诸事之行亦如此！办任何事，无不以喜悦结局为亨也。

初六：藉用白茅，无咎。

【说】巽为白，为茅草。初在卦之下，承托众爻，故为藉。巽为妇，互乾为夫，合和之象。上古人卧，无褥可藉，穴居故以白茅为藉也。有屋舍，因陋就简，白茅为藉，无妨枕卧，故无咎。

九二：枯杨生稊，老夫得其女妻，无不利。

【说】巽为木，覆兑为泽。泽边之木，杨也。兑泽覆，杨失水泽，故曰"枯杨"。稊，发芽。巽伏震，震为反生，为蕃鲜，故曰"枯杨生稊"。下体互乾为老，为夫，巽为妇，是老夫得女妻。枯而反生，老而得妻，故无不利。

九三：栋桡，凶。

【说】九三、九四居卦体之中部，故以栋为喻。九三当位而不中，与上六应，上六在兑体，兑为毁折，故有栋桡象，是凶。

九四：栋隆，吉，有它吝。

【说】巽为高，九四在巽上，是为栋隆之象。九四有应于初六，初六在巽，巽为木，为高，高木支撑故隆，故吉。《象》传所云："栋隆之吉，不桡乎下也。"正是说九四之栋，有高木支撑而不桡折，所以吉也。九四不当位，故有它吝。

九五：枯杨生华，老妇得其士夫，无咎无誉。

【说】兑为泽，覆巽为杨，杨得泽润，故生华。兑伏覆震，震为蕃鲜，为春，有草木吐芽发华之象。上体互乾为老，伏坤为妇，为母，是老妇象。兑伏艮，艮为士夫。老妇嫁士夫，无咎亦无誉。九五居尊位，中正，故无咎。九五下无应，故无誉。二位多誉，不应于二，当然无誉矣。

上六：过涉灭顶，凶，无咎。

【说】兑为水泽，乾为人，卦体为坎象亦为大川之水。上六居极处，水没人之象，故凶。上六当位，下与九三有应，故无咎。

䷜ 坎 坎下坎上

习坎，有孚，维心亨，行有尚。

【说】习，重也，水流不息也。坎为水，为险，习坎即重险，即水流相续。二至五为离象，中虚心，故有孚。坎为心，上坎下坎系于离体，是维系其心。有孚诚而维系其心，故亨。二、五阳皆入于坤阴，阴阳交会之象。阴阳交，是有孚维心之表现，故亨也矣！二至五为正覆之震，震为行。行，指阴阳交合之行为也，交合既成，是有尚。泛指，则"行有尚"即往行有所旨尚。尚，贵也，高也，崇也，有高尚、推崇及期旨的意思。

初六：习坎，入于坎窞，凶。

【说】坎为水，互震阳爻在坎中，阳动于阴中，故水流不息，为"习坎"之象。坎为入，为坎陷。陈士元曰："坎卦上画之柔，象水旁两岸；下画之柔，象岸侧小穴也。初自外入，故有入于坎窞之象。"入于坎陷，故凶。《释文》："王肃云：窞，坎底也。"干宝曰："窞，坎之深者也。"

九二：坎有险，求小得。

【说】坎，阳陷于阴，故坎为险。坎有险，阴阳交会当俭约也。

险，同俭，约也。小即约的意思，少也。阴阳之合当俭约而忌恣纵，求约俭则有得益。

六三：来之坎，坎险且枕。入于坎窞，勿用。

【说】"来之坎，坎险且枕"，断读从高亨，解作"来此坎，坎险且深"，文义极通畅。《释文》："枕，古文作沉。"沉，深也。之，往也。来之坎，来往于坎险之境也。六三在下坎之终，居上下坎水之中流，故有险且深之象。三位处或上或下之界，二至五正覆震，有往来象。往来于深险之中流，是处险地，故曰"入于坎窞"。勿用，不宜作用也。

六四：樽酒簋贰，用缶，纳约自牖，终无咎。

【说】坎为酒。上下卦皆阳爻入坤体，整卦亦坤体。坤为土，为腹。互艮为鼻，互震为足。盛酒之物具鼻、腹、足，是樽、簋之象。坎伏为离，离为大腹，为火，坤为土，艮为土，火烧土成有腹之缶。坤为釜，亦缶象。坤为吝啬，为约。坎为纳。坤为闭户，艮为牖。艮为光，是牖开透光之象。艮为手。艮为终。又：震为尊、簋，为稼。震伏兑，兑为史巫。坎为木，震为足有樽象。

樽盛酒在上，簋盛黍稷居次，辅以瓦缶以献，是祭礼也。约，俭朴也，小也。王弼曰："处重险而履正，以柔居柔，履得其位……坎以斯，虽复一樽之酒，二簋之食，瓦缶之器，纳此至约，自进于牖，乃可羞之于王公，荐之于宗庙，故终无咎也。"孔颖达曰："纳约自牖终无咎者——纳此俭约之物，从牖而荐之。"高亨曰："《诗·采苹》曰：'于以采苹……于以奠之，宗室牖下。谁其尸之？有齐季女。'《毛传》：'古之将嫁女者，必先礼之于宗室……'

《诗》云奠之牖下者,郑笺:'牖下,户牖间之前,祭不于室中者。凡婚事于女,礼:设几筵于户外。此其义也。'(按:标点有所改动。)……嫁女之祭,乃女为祭主,女将归外姓,是外祭也,故在室外牖下也。"高氏所论极确。此爻辞,乃言嫁女时,女家设祭之礼仪事:以简单之尊酒、二簋、瓦缶,依礼设于户牖之外,自牖纳献之。六四阴爻当位,故无咎。

九五:坎不盈,祗既平,无咎。

【说】《释文》:"郑云:(祗)当为坻,小丘也。"又:"坎,陷也。""既平"作"尽平"。虞翻曰:"盈,溢也。"坎为坑陷,为水。艮为止。阳止于阴中,故水不流溢,是坎中水不盈之象。艮为丘。艮体在坎中,是水没丘之象,故坻尽平也。九五位中正,故无咎。

上六:系用徽纆,寘于丛棘,三岁不得,凶。

【说】坎为矫揉,有绳象,艮为手,故曰"系用徽纆"。坎为丛棘,故曰"寘于丛棘"。坎为三岁,坎为失,艮为得。上六与六三不应,六三在艮,艮入坎,故三岁不得,凶!

䷝ 离 离下离上

离:利贞,亨。畜牝牛,吉。

【说】阴爻居中,五尊,二正,故利贞而亨。离为牝牛,为阴卦,主爻居中正,故畜牝牛吉。牝牛性顺,畜牝牛——养柔顺之性,吉。

初九：履错然，敬之无咎。

【说】错然，文采貌，又敬慎貌。离为文明，故曰"履错然"——履，礼也。行之以礼，是为文明。履错然者，行为合于文明，中于礼也。敬，警也。注意行之文明，故无咎。

六二：黄离元吉。

【说】离乃坤之中爻交于乾，此爻本坤爻。坤为黄，故曰"黄离"。六二中正，故大吉。

九三：日昃之离，不鼓缶而歌，则大耋之嗟，凶。

【说】离为日，三在下卦之终，为日昃之象。离外坚中空，主爻乃坤爻，坤为缶，离亦为缶；互巽伏震，震为鸣，为言，为歌；互兑伏艮，伏震为覆艮，艮为手，艮覆，乃"不鼓缶"之象；震伏乃不歌之象。《帝王世纪》载尧时老人击壤而歌，是上古之风也如此。鼓缶击壤而歌，大耋之乐。今不鼓缶而歌，大耋之嗟矣！兑为嗟。日昃之光不能长久，大耋失乐安得延年？故凶！

又：此卦之象，在"不鼓缶而歌"。取"鼓缶而歌"之事，以申日昃之离、大耋之嗟。故"则"字最须注意，转折引伸之作用不可忽略！因此，前儒以爻变，费尽周折以求"大耋之嗟"之象，无必要也！

九四：突如其来如，焚如，死如，弃如！

【说】互巽为躁卦——伏为震，震为决躁。巽为急，为风行，伏震为动，为行。故曰"突如其来如"！离为火，故焚如。兑为毁折为刑杀，故死如。巽为摧残，为陨落，故弃如。

六五：出涕沱若，戚嗟若，吉。

【说】离为目，兑为泽，兑泽流于离目，故曰"出涕沱若"。离伏坎，坎为忧。兑为口，故有戚而嗟之象。六五居尊位，承乘皆阳，是有附丽者，故吉。离，丽也，附着。

上九：王用出征，有嘉折首，获匪其丑，无咎。

【说】王，指六五。离为兵戈，故曰"出征"。上九居卦之上，且本是乾之上爻，乾为首，故有首象。坤爻入乾体之中成离，已折断乾体，互兑为毁折，故有"折首"之象。出征折敌之首，是有嘉美。《周礼·天官·大宰》："匪颁之式。"郑注："匪，分也。"获匪其丑：俘获敌虏，分其虏众以赏有功。

"获匪其丑"，《正义》："除去其非类。"是以"丑"为类，以"匪"为非。获匪其类，捕获异类的意思，非我同类者为我所获也。此解亦通。

互兑三、四、五，本乾体，乾为老人。兑为口，有嗟象，故"大耋之嗟"，其象甚明。

"突"，有训为逆子者。九四失位，互巽伏震，震为子，为反生，有逆子之象。

䷞ 咸 艮下兑上

咸：亨，利贞。取女吉。

【说】咸，感也。兑为少女，艮为少男，为求，男下于女以感之以求爱。艮为手，有少男抱托少女之象。兑为悦，少女悦之，男女两情相通，故曰"亨，利贞。取女吉"。以上下论，兑在上，艮在下。以内外论，艮在内，兑在外。内为家，取女来家之象。《泰》卦之"小往大来"，谓坤女将来入主家室，与此卦象、义皆同。

此卦辞取象在于少女少男之相感，故咸者感也，同心也。

初六：咸其拇。

【说】咸，戡也，啮也。《说文通训定声》："咸，假借为戏（戡），《书·君奭》：咸刘厥敌。《周书·世俘》：咸刘商王纣。"高亨亦据此谓"本卦咸字皆斩伤之义"。高氏此说，于卦辞则不可，于爻辞则是。高氏摈象，不知卦象有斩义——兑为泽，艮为山。泽在山上，是山头被斩而成泽凹之象，故咸之义有斩杀在。艮为指，艮又为覆震，震为足，震覆，故有伤拇之象。拇，足大指。

六二：咸其腓，凶，居吉。

【说】崔憬曰："腓，脚膊，次于拇上，二之象也。"朱熹曰："腓，足肚也。"下体互巽为股，二在巽体之下，有腓象。腓伤，凶。巽为摧残。艮为止，六二中正，上有应，故居止是吉。

九三：咸其股，执其随，往吝。

【说】互巽为股，艮为执，覆震为足。股动足随，股伤则随之而动者亦不得行动矣，故往有吝。

九四：贞吉，悔亡。憧憧往来，朋从尔思。

【说】九四不当位，有悔。因与初六有应，故贞吉，悔亡。九四居互乾之中，乾之中爻即坎之中爻，有心象。坎为忧，为思。巽为进退，四位多惧，故曰"憧憧往来"。憧憧，思虑、不安也。兑为朋，伏坤为顺，是"朋从尔思"。兑在上，为九四之朋，初六在下有应，亦九四之朋。故此九四或往或来，皆得朋，朋从其思，故悔亡。

九五：咸其脢，无悔。

【说】脢，脊肉。王弼曰："脢者，心之上，口之下。"兑为口，兑口在上，九四为乾中为心，九五在上、四之间，故谓脢。九五中正而与六二有应，所以无悔。

上六：咸其辅颊舌。

【说】兑为口，口包括辅、颊、舌。伤其辅、颊、舌，则言语难矣哉！

六十四卦中，乾、坤乃根本，乾为男阳，坤为女阴。咸卦乃男女相感成交之卦，阴阳相感成交之卦。于人、于自然之本能、生息之天性，尽已显示。艮之阳爻处亢极之位，兑之阴爻亦在必战之野，艮阳已下，兑阴已上，不交何待！所以，咸卦实为乾、坤二卦外值得注意之卦。以《易》之思想，宇宙万物皆阴阳交会而生。八卦之内涵实义，我之臆见为：

☰阳。男。男阳。

☷阴。女。女阴。

☳阳气初动。男阳初动。

☴阴气初伏。女阴处处。

☱阳处盛极。男阳已亢。

☶阴处盛极。女阴欲战。

☲乾阳施。乾施，故中虚。

☵坤阴受——交合之象。坤受，故中实。

乾坤为本，坎离为用。先天卦位为本，后天卦位为用。故先天以乾坤坎离定位，后天以坎离震兑定位。乾施坤受，必有相感之过程，其象也，即咸卦！故咸卦之重要可知矣。

恒 巽下震上

恒：亨，无咎，利贞，利有攸往。

【说】前人有以"夫唱妇随"解释恒卦，窃以为非也。《咸》卦为男下于女求爱之象，《恒》卦乃女入主家之象也。夫尊妇卑，夫唱妇随，父系社会之伦常。上古时，母性为尊，所以此卦巽妇主于内，正古风俗之反映，合于当时风尚，故亨，无咎，利贞，利有攸往。妇居内守正持家是利贞，夫在外奔走从事是利有攸往。更重要的是，恒，指男女两性间关系之永不可违、变。

初六：浚恒，贞凶，无攸利。

【说】浚，深也。恒，久也。恒，是持久守常。自然规律是恒者也。此规律即阴阳不停之变化，生生不已。具体事物则无恒，唯变是常，所云"恒""常"，是相对而言的。初六深居初始之阳位，当动而不动，故凶而无攸利。

九二：悔亡。

【说】九二位不当，本应有悔，因居中有应故悔亡。

九三：不恒其德，或承之羞，贞吝。

【说】九三在互乾，乾为德。巽为躁，为进退不果。互兑是覆巽。九三居正、反二巽之极，故有其德不恒之象。此爻辞解为"因为守德不恒，或会受到羞辱"，说得通。然"或承之羞"，疑语也。此二句我之所以用破折号和问号标点，即因"或承之羞"有解释"不恒其德"之意在。"或由于承羞，故不恒其德？"言受辱而自暴自弃也。"或承之羞"既为疑问语，故不见于象。

九四：田无禽。

【说】震为征，有畋猎象。巽为禽，巽覆为兑，初至五，正反二巽，故无禽。故曰"田（畋）无禽"。

六五：恒其德。贞妇人吉，夫子凶。

【说】乾为德，为恒久，兑为悦。六五，阴爻居尊位，下乘三阳而悦，故曰"恒其德"。兑为少女，六五为兑之主爻，故妇人吉。震为夫子，兑为毁折，兑之主爻折断震体，故夫子凶。

德，得也。九三之"不恒其德"，即"不能久守其所得"。六五之"恒其德"，即"久守其得"也。《象》传所云："妇人贞吉——从一而终也。夫子制义，从妇凶也。"显然为后世之思想，距母系社会之意识远矣！

上六：振恒，凶。

【说】上六阴柔当位，本可恒，然居震之极，不可恒矣，故凶。震为动，为振。

䷠ 遁 艮下乾上

遁：亨，小利贞。

【说】艮为门，乾为人，人出门而去，遁之义。九五、六二位皆中正，故亨。乾为男，小者谓乾。九五下应六二，有三、四为阻，利正守，待六二上行往应。

初六：遯尾，厉，勿用有攸往。

【说】遯，逃去也。陆绩曰："阴气已至于二，而初在其后，故曰遯尾也。"艮为尾，艮为止。初六位不当，居艮体之下，是尾。遯宜早宜疾，初六遯尾，故厉。止而勿往，则庶几可自保。

六二：执之用黄牛之革，莫之胜说。

【说】艮为手，互乾伏坤为黄牛，艮为皮革，艮为止。六二与九五正应，而与九三相临，往则先遇九三，所以九三为其所执系。"执之"之"之"，代指九三。以黄牛之革系之，所以逃脱不了。六二是本卦之主，四阳在上皆有遯逃之象，故六二必系之！

上古时女为主，男仆女婢欲逃，女主必然系执之，使之不得脱去。

九三：系遯，有疾厉，畜臣妾吉。

【说】艮为执止，九三为六二所系止。互巽为绳，故称"系"。九三被系，故有疾，厉。九三为六二之奴婢，为臣，为妾，受女主之畜养，故可获吉。乾伏坤，坤为臣。艮伏兑，兑为妾。坤、兑伏于象下，故曰"畜臣妾"。

九四：好遯，君子吉，小人否。

【说】乾为好。乾为君子，伏坤为小人。好，善也。和善而去，是好遯。九四不为六二所系，故乾遯为吉，君子吉也。坤伏，不得遯，故否。

以母系社会女为主而言，坤为君，为主。以阴阳而言，阴为小人，阳为君子。君子、小人不以男女而定，以其德行而定也。阳为明，阴为暗，明、暗，性也。以阴阳二气论，阴阳同等，皆为大。所以乾亦为君子，而坤亦为小人——具体情况，具体分析。

九五：嘉遁，贞吉。

【说】嘉，美也，善也。九五当位、中正，与六二为正应，故嘉。其遁既嘉，所以为吉。

陈士元曰："非正应而相昵曰系，以中正而相应曰嘉。《随》九五'孚于嘉'，《遁》九五'嘉遁'，皆因三之系而见也。"此论极当。六二已系九三，是已畜臣妾，是九三已为所昵系。因此，九四、九五、上九，皆可遁矣——六二不之系也夫！

上九：肥遁，无不利。

【说】上九与下无应，远在卦极，故曰"肥遁"——远走高飞之谓也。乾为肥。所以肥遁，未受六二之系也！《释文》："子夏传云：肥，饶裕。"肥遁即可解作从容而去。

肥，通蜚、蜚、飞。肥遁，飞遁也。

䷡ 大壮 **乾下震上**

大壮：利贞。

【说】泰䷊，阴阳相当。而此卦阳长阴消，阳势大而壮，故曰"大壮"。坤女为主，乾男为臣，乾大壮而逼坤，是母系社会所不许的，故戒之曰：利贞——以正固守本为利！虞翻曰："壮，伤也。"坤女为大，女见伤于男，大壮——大者伤也！

初九：壮于趾，征凶，有孚。

【说】初在卦之最下，有足象。初九上进无应，又遇重阳相阻，所以征凶必矣！此处之"有孚"，指"征凶"是必信无疑的！

九二：贞吉。

【说】九二与六五有应，居下卦之中，故吉。

九三：小人用壮，君子用罔，贞厉。羝羊触藩，羸其角。

【说】高亨释"罔"为"惘"，忧也。甚是。兑为羊，羊狠。互乾健而上行，是小人用壮。互乾伏坤，坤为忧，是君子用罔。小人逞刚用壮，君子怀忧，故厉。震为藩篱，兑上为羊角，有角触于藩而被羸之象。羸，纍也，羁绊之意。

九四：贞吉，悔亡。藩决不羸，壮于大舆之輹。

【说】九四为震之主爻，是阳爻入坤体也。震为动，为征。震动，所以有决藩不受羸羁之象。震本坤体，坤为大舆，九四在坤之下，故以輹为喻，谓动力之大，壮于大舆之輹。能决藩不受羸绊，所以吉而悔亡。壮于，其壮过于……如"苛政猛于虎"之"于"字的用法。

六五：丧羊于易，无悔。

【说】互兑为羊。易，《释文》："陆作场，疆场也。"场，为田畔，又为道。《周礼·地官·县师》郑玄注："郊内谓之易。"则郊之疆界是易也。乾为郊，伏坤为丧，是丧羊于易。六五居中，故无悔。

上六：羝羊触藩，不能退，不能遂。无攸利，艰则吉。

【说】震为竹木，为藩篱。上六居卦之最上，有角象，故谓"羝羊触藩"。震为动，为征行，既触藩，故不能进。互乾在后，健行不已，故不能退。进退不得，是无所利也。上六阴处阴位，重柔，故宜艰贞固守，如此则吉。

䷢ 晋 坤下离上

晋：康侯用锡马蕃庶，昼日三接。

【说】离为日，坤为地，日出于地上，是晋也。晋，进也。康，安也。坤为土，为民，为国，有建侯之象。坤为康，故称康侯——指六二。六五，阴居尊位，是王，王居上，六二在下，坤为牝马，坤为用，艮为多，坤为众，故为王以牝马赐康侯蕃殖而繁庶。接，交媾也。离为日，艮为三。坤伏乾，乾为马。因此说昼日三接——雌马雄马之接媾，由马之众多，故所接亦多。坎为接。

初六：晋如摧如，贞吉罔孚，裕无咎。

【说】初六进与九四应，四在互艮，艮为摧，故进则有摧如之灾。晋如而摧如，故吉无孚——不得获吉。坤为裕，初六在坤，故不进则无咎。罔，无也。罔孚，不信。吉罔孚，不能获得吉也。裕，缓也。

六二：晋如愁如，贞吉，受兹介福于其王母。

【说】六二进而无应，故愁如。坎为忧。六二中正，故吉。坤为母，六五居尊，故称王母。坤为富。六二之富，乃六五所赐，故六二受此大福于其王母。介，大也。

六三：众允，悔亡。

【说】坤为众，坤为顺。六三居坤之极位，顺极故曰"允"。

六三不当位，本应有悔。众顺允，故悔亡。

九四：晋如鼫鼠，贞厉！

【说】晋，进也。如，然也。晋如，即向上进，向前进。鼫鼠，郭璞注《尔雅·释兽》："形大如鼠，头似兔，尾有毛，青黄色，好在田中食粟豆。关西呼为鼩鼠——见《广雅》，音瞿。鼫，音石。"鼫鼠是伤害农稼之兽。艮为鼠。鼠昼伏而夜出，九四又在离体，离为日，为明。鼠因贪而昼出，故厉。

九四，预兆可以上进。但"鼫鼠"贞占得此，则厉也。鼫鼠，代指贪而无厌者。贪，已经是不好的行为，何况贪而无厌呢？因此，贪如鼫鼠之人，所遭必厉了。

《易》辞中，凡"如"，皆作"……的样子"解，即虚辞"然"也。故，"晋如。鼫鼠贞：厉！""晋如"二字是一句。把"如"当成"像"解，"晋如鼫鼠"，解成"进而不已好像（如同）鼫鼠"，则失之于古汉语语法，亦与《易》之句法不符。

六五：悔亡，失得勿恤，往吉无不利。

【说】坎为加忧，六五居尊故无悔，勿恤。坎为隐伏，为盗，有失象。坎伏于离，是不失也，是失而得也。失所得，故勿恤。离为明，有孚，因此往吉无不利。"失"，《释文》："孟、马、郑、虞、王肃本作矢。马、王云：'离为矢。'虞云：'矢，古誓字。'"

荀爽云："离者，射也，故曰矢。"虞翻曰："矢，古誓字。誓，信也。"离为矢，为誓，为信，为孚，又一佐证。

上九：晋其角，维用伐邑，厉吉无咎，贞吝。

【说】上九居卦上，有角象。坎为心，心主思维。离为甲兵，有伐象。坤为邑，为用。上九居上，向下有"维用伐邑"之象。上九处极而不当位，故厉。在离体，有孚故吉，下有六三为应，故无咎。然终因失位，虽厉而吉、无咎，终不免于吝。所应在三，三居坤，坤为吝。

䷣ 明夷 离下坤上

明夷：利艰贞。

【说】明夷，光明消损也。《广雅·释诂四》："夷，灭也。"《荀子·君子》："一人有罪而三族皆夷。"注："夷，灭也。"君子明夷，则是行韬光之策。明夷，即有韬光之义，故《象》曰："晦其明也。"《象》曰："用晦而明。"六四之"明夷之心"，即韬光之心——隐而不出之心。

六十四卦爻辞中，直接系以卦名的不少，有的易解，如"击蒙""鸣谦"之类。有的费解，"明夷于左股""明夷于南"即是。如"明夷于飞，垂其翼"，倘不知"明夷"指日光消退之时，则必导致误解，如来之德即以为"明夷于飞者，伤其飞之翼也"。《正义》所说"明夷，是至暗之卦……飞者，借飞鸟为喻……"差得其本义。离为火，为日，为明。坤为地。明没于地下，是为明夷。光明已失，故以艰贞处事为利。

初九：明夷于飞，垂其翼。君子于行，三日不食，有攸往，主人有言。

【说】离为飞，为飞鸟，为雉。明夷之时，对于飞鸟来说，则不宜飞而宜垂翼止宿。初九在卦下，有足象，初九阳当位而上行。离为三，为日，为腹。坎为膏，为食物。坎伏于离，离腹中虚，是三日不食。初九上往应六四，六四在互震，又在坤。坤为女主，震为言，故曰"有所往，主人有言"。有言，有微辞也，有责备之言语也。

六二：明夷。夷于左股，用拯马壮，吉。

【说】明夷，光明消夷，有伤象。明夷于左股，左股有伤也。震为左，震伏巽为股，坎为疾，故曰"明夷于左股"。坎为马。壮，伤也。坎为药，故以救马之伤。六二中正，故吉。

九三：明夷于南，狩得其大首，不可疾贞。

【说】前人断句于"狩"字后。高亨断句于"于"字后，且疑下有脱字，叹文义不可晓。实则皆断句有误也。尚秉和断于"南"下，是。

明夷于南，南方明夷也。离为明，为南。离在坤下，南方之明失也。南方之明既夷，故南狩可胜——得南人之大首！离为伐，为狩，为南，是南狩之象。内为北，外为南——先天、后天卦定位皆如此。坤为君，为大。九三往与上六应，上六为坤之上，居卦之首，九三得上六，是得其大首。震为决躁，坎为险陷，为忧，故不可躁急也。

李鼎祚云："获五、上之大首。"是知大首指上六也。

六四：入于左腹，获明夷之心，于出门庭。

【说】坎上下二阴为穴，为口。上口为入口，下口为出口。是故，《需》之六四云"出自穴"，上六云"入于穴"。此六四乃坎之上口，入口也，故称"入"。震为左，坤为腹，坎为心，覆艮为手，是获明夷之心也。坎心是明夷一卦之心。于，以也。震为行，覆艮为门，六四在覆艮之外，是出门庭之象。

干宝云："一为室，二为户，三为庭，四为门，故曰：于出门庭矣。"

六五：箕子之明夷，利贞。

【说】箕子处商纣之世，明夷之世也。故以守正全身为利。

六五居尊位，处明夷之暗中，坤为黑，为暗，故为守正为利。

上六：不明，晦。初登于天，后入于地。

【说】坤为暗。上六处天位。明夷䷣与晋䷢反对，离为日，晋之离在天上，明夷之离入于地下。故曰"不明，晦"。坤为地，上六与九三为应，九三在离，离日在坤地之下，是不明，是晦。

䷤ 家人 离下巽上

家人：利女贞。

【说】离为中女，巽为妇。初居内为女，后而嫁出为妇，为母。所以利女子贞问，贞者，正也。女正，则家治。

初九：闲有家，悔亡。

【说】内为家，初九在内卦之始，坎为闲习，是闲有家。初九当位，与六四为应，故悔亡。前人有释闲为谨、为慎者，亦通。

六二：无攸遂，在中馈，贞吉。

【说】《广雅·释诂》："遂，往也。"《说文》："遂，亡也。"六二阴爻中正，有主家之象。坎为酒食。女主家，主中馈也，主中馈而无所亡失，无所他往，是无攸遂，在中馈。故贞之为吉。

九三：家人嗃嗃，悔厉吉；妇子嘻嘻，终吝。

【说】侯果曰："嗃嗃，严也。嘻嘻，笑也。"九三刚居阳位，虽当位而不中，是刚而不中节，过于刚严之象。治家过严，虽悔厉而终吉——家人处于严酷之中，虽有悔厉之感，终是吉也。巽为妇，坎为男，离为目，巽伏震为动为喜笑，离日震动是笑乐貌，故曰"妇子嘻嘻"。《释文》："嘻嘻，郑云：骄佚喜笑之意。"骄佚嘻乐，则家道失节制，故吝。九三上无应，故有吝。

六四：富家，大吉。

【说】六四阴柔当位，巽为顺，为近利市三倍，坎为家，故有"富家"之象，大吉。

九五：王假有家，勿恤，吉。

【说】九五居尊位，故称"王"。假，大也，至也。王假有家，王大其家也。巽为顺，为利，九五应于六二，二在坎体，九五本应有忧，因为位中且正，与六二有应，故勿恤，吉也。

巽为妇，"王"，女主。女主家治，天下亦安。

上九：有孚威如，终吉。

【说】巽下互离，故曰"有孚"。巽本乾体，乾为威如。上九阳刚居极位，有威严象。卦上为终，因有孚，故曰"终吉"。

䷥ 睽 兑下离上

睽：小事吉。

【说】离为中女，兑为少女，二女同居于一卦之中，故称

"睽"。睽，乖背也。离为火，火性上炎；兑为泽，泽性下流。离兑相背相反，是睽离之象。既睽，大事难成矣。六五、九二皆不当位，然复皆居中而相应，故小事则吉。

初九：悔亡。丧马勿逐，自复。见恶人，无咎。

【说】初九与九四不应，当有悔，初九当位，故悔亡。兑为毁折，坎为马，故曰"丧马"。兑伏艮，艮为止，故曰"勿逐"。坎为下首之马，下首即如水流之向下，故曰"复"。坎为盗，为恶人，兑为见，初上行，故见恶人。因与九四不应，又当位悔亡，故无咎。

九二：遇主于巷，无咎。

【说】主，指六五。五、上为半艮☶，艮为径，九二上而应六五，故曰"遇主于巷"。有应，故无咎。

六三：见舆曳，其牛掣，其人天且劓，无初有终。

【说】兑为见，坎为舆，为曳。离为坤中爻入乾体，坤为牛。上离在外，有牛向前掣舆之象。兑本乾体，乾为人，为天。兑口在上，是乾顶有口——人顶受"天刑"之象。天，《释文》："马云：剠凿其额曰天。"凿额之刑为天刑。甲骨文之"天"，写作𠀑、𠀓，正是人受凿顶之刑的形象。兑为刑杀，兑伏艮为鼻，艮伏，是刑鼻之象，故曰"其人天且劓"。六三不当位，是无初，与上九为应，是有终。

九四：睽孤，遇元夫，交孚，厉无咎。

【说】九四无应而且失位，故睽孤。元，大也。元夫，大夫。坎为中男，有夫象。四为公侯之位，故曰"大夫"。互离、离为孚，坎为孚，是相交以孚。睽离而孤，是厉，遇元夫，交以孚信，故虽厉而无咎。

六五：悔亡，厥宗噬肤，往何咎！

【说】坎为悔，六五居尊位，下有应，故悔亡。兑为口。六五往与九二应，则☵变为☰，☰变为☵，卦形变为䷝。乾为宗，为亲。艮为肤。六五往应九二，则有"厥宗噬肤"之象。噬肤，啮肤也。宗亲之爱深厚，不忍加重刑，唯施噬肤之轻责。肤，为喻亲近如肤也，噬肤以示亲厚也。得厥宗噬肤之恩，故六五往应九二无咎。

上九：睽孤，见豕负涂，载鬼一车，先张之弧，后说之弧。匪寇婚媾，往遇雨则吉。

【说】上九失位，故称"睽孤"。离为目，为视。坎为豕。坎为雨，坎本坤体，坤为土，雨土合是有泥象，故有豕背负涂泥之象。上九之见，自外向内而视。互坎为车，互离主爻来于坤，坤为鬼，上九视之，是车上载鬼。坎为弓，互坎近于上九，是先张之弧。互离伏坎，坎伏，是弓已脱落，故谓后脱之弧。坎为寇，上九往应六三，则坎象失，是匪寇，是婚媾。兑为雨，上九往应六三，六三在兑体，故遇雨。往有应，故吉。

䷦ 蹇 艮下坎上

蹇：利西南，不利东北，利见大人，贞吉。

【说】先天卦位乾在南，坎在西，离在东，坤在北。乾为阳，坤为阴，坎为阴阳交，离为交毕而分——阴已受阳之后。震为阳之生，艮为阳之亢。巽为阴之生，兑为阴之盛。蹇之坎在上，艮在下。坎在西，乾在南，是乾阳入坤阴，交合之象，故曰"利"。坤在北，离在东，阳未入阴，艮在西北，阳已亢极，而在阴之外，故不利。所以，"利西南"，或"西南得朋"，即指交合有成，利交合也。"不利东北"，或"东北丧朋"，即交合不利，交合未成也。坎在上，示交合之象，故曰"利西南"。艮在下，阳亢而不成交，故曰"不利东北"。换言之，"利西南，不利东北"或"西南得朋，东北丧朋"，实质之意即：以交合为利，以不交合为不利也！互离为目，为见。见，现也。大人指九五、六二皆当位中而正，有大人之象。九五、六二正应，故利见，故贞为吉。

初六：往蹇来誉。

【说】蹇，难也。艮为止，坎为险，初六往则遇险止，与六四无应，故往则蹇。来居初位，止静待时而动则誉。陈士元曰："上进为往，不进为来。"甚是。

六二：王臣蹇蹇，匪躬之故。

【说】涉及地位尊卑时，坤为王，乾为臣。坤为躬，为自。躬，自身之谓。王之臣指九五，九五在坎，坎为难为灾。王臣处蹇难之中，匪王自身之缘故也。

九三：往蹇来反。

【说】九三往进遇坎险，故往蹇。不往而反来，安处不动则有利。艮为止。九三下乘重阴，故以反止为宜。

六四：往蹇来连。

【说】坎为险。六四已在坎体，故曰"往蹇"。互坎为险，六四亦在互坎，故来亦难。连，难也。《释文》："连，力善反。马云：难也。"六四处两坎之间，往来皆蹇难，是往蹇来连也。

九五：大蹇朋来。

【说】九五正处坎中，故曰"大蹇"——处大难中也。朋指六二，九五与六二正应，故曰"朋来"。

"往""来"，相对而言者也，以我视彼之来，是"来"，反之彼之来，即彼之"往"也。

上六：往蹇来硕，吉，利见大人。

【说】坎为蹇难。上六在坎，处卦之极矣，故往蹇。艮为硕果。上六与九三正应，九三在艮上，是硕果之象。上六来应九三，有得硕之吉。自上九而视，离为见，大人指六二，是利见大人。反言之，六二之大人，利现于上六之目前。

䷧ 解 坎下震上

解：利西南。无所往，其来复吉。有攸往，夙吉。

【说】坎为阴阳交合，位西。乾阳位南，故利西南——阳得入阴也。震位东北，阳初近阴，虽未交，亦未至于亢盛必交之时，故不言不利。九四为震之主，九四不当位，是无所往。九四来与初六应，是来复有吉。九二是坎之主，虽中而不当位，往与六五交，则夙吉。九四反于初，当位矣，九二往于五，亦当位矣，故皆吉。

震为雷，坎为云，为雨。屯䷂，雨屯而未降之时；解䷧，雨已降之象，故曰解。难消之谓解。

初六：无咎。

【说】初六与九四有应，九四来复与之交，刚柔相济，故无咎。

九二：田获三狐得黄矢，贞吉。

【说】二位为地上，田也。田，畋，猎也。互离为网罟、田猎之象。九二应于六五，六五在震体，震为征，亦有猎象。离为三，坎为狐，是获三狐。离为黄，为矢。九二往则应六五，故吉。

离为三，巽为三，细玩爻辞，坎亦为三。若：

《蒙》："再三渎"，☵在下也。

《需》上六："三人来"，上六在坎体。

《讼》九二："三百户"，九二在坎体。

上九："三褫之"，应在六三，六三在坎体。

《师》九二："王三锡命"，九二在坎。

《比》九五："三驱"，九五在坎。

《坎》上六："三岁"，上六在坎。

《解》九二："三狐"，九二在坎。

《困》初六："三岁"，初六在坎。

《既济》九三："三年"，九三在互坎。

《未济》九四："三年"，九四在互坎。

何也？盖巽为木，离为科上槁，坎为坚多心之木，艮为多节木。四者皆有木象，五行中木数三，故皆为三也。

六三：负且乘，致寇至，贞吝。

【说】坎为车。六三在下坎之上，复在互坎之下，是负且乘之象——在互坎为车，负载之象；在下坎为车，乘象。坎为盗寇。互离为目，负且乘，招注目也，故寇至。

九四：解而拇。朋至斯孚。

【说】震为足，离为网，震足已在网外，是"解而拇"。震位东北，无朋，未交。震伏巽，巽为妇，位西南。坎为孚。震男得巽女之至，始有交，乃得孚。

六五：君子维有解，吉，有孚于小人。

【说】震伏巽，巽为绳，巽伏，是维有解。六五与九二有应，居中而尊，故吉。坎为盗，为小人之象。九二为坎之主，上与六五应，互离为孚，故曰"有孚于小人"。

上六：公用射隼于高墉之上，获之，无不利。

【说】前儒以公指上六，非也。三位，公位，故公指六三。坎为弓，离为箭。震为翩翩，有隼象。震伏巽，巽为高墉。上六，阴当位，故曰"获之，无不利"。全卦六爻，初、二、三、四、五，皆不正，唯上六为正，虽无应，亦无不利也！"射隼于高墉之上"，隼在墉上也。

损 兑下艮上

损：有孚，元吉，无咎，可贞，利有攸往。曷之用？二簋可用享。

【说】坤虚，二至上为离象，故有孚。阴居尊位，故元吉，无咎。艮为山，坤为土，震为出，兑为泽。泽中土出而培于山下，是泽自损以益山。损不可无休止，损之太过，则败伤，故应贞固。兑为少女，艮为少男，女下于男，亦宜贞正也。"利有攸往"，前贤所解或未尽明，或未中肯。实则利往者，指利本卦六爻同往也。初往二，二往三，三往四，四往五，五往上，上周而复始往归于初，于是䷨变为䷊。损极变泰，故往则有利矣。震有簋象，二至上，反覆震也，是二簋。二至上，有颐象，故可以享筵。又：兑为二，故曰"二簋"。

初九：已事，遄往无咎，酌损之。

【说】初九上应于六四。六四在二、上之间，在颐象。颐为口，为养，有享宴之象。艮为祀，祭享也。互坤为事，是祀事。祭祀已开始，当遄速而往，初九有应，且为正应，故宜遄不宜迟，无咎。兑为口，亦享象。六四在艮，艮为止，是斟酌减损之意在。初九，阳居阳位，重阳过于刚，应于六四，六四为重阴，故刚阳当适当减损，不宜太过。以象言之，祀所用食物，当量器而酌。震为簋，可盛祭物，祭物太多，则盈溢，故当酌减。

九二：利贞，征凶，弗损益之。

【说】九二失位，故当守正为有利，征则凶。既利守正，故不必损之，亦勿需益之——维持原态也。震为征，兑为毁折，征而遭折，所以凶也。九二在兑，兑泽居下，艮山在上，损下益上，当有节制，一味损下而益上，是伤下，故九二不宜往应六五。弗损益之，即谓兑不可自损，亦不必益艮。

六三：三人行则损一人，一人行则得其友。

【说】乾为人，乾三画，为三人。兑乃坤爻入于乾体，乾之"三人"，成"二人"（☰→☱）矣！兑体之二阳爻为二人，是二人同行，故三人行损一人为二人，一人行得友亦为二人！又：六三与上九为应，上九一阳在上，是"一人"，六三在兑，兑为友，六三与上九相应，是一人行而得友。

六四：损其疾使遄，有喜，无咎。

【说】六四在坤，坤为丧，有疾象。六四与初九应，初九在兑，兑为喜悦，故六四应速往与初九应，则离疾就喜，是损疾而有喜，自然无咎。

六五：或益之十朋之龟，弗克违，元吉。

【说】艮为龟。坤为十，兑为朋，是十朋之龟。九二不宜来应，但于六五则不妨九二来应，故曰"或益之"。六五得益助，无需拒绝，故曰"弗克违"——不必违拒也。六五居尊，有九二为应，故元吉。

朋，侯果曰："朋，类也。"艮，内柔外刚为山龟。则"十朋之龟"，是谓十类龟相聚，龟得其朋也多矣！得朋，故弗克违，元吉。

崔憬曰："双贝曰朋也。"十朋，是二十贝，乃龟之价值也。益之十朋之龟，意即：增益之以十朋重价之龟。

释"朋"为类，或为价钱，皆通。

上九：弗损益之，无咎，贞吉。利有攸往，得臣无家。

【说】艮为止，故弗损弗益。下有应，故无咎，吉。上九往，则复于初位，其他五爻亦上往，卦变为泰。于母系社会尊卑而论，坤为君，乾为臣。上九复于初，是☷，下乾原是☰增一阳爻所变，乾象成，是得臣。艮为家，上九复初，艮象失，是无家。

前贤皆不据上古社会情况而断象，以乾为君，坤为臣，故释此爻皆难中肯也！

无家，非坏事也。君主以天下为家，不以私家为家，得臣是得天下，因此"无家"——无自己之私家矣，不以私家为家，而以天下为家也！

按：母系社会中，女主为尊，故坤为君，为国，为民，为众。乾为人，坤为民，似乎一样，实则不同。

人，甲骨文是人低头伏拜之象。《周礼·秋官·掌讶》注："人，其属胥徒也。"即臣仆、奴隶之属。

臣，《说文》："臣，牵也，事君者，象屈服之形。"《广韵》："臣，伏也。"

从象形文字观之，"人"与"臣"同属，乾为人，乾亦为臣，正符合母系社会之事实。乾为男，男从属于女主。

民，《说文通训定声》："民，众氓也。古文从'母'，取蕃育也，上下众多之意。"是知"民"非奴仆，非臣之属，与"人"有别。坤为母，为女主，蕃育众民，故坤为民，不同于乾为人。因此，我认为前儒以坤为臣，是以父系社会贱女鄙女之思想意识释《易》象之错！坤女于母系氏族社会中，乃受尊敬者，☷岂得象臣哉！且前人及今之治《易》象者，亦以☰为人，是承认☰为伏首之臣仆也！

区别"人""臣"与"民"之不同，则卦象之反映母系社会实况可进而了然。且"民"之"古人从'母'，取蕃育也"，则坤为母，为民之象乃正确无疑。前人既知此象，复以坤为臣，不亦矛盾乎！故，坤为臣象，后出无疑。

《易》中之君、王，皆指坤，我已反复述及。即使阳爻居五位，亦以尊位而判，是指女主，复何疑焉！

䷩ 益 震下巽上

益：利有攸往，利涉大川。

【说】否䷋，乾为实，坤为虚，上实下虚。以否之九三益于坤之下，损实助虚，故为益。震为木，巽为木，坤为水，故利有攸往，利涉大川——来来往往皆通达也。初至五，正覆震，震为行。

初九：利用为大作，元吉，无咎。

【说】坤为用，震为大作，为稼穑。震位在东北，一阳复始之时，春天之象。侯果曰："大作，谓耕植也。"春日大作，务农之时，故大吉，无咎。坤为民，为地，民大兴农耕之象也。

六二：或益之十朋之龟，弗克违，永贞吉。王用享于帝，吉。

【说】六二应于九五，九五在艮，艮为龟，坤为朋，坤为十。巽为顺，为伏，故不克违。此"或益之"，指九五来应于下，六二不拒也。坤为永，六二当位中正，有应，故吉。坤为王，为帝，震为口，坤为用，是"王用享于帝"。

帝，甲骨文写作"帝"，字中"▽"，女阴也，故"帝"者，上古之女神、女主宰也。坤之所象。前人以震为帝，是取震为春，为仁，而不知亦由体坤也。

六三：益之，用凶事无咎。有孚，中行，告公用圭。

【说】六三与上九为应，三位多凶，坤为用，为事，上九来益凶事——拯民之凶，故无咎。坤虚为孚。震为行，为道路，覆震亦为行，为道路，六三居正反震之中，是中行。震为言，六三在公位，是告公。坤为用，震为玉，为圭象。《周礼·春官·典瑞》：

"珍圭以征守，以恤凶荒。"注："珍圭，王使之瑞节。"是使臣执圭为节信，奉命征守臣拯恤凶荒之意，与此爻"告公用圭"以"益凶事"正符。凡战灾、天灾，皆凶事。

六四：中行，告公从，利用为依迁国。

【说】此爻辞接上爻辞而言。震为从，为动，为行。行动，是迁象。坤为用，为国。震上行，则互坤亦上移，上九则来复于下，是爻位周转也。坤上移，是迁国之象。

高亨曰："依，疑当读为殷，古字通用。《书·康诰》：'殪戎殷。'《礼记·中庸》引作'壹戎衣'。郑注：'衣读如殷，声之误也。齐人言殷声如衣。'《吕氏春秋·慎人篇》：'汤为天子，夏民亲郼如夏。'高注：'郼读如衣，今兖州人谓殷氏皆曰衣。'殷墟卜辞殷祭之殷皆作衣，并其证。此文以依为殷，犹《礼记》以衣为殷矣。"从而论断"依迁国"为殷朝某王迁都事。

按：以爻辞征史事，我不敢知者也。然考"依"之为"殷"，确精当之极！

九五：有孚惠心，勿问，元吉。有孚惠我德。

【说】九五下乘三阴，得孚。坤为布，为惠，为心。有孚惠心，以孚信施于人心也。震口有问象，九五在艮，艮覆震，故勿问。孚惠于心，大吉！九五与六二正应，故大吉。坤为我，伏乾为德，乾伏坤内，德惠于我心中矣。

上九：莫益之，或击之，立心勿恒，凶。

【说】上九失位，阳居阴位也。与六三为应，六三来应为九五所阻，故莫益之——上九不得六三之益也。艮为手，上九在艮上，受击之象。六三在坤，坤为心，上九当去应六三，然处于巽之上，巽为进退，为躁，故有立心不恒之象，故凶。又坎为心，上九居巽之上，破坎象，坎象既破，心不复立，是立心不恒。

䷪ 夬 乾下兑上

夬：扬于王庭，孚号有厉，告自邑：不利即戎，利有攸往。

【说】夬，决也。郑玄曰："扬，越也。"越，《后汉书·袁术传》注："越，逸也。言失其所居。"扬，播也，播扬也。《书·大诰》："以尔庶邦于伐殷逋播臣。"正义曰："播，谓播荡逃亡之意。"扬，《说文通训定声》："假借为逷。"扬于王庭，即播荡于王庭，谓君主逃亡也。坤为君，乾为臣，五阳决一阴，是臣逼君之象。乾为扬，兑伏艮，艮为庭，坤为王，王庭被扬荡，是扬于王庭，是王失其所居而播越也。兑覆巽，巽为号，阴爻中虚为孚，兑为毁折故有厉。干宝曰："以刚决柔，以臣伐君，君子危之，故曰有厉。"此言极确！坤君被逼播越，乃以孚信号召下民应对祸乱。兑为口，伏坤为自，为邑，为民——是告诉自己国中百姓之象，即"告自邑"。兑为秋，有肃杀象，故曰"即戎"。一阴处于极穷之地，故不利立即兴兵。上六往，则周而复始来于初位，则卦变为䷀，一阴复始，开始消阳而上，故利于有所往也。处不利之穷地，则往，即穷则变，变则可通矣。

《象传》："君子施禄及下，居德则忌。"颇与象符——君子指上六坤之阴爻当位，乾为施禄，为及，为人，为臣。兑伏艮，艮为居，坤为德，居德伏于下，是见忌也。《坤·彖》："坤厚载物，德合无疆。"《坤·象》："君子以厚德载物。"明言坤为君子，为德矣。

初九：壮于前趾，往不胜为咎。

【说】初九在下，即震之初爻，有趾象。乾为行，是往。初九往遇重阳，与九四不应，故往不胜，咎。壮，伤也。

九二：惕号莫夜有戎，勿恤。

【说】九二在乾之中，乾之中爻即坎之中爻，坎为惕，乾为言，是惕号。乾伏坤，坤为暮夜。二是阴位，隐有离象，离为兵戎。然坎之惕、忧，离之兵戎，皆隐含之象，故勿用忧恤。

九三：壮于頄，有凶。君子夬夬，独行遇雨，若濡有愠，无咎。

【说】九三在乾，乾行健，故曰"壮"。九三往与上六应，上六在兑，兑为颊，故曰"壮于頄"。頄，面也，颊骨也，颧也。壮于面颊，是伤于面颊，故凶。三为公位，故称"君子"。乾为阳，亦君子之性，故乾为君子。夬，决也。九三应上六，上六在兑，兑为决，为刚卤，故曰"君子夬夬"。卦中五阳，唯九三一爻往而有应于上，故称"独行"。兑为雨，九三应于上六是遇雨。遇雨，而濡淋，故愠。三位多凶，九三处凶位，但有应于上六，故有愠无咎。又：九三，阳刚处阳位，刚阳盛而不处中位，是刚盛而过，故有夬夬象。

九四：臀无肤，其行次且，牵羊悔亡，闻言不信。

【说】坎为臀，坎上下之阴爻为肤象。肤在体表而柔，阴爻柔，故有肤象。《噬嗑》六二、《剥》六四，以艮为肤，亦当阴爻位上而言肤。《睽》六五，以坎之阴爻称肤。此处九四在☱之下，四乃阴位，是阳爻据☱之下而成☳，致☱之下爻不见，故臀无肤矣！巽为进退，兑为覆巽，巽既覆，其进退难矣，故其行次且。兑为羊，兑伏艮，艮为手，是牵羊。《集韵》："自牵其羊，抑其很性，则可以亡悔矣。"王弼曰："羊者，抵狠，难移之物。"羊性狠，牵制之则可无悔，故牵羊悔亡。九四，不中不正是有悔。兑，穴也。《说文通训定声》："兑，叚借为阅，实为穴。"陈鼓应《老子注译及评介》译"塞其兑"之"兑"为孔窍，极当。《淮南子·道应训》高诱注："兑，谓耳目口鼻也。"是面部孔窍皆兑之所象，故兑为口，亦为耳。乾为言，兑在乾外，是闻言不信。

九五：苋陆夬夬，中行无咎。

【说】高亨曰："苋，当作莧，形近而讹。陆者，跃驰也。《说文》：'莧，山羊细角者，从兔足，苜声，读若丸，宽字从此。'……《易》此文乃莧羊之莧，非苋草之苋也（此采吴澄、王夫之等说）。《庄子·马蹄篇》：'马翘尾而陆。'《释文》：'陆，司马云：跳也。字书作䟿。'"莧陆夬夬，羊跃跳急速也。兑为羊，故曰莧陆。九五居中而正，是中行，中正故无咎。又：《诗·大雅·绵》："行道兑矣。"传："兑，成蹊也。"疏："蹊者，先无行道，初为径路之名。兑是成蹊之貌。"兑为成蹊，故曰"中行"。中行，行于路之中。

上六：无号，终有凶。

【说】上六本欲以孚号召下民，但巽为号而覆，故无号。上六居卦之终，故终因无号而有凶！

䷫ 姤 巽下乾上

姤：女壮，勿用取女。

【说】虞翻曰："女壮，伤也。阴伤阳，柔消刚，故女壮。"是谓"被女伤"。壮，盛壮也。女壮则胜于男，故女壮可伤男，阴壮伤阳也。姤，遇也。一阴生于下，其势渐长，长则消阳，故女壮，勿用娶女。巽为长女。此卦，阴长消阳之卦。

初六：系于金柅，贞吉。有攸往，见凶。羸豕孚蹢躅。

【说】柅，同柅，《说文》："络丝趺。"即络丝车、络丝架子。巽为长女，巽之下、中二爻为半离，离为丝，巽为绳、为系，乾为金，巽为木，故有丝系于金柅之象，即有女子络丝之象。丝系于柅，如女系于男。男指九二，初六系于九二，为二所占，安贞为吉——女已得男矣。初六与九四为应，既已得九二之男，再往应四故见凶。坎为豕，初、二半坎，故豕有羸弱之象。坎为心，巽下阴爻中虚为孚，是羸豕犹心欲行走。巽为进退、不果，故曰"羸豕孚蹢躅"。羸豕孚蹢躅，喻女虽已系一男，犹思往就另一男，极言女壮之意。此当上古群婚之反映。《释文》："羸，陆读为累。"则是以绳系豕，豕犹思动。

九二：包有鱼，无咎，不利宾。

【说】巽为白茅，白茅，包物之物。《诗·召南·野有死麕》："野有死麕，白茅包之。"九二在巽中，称包。鱼，女阴之象征，指女，即指初六。巽为女为鱼，李鼎祚曰："阴爻，鱼之象也。"包有鱼，喻男已得女，得女故无咎。九二已据有初六，故九四不得再占有初六,是九二包鱼,不利宾也。宾,指九四。

九三：臀无肤,其行次且,厉,无大咎。

【说】坎为臀,柔爻为肤,九三折坎之上半,故臀无肤,其行次且。九三得正位而不中,三多凶,上无应,故次且、厉。因当位,故无大咎。巽为进退,是次且不前也。

九四：包无鱼,起凶。

【说】九四当与初六为应,然初鱼已被九二所包,故九四包无鱼,凶。九四阳居阴位,本当有鱼而却失鱼,故起凶无疑矣。

包无鱼之凶,争女之凶也!

九五：以杞包瓜,含章。有陨自天。

【说】巽为杞,为包。乾为瓜。九五在乾中爻,乾上巽下,乾为巽包,乃称包瓜。乾伏坤,坤为含章。巽为陨,乾为天,巽为风,风自天而落,有陨自天也。

《诗·大雅·绵》:"绵绵瓜瓞,民之初生。"民之古文从母,取蕃育之义。故☷为民也。"绵绵瓜瓞,民之初生",即瓜瓞乃民初生之处也。故瓜瓞即母体之象征!即母体子宫之形象和母体生殖能力之形象化描述!☷之含章,即含美,此美,即生育之力也。瓜熟自落,是"有陨自天"之实义。《列子·天瑞》:"朽瓜化鱼。"即此爻本义之力证。鱼,女阴也。《老子》:"谷神不死,是谓玄牝。玄牝之门,是谓天地根。绵绵若存,用之不勤。"玄牝之门,女阴也。所谓"朽瓜化鱼""瓜熟",以"鱼"为用也!生命之绵绵生息,赖"瓜"之存在。崇拜女性生殖力,上古之风也,今之考古发现有证。且姤卦,五月之卦。《大戴礼》云:"五月乃瓜。"乃瓜,治瓜也,食瓜也。《礼记·玉藻》疏："瓜祭上环者，食瓜亦祭先也。"食瓜，祭以瓜，崇拜女性之遗风也。且《礼记·玉藻》明确指出："瓜祭，上环，食中，弃所操。妇人之贽：瓜、桃、李、梅。"（引自《初学记》）

《易象钩解》云："包瓜，子夏传作'匏瓜'。"是"瓜"者即指"匏"也。"匏"，葫芦也。"瓜即葫芦，葫芦生人。"（刘尧汉《论中华葫芦文化》——《民间文学论坛》1987年三期）此断甚确！对匏之尊崇，即对女性生殖力之尊崇。葫芦喻指子宫。《北齐书·武成皇后胡氏传》："其女范阳卢道约女。初有孕，有胡僧诣门曰：'此宅瓠芦中有月。'既而生后。"是正史中以瓠芦喻子宫之例证。《北史》本传同。《礼记·郊特牲》："器用陶匏，以象天地之性。"此语极为重要者也。祭器用陶匏，因陶匏乃天地阴阳交合，以繁育后代之子宫象征也。又："天子树瓜华。"妇人瓜祭时挚瓜，可谓以其性别而得受之特殊礼仪，天子亦种瓜，则可见对瓜之重视。又："昏礼……器用陶匏，尚礼然也。"婚礼用陶匏，更明彰匏之作用矣！故此爻辞之重要，在乎揭示上古人对女性之崇拜，在乎显彰中华文化之源头！且夫《彖传》云："姤，遇也……天地相遇，品物咸章也。"姤卦之言生育，复何疑哉！

又：虞翻曰："杞，杞柳，木名也。"《庄子·至乐》："俄而柳生其左肘。"成玄英疏："柳者，易生之木。"则杞之包瓜，取其易生之意明矣！瓜以喻生殖器及生殖力，加之以杞，专言生育者也！

上九：姤其角，吝，无咎。

【说】上九居卦之上极，有角象。乾为首，上居乾首之端，是角也。上九遇角，已处穷极之地，且失位，无应，故吝。姤其角，是上九遇角，遭角之触虽吝而无伤于己，故无咎也——阴远在下，不能伤及上九之阳。

䷬ 萃 坤下兑上

萃：亨，王假有庙，利见大人，亨利贞，用大牲吉，利有攸往。

【说】萃，聚也。兑为泽，泽可聚水；坤为地，地可聚物。坤为女主，为王。艮为庙，巽为高，高尚之庙，指宗庙，坤为国，国家之宗庙也。是"王假有庙"之象。假，大也，至也，极也。六二、九五中正有应，兑为见，是利见大人。坤为顺，故亨通，利贞。坤为牛，是大牲，兑为刑杀，是杀牛以祀宗庙。兑为悦，巽为命，坤为顺，为民，民顺而悦命，故吉，利有所往。

郑玄曰："四本震爻，震为长子。五本坎爻，坎为隐伏，居尊而隐伏，鬼神之象。长子入阙升堂，祭祖祢之礼也。"李鼎祚曰："坤为牛，巽木下克坤土，杀牛之象也。"

初六：有孚，不终乃乱、乃萃。若号，一握为笑，勿恤，往无咎。

【说】坤虚为孚，初六有应，故有孚于九四。坤为终，初六失位，所应之九四亦失位，九四在巽，巽为进退，为不果，有疑象，故虽有孚而不终。坤为乱，为聚，因孚不终，故有且乱且萃之象。巽为号，初六应于九四，故有哭号象——乃乱乃聚所致也。艮为手，初六在初爻称一，坤水数一，兑为悦，故一握为笑。坤为忧，艮为止，忧止，故勿恤。笑，释去疑虑也。又：坎为忧，九四折为坎之下爻，故勿忧恤矣。初六阴爻，往四则得处正位，故往无咎。

六二：引吉，无咎。孚乃利用禴。

【说】艮为手，巽为绳，有牵引象。六二与九五正应而皆居中，故吉，无咎。坤虚为有孚，艮为庙，兑为巫，故孚而利以从事祭祀也。祭祀必怀诚信，有诚则利，不在于祭物之丰薄。禴，王弼曰："祭之薄者也。"

六三：萃如嗟如，无攸利，往无咎，小吝。

【说】坤为萃聚，六三往而无应于上，上六在兑口，兑、巽为号，故曰"嗟如，无攸利"。然六三上承二阳，往可遇阳，故往无咎。往遇九四之阳，终非正应之爻，故虽往无咎而仍有小吝。

九四：大吉，无咎。

【说】九四于初有应，复下乘三阴，得坤之托载故大吉。九四失位，本当有咎，因大吉而无咎。

九五：萃有位，无咎，匪孚，元永贞，悔亡。

【说】九五得尊位，无咎。九五下应六二，本有孚，而为九四所阻，故不得孚于阴。阴、阳皆为大，九五阳得中正，既不得孚于六二，故以永守贞定而可无悔。

上六：赍咨涕洟，无咎。

【说】赍，持也。互艮为手，坤为财，是持赍。上六当与三为应，三在坤、艮，而与上六无应。艮为鼻，为目。兑为雨，兑伏艮，有涕洟之象。《释文》："郑云：自目曰涕，自鼻曰洟。"自六三至上六为大坎，死象。赍资涕洟则为吊丧之象，持资临丧，即"益之用凶事"，故无咎。

䷭ 升　巽下坤上

升：元亨，用见大人，勿恤，南征吉。

【说】坤为尊为大，坤居上位，故大亨。用现大人，因大亨而大人得以现。坎为恤，九三阳据阴位，折坎之上爻，坎失，故勿恤。先天卦位，坤女在北，乾男在南。震为征。坤伏乾。坤女南征得乾男，故吉。

初六：允升，大吉。

【说】《说文》："允，信也。"坤为众，为顺，兑为悦。初六与六四无应，然初六阴爻升则入坤众之中，其志相合，获信而悦，故升而大吉。

九二：孚乃利用禴，无咎。

【说】九二应于六五，六五在坤，是有孚。孚，则最善，无须繁文缛节，薄禴即可，故无咎。兑为巫，有祭祀象。

坤为牛，兑为刑杀，杀牛是祭象。九二升于五位，坤变坎，坎为豕，杀豕而祭是薄祭，是禴也。

九三：升虚邑。

【说】九三上升，遇坤，坤为虚，为邑，故曰"升虚邑"。

此爻无判语。《象》传："升虚邑，无所疑也。"九三上应于上六，升至上，则坤变为艮，坤为疑，艮为止，故无所疑。

六四：王用亨于岐山，吉，无咎。

【说】坤为王，为用。兑为口，为巫，有祭亨象。兑伏艮为山，巽为岐。是王用亨于岐山之上之象。六四正当兑口，有食亨之象，故吉。六四与初六无应，有咎。然六四阴柔当位，下履二阳，故无咎。

六五：贞吉，升阶。

【说】六五阴居尊位故吉。与九二正应，九二在巽，巽为进，为高，坤为土，进升于高土，是升阶。

上六：冥升，利于不息之贞。

【说】坤为冥晦，为暗。冥即指阴。上六阴处阴位，是冥阴升于极高之际，故曰"冥升"。阴已处极，宜接战为利。不息，不生养，不繁育也。《集韵》："息，生也。"坤阴不息，则当升进于极盛，以求息变。贞，卜也。

此爻反映了上古人期望繁育之心。

困 坎下兑上

困：亨，贞：大人吉，无咎，有言不信。

【说】兑为泽，坎为水，泽水在下，无水之象，故困。巽为木，象舟在水上，亨。大人谓六三。六三为互巽、互离之主爻，在公位，巽为命，离为明，巽为风，明命风行，故大人吉，无咎。六三不当位，本有咎，因吉而无咎。兑为口，巽为反兑，二口相背，有言不信。

初六：臀困于株木，入于幽谷，三岁不觌。

【说】坎为臀，离为科上槁，为株木。《九家易》："枯为株也。"初应在四，四在巽，巽为入，坎为幽谷，初六在巽坎之下，是入于幽谷。坎为三岁，初六至九四，历三爻，亦三岁也。离为目，为觌。坎为失。失明，故曰"不觌"。

九二：困于酒食，朱绂方来，利用享祀，征凶，无咎。

【说】坎为酒食，兑为口。巽覆兑，故困于酒食。坎本坤体，坤为裳，离本乾体，乾为衣，离为坤爻入乾体，坤黄乾赤，故色朱，是"朱绂"之象。九二为坎之主爻，离之下爻，六三离之主爻在上，与九二为比，故曰"朱绂方来"。方，比也。李鼎祚曰："朱绂，宗庙之服。"又曰："上为宗庙。"朱绂为宗庙之服，故利以享祀。九二与九五无应，故征凶。九二处中位，承乘皆阴爻，故无咎。

六三：困于石，据于蒺藜，入于其宫，不见其妻，凶。

【说】兑伏艮，艮为石。六三在伏艮之下，故困于石。坎为蒺藜，六三在坎上，是据于蒺藜。巽为入，伏艮为宫，兑为妻。六三与上六无应。上六兑之主爻，六三不能得上六之应，故曰"不见其妻"。六三在坎，坎为夫也。无应，故凶。六三处下卦之终，上又无应，其凶可知！

九四：来徐徐，困于金车，吝，有终。

【说】九四待初六来应，而初六为九二所掩阻，故来徐徐。坎为车，坎中爻九二本乾之中爻，乾为金，故称"金车"。困于金车者，初六也。坎为灾，故金车处于困难不进之境。九四待初，初来徐徐，又九四失位，故吝。然九四与初六终究为应，故有终。

九五：劓刖，困于赤绂，乃徐有说，利用祭祀。

【说】兑为刑杀，伏艮为鼻，是劓刑之象。巽为股，巽伏震，震为足，震足伏，是刖足之象。赤绂，诸侯、公卿之服。困于赤绂，由于为官而受困也。兑本乾体，乾为赤，为衣。巽为徐，兑为说。兑为巫，伏艮为庙，故受困后，徐说以诉于神鬼，祈求福佑。

上六：困于葛藟，于臲卼，曰：动悔，有悔，征吉。

【说】巽为草莽，故称"葛藟"。上六当应于三而不得应，六三在巽，故困于葛藟。巽为进退，为不果，故困于臲卼。臲卼，不安之貌。上六下无应，故动则悔。既知动则不利，而心中有悔悟，不复往去应三，而离开困地，则获吉。上六处卦之穷极，穷则变，故征吉。

坎为交合，兑为坤阴亢旺必战。坎在兑下，是坤盛而不得交也，故曰"困"！

䷯ 井 巽下坎上

井：改邑不改井，无丧无得，往来井井，汔至亦未繘井，羸其瓶，凶。

【说】初六坤爻为土，兑为泉口，坎为水，卦体为井象。坤为邑，上坎中爻为乾之中爻入于坤中，阳爻入于坤成坎，坤象破，故曰"改邑"。坤为水，坤在兑上有井象，坤变坎，坎亦为水，井象不改，是不改井。井不改，故无丧亦无得。坎为通，往来无碍也。人自往往来来，而井仍是故井，未改也。汔，《广雅·释诂》："汔，尽也。"荀爽曰："汔，竟也。"汔至，尽至，竟至。《说文》："汔，水涸也。"汔至，水已干涸也。繘，荀爽曰："繘者所以出水，通井道也。"汔至亦未繘井，意为："由于井不改，竟至亦不掏井。"或解为："井水干涸了，亦未去掏井。"繘井，掏井，通井道。初爻为坤土，有泥象，坎亦为泥，兑伏艮，艮为手。艮伏，手象不见，故不繘井之泥。离为瓶，兑为毁，兑入离体，毁瓶之象，故曰"羸其瓶"。井塞瓶毁，故凶。此卦下巽为陨，为落，上坎为灾，互兑为毁折，互离之瓶又羸，故凶。又：初至四为大过，死象，上坎亦灾，所以卦象无吉可言。

初六：井泥不食，旧井无禽。

【说】初六坤爻，土象，在井底，故称"井泥"。井有泥，水不可用，巽为覆兑，兑为口，兑覆，故"不食"之象。泥浊之井是旧井，巽本乾体，乾为旧。无禽，无所获也。崔憬曰："禽，古擒字。禽，犹获也。"旧井唯泥无水，故无所获得。初六无应，故无所获。

九二：井谷射鲋，瓮敝漏。

【说】井谷，井中洼凹。巽为谷。射鲋，以弓射鲋鱼。鲋，小鱼。巽为鱼。离为瓮，初至四为大坎，坎为射，兑为毁折。兑入离，故瓮敝漏。坎为雨，故曰"漏"。

九三：井渫不食，为我心恻，可用汲。王明，并受其福。

【说】荀爽曰："渫，去秽浊，清洁之意也。"井渫，井水已经过掏泥而变清洁之意。兑为暗，为泉。离为明。水已明，是洁净矣。兑为口，是食象。"不食"乃假设之辞：井水已洁，如若不食，将使我心恻！故紧接言"可用汲"！即可食之意。离为瓶、瓮，在井中水下，有汲象。"王明，并受其福"，亦设辞。意在：井水清，人可以汲矣，王明，天下可受其福泽矣！五位为尊，是王位，离为明，是王明之象。

《象》传："井渫不食，行恻也。求王明，受福也。"行，行将。行将心恻，即非真的心恻，而是推测递遭之转语。

六四：井甃，无咎。

【说】虞翻曰："以瓦甓垒井称甃。"《释文》："干云：'以砖垒井曰甃。'"甃，井壁，以砖垒成，俗称"井筒子"。有甃之井，即砖井。坎为泥，离为火，火烧泥土为砖。砖井之水清，故无咎。六四与初无应，但当位，故无咎。

九五：井洌寒泉，食。

【说】九五在坎中，本乾之中爻，乾为寒，坎为水，故曰"寒泉"，曰"洌"。兑为泉，兑为口。兑口在九五坎水下，有食象。

上六：井收勿幕，有孚元吉。

【说】《释文》："收，马云：汲也。"坎为车，上六应于九四，巽为绳，有辘轳收绳汲水之象。坎为通，故曰"勿幕"。幕，盖也。勿盖井，以供众人汲水，是有孚于众。坎上、下阴爻中虚为孚。上六当位，下应九三，九三在离，有孚，故大吉。

䷰ 革 离下兑上

革：巳日乃孚，元亨利贞，悔亡。

【说】离为日，为巳。离中虚为孕，故曰巳日乃孚。元、亨、利、贞乃乾之四德，离、兑皆本于乾体，因革，故亦云云。兑为少女，离为中女，二女同居，其志不一。兑为泽水，离为火，水性下润，火性上炎，水火相薄，必生变革。水火既相反，故有悔，兑、离之主爻——上六和六二——皆当位，故悔亡。《象》曰："文明以说，大亨以正，革而当，其悔乃亡。"离为文明，兑为悦，乾为大亨，贞悔二卦之主爻皆当位是正。虞翻以九四变，成既济为定以释正，非也。

初九：巩用黄牛之革。

【说】巩，固也。离为黄牛，初九在离之外部，有皮革之象。初九当位而无应，故曰："巩用黄牛之革。"宜固不宜动之意也。

六二：巳日乃革之，征吉无咎。

【说】十二支中巳配火，离为火，为巳。离为牛，有革象。六二上临重阳，往而亨通，与九五正应，故征吉，无咎。

乃革之，革，动词也，变革之意。《说文》："革，兽皮治去其毛，革更之。"把兽皮之毛去掉，称革。去毛之皮，亦称革。改毛皮为革，故革有变、改之义。制革需日晒，故逢炎日当空时，乃制革之良时。巳日乃革，即此之谓也。

九三：征凶，贞厉。革言三就，有孚。

【说】九三阳处阳位，刚过甚矣，上遇重阳，故征凶，厉。离为牛，九三在离之外部为皮象。历三爻而上应于上六，故称"三就"。兑口中虚，故有孚。

"革言三就"，诸贤所解有异。我以为"革"者，指缫藉之革也，即缫之韦——熟皮为韦，生皮为革。三就，即韦革所绘之三采三帀。《周礼·春官·典瑞》："公执桓圭，侯执信圭，伯执躬圭，缫皆三采三就。"郑玄注："缫有五采文，所以荐玉，木为中干，用韦衣而画之。"缫是以木板为中干,外包以绘彩之熟革,用以托玉圭之物。三就,即三帀,一帀为一就。三采三就,即一采为一帀,共绘三帀。贾公彦《疏》:"镇圭尺二寸、广三寸,则此木板亦长尺二寸、广三寸,与玉同。然后韦衣之,乃于韦上画之。一采为一帀……一帀为一就。就,成也,是采色成者也。"郑玄注又曰:"三采:朱、白、苍。"以卦象观之:

离为文明,为皮革。巽为木。乾为玉。正是缫上有玉之象!乾伏坤,坤为文,坤体三爻为三采三就之象。三位为公位,公所执之缫为三就者,故曰"三就"。"革言"之"言",虚字。

又据《周礼·典瑞》疏:"臣行聘不得与君同……朝天子,圭与缫皆为九寸。"镇圭长一尺二寸,是天子所用。公侯之缫、圭长九寸。乾阳用九,乾为玉,正符缫圭长短之数。

九四:悔亡,有孚改命,吉。

【说】九四失位而无应,有悔。九四居巽体之上、兑体之下,巽、兑之口有孚象。巽为命,九四在上卦,上卦为兑,兑为覆巽,故曰"改命"。改,革也。改革,吉,变则通也。

九五:大人虎变,未占有孚。

【说】九五阳居尊位,是谓大人。兑伏艮,艮为虎。九五应六二,六二在离,离为文明,是虎变——其皮毛之文光泽炳然。巽为草,故曰"占"。离为孚。九五与六二正应,故未占已知有孚。又:乾为虎,离为文明,亦虎变。

上六:君子豹变,小人革面,征凶,居贞吉。

【说】上六阴当位,故称"君子"。伏艮为豹,上六应在九三,离为文明，故豹变——变其皮毛之文也。"小人"指九三，九三在巽，巽为伏，应于上六，巽反成兑，兑为悦，由伏而变悦，是"革面"之象。虎变、豹变，皆事物根本之变，发自内部，显于外部者。革面则内未变，仅表面作态而已。虎变、豹变为真实之变，革面之变乃虚伪之变。君子豹变之时，逢小人革面，虚与委蛇，故动则凶，居贞为吉。

此卦之"革"，原义为皮革，为制革。引伸为改革，为变革。前三爻，用原义，后三爻并用引伸之义。

䷱ 鼎 巽下离上

鼎：元吉，亨。

【说】离为火，巽为木，乾为金，兑为水，以木入火，爨鼎之象。六五，阴爻居尊位，下有九二为应，故元吉而亨。

初六：鼎颠趾，利出否。得妾以其子，无咎。

【说】巽伏震，震为足、趾。震伏，故有"鼎颠趾"之象。鼎趾颠翻，故利于倾出鼎中污剩物。《广雅·释诂三》："以，与也。"初六上与九四应，九四在兑，兑为妾。九四在乾，乾男。乾在兑下，故曰"得妾以其子"。

九二：鼎有实，我仇有疾，不我能即，吉。

【说】《尔雅·释诂》："仇，匹也。"

实，信也，孚也。九二应六五，六五为孚，为信实。鼎中确实有物，是信而不妄也。鼎有信，我岂无信？故我妻有疾，我当诚以守之，不去就食鼎中之物。我有孚如鼎有实，故吉。"我"指九二，巽为妇，仇匹乃指巽。初、二为坎之半象，坎为疾，巽为药，是我仇有疾。九二上往则遇重阳为阻，有"不我能即"之象。有以"不我能即"为"不能即我"之倒装者，似于全句文意欠顺。不，非也。

九三：鼎耳革，其行塞，雉膏不食，方雨亏悔，终吉。

【说】互兑为毁折，兑伏艮，艮为耳，艮伏，故曰"鼎耳革"。鼎耳毁坏，鼎不能移动，是行塞。巽伏震，震为行，震伏，故其行塞。巽为鸡，为雉，半坎为膏。互兑为口，口向外，是雉膏不食也。兑为雨。雉膏在鼎，鼎耳革，鼎不得移，雉膏不得食，复值雨，鼎中食物尽毁矣！九三当位，然无应，何言终吉？吉，在于遇雨！雨，为天地相交之象，云行雨施，品物流形！因此《睽》之上九："往遇雨则吉。"此爻"方雨亏悔"。鼎耳革，行塞，不食，是有悔。因正当雨降，故悔亡。《广雅·释诂》三："亏，去也，少也。"亏悔，即去悔、亡悔。

九四：鼎折足，覆公餗，其形渥，凶。

【说】九四为阴位，阳爻入阴位，折震成兑。震为足，九四折之，故曰"鼎折足"。兑为口，为食象。兑口为实，是鼎中有物，故曰"餗"。崔憬曰："二，士大夫位，卑；四，孤、公、牧、伯位，尊。"四为三孤、三公之位，故称"公餗"。四应在初，初六在巽，巽为覆兑，巽口向下，成覆公餗之象。鼎倒餗覆，其形污渥不洁，故凶。九四失位，阳性向上，反来下应四，却又遇九三、九二为阻，故凶。

六五：鼎黄耳金铉，利贞。

【说】离为黄，离伏坎，坎为耳。离为黄金，坎为穿通。五为阳位，伏坎之中爻，坎中爻有贯通鼎耳之铉象。六五阴居尊位，下而有应，故利贞。利贞，以正为利。黄耳金铉，其鼎贵之极也。处尊贵时，当贞正，不宜轻动。

上九：鼎玉铉，大吉，无不利。

【说】离本乾体，乾为玉。上九阳刚，有铉象。铉，抬鼎之杠，贯于鼎耳可以移鼎。鼎之移动，非铉不可。故玉铉在鼎上，有贯鼎耳之象，乃大吉，无不利。伏坎为耳。

《易》之吉、凶、悔、吝，皆从象出。爻之往来相应与否，在其次也。以此爻之"大吉，无不利"而言，皆因象而见。如以往来相应看，则上九下无应，且不当位，不中不正，又处穷极，何吉何利之有！这一点，研究易象者不可不重视也！

震 震下震上

震：亨，震来虩虩，笑言哑哑，震惊百里，不丧匕鬯。

【说】震为雷。震为动，为征行，故曰"亨"。上震自上而下，是来。九四为上震主爻，失位。四位多惧，故曰"震来虩虩"。下震主爻当位，震为笑，为言，故曰"笑言哑哑"。震本坤体，坤为百里，九四多惧为惊。互坎为棘匕，坎为酒，互艮为手，是手持匕、鬯。坤为丧失，艮为止，艮折坤，故曰"不丧"。鬯，香酒。震伏巽，巽为兰，故此酒为鬯。震亦为鬯。

初九：震来虩虩，后，笑言哑哑，吉。

【说】震，指上震。雷震虩虩而来，笑言仍旧，是不惧其威，故吉。初九位正。

六二：震来厉，亿，丧贝，跻于九陵，勿逐，七日得。

【说】震，指上震猛厉而来。亿，噫，惊叹辞。离为龟、蚌，称贝，离伏于互坎之下，故曰"丧贝"。互艮为丘陵，九四为阳爻，九为阳数，故称"九陵"。六二当上应于六五，是登于九陵。然而六二与六五不应，故曰"勿逐"。震为逐，艮为止，是勿逐。震数七，震为反，为归。是七日得归来也。震为七日，艮为手，为得，是七日可得之象。震为阳始生，旦也，故有日象。七，少阳，不变，故无失迷之象，故曰可得也。

六三：震苏苏，震行无眚。

【说】《释文》："苏苏，疑惧貌。郑云：不安也。"是苏苏与虩虩近义也。坎为疑，为眚，震为行，六三在震，又在互坎，震行，则六三出坎而去，故无眚。

九四：震遂泥。

【说】遂，坠，坠落。九四为上震主爻，又为互坎主爻。坎为泥，故有雷坠泥中之象也。雷落地入泥，其威也失，无害于人，无伤于物，乃吉也。

六五：震往来厉，亿，无丧有事！

【说】震为行，故称"往来"。互坎为眚，故厉。坤为丧，为事。坤体被震所折掩，故无丧事。事不丧，是事可为，无失也。"有"，语助辞。

上六：震索索，视矍矍，征凶。震不于其躬，于其邻，无咎，婚媾有言。

【说】索索，心内惊惧。矍矍，目光惊惧。震在坎中，故惧。坎为心，伏离为目。上六当位，宜静止，与三不应，故征凶。坤为我，为躬，坤象不见，故震不于其躬。艮为邻、震为邻——以先天卦位而判断如此。震、互艮合体震上艮下，是震其邻。震于其邻，故"我"无咎。"我"，指上六。上六与六三无应，震为言，故婚媾有言。上六、六三皆在震，两震皆为言，故婚媾必相争吵。

䷳ 艮 艮下艮上

艮其背，不获其身；行其庭，不见其人。无咎。

【说】艮，止也。身，腹也，与背相对而言，指前身、身之正面也。艮为背，艮为目。坤为身，艮阳爻入坤上，故不获见其身。下艮止于上艮之后，是艮其背之意。其，指上艮。坎为隐伏，故曰"不见"。艮为手，故曰"获"。震为行，艮为门庭，三、四爻位乃人位，正当互坎，故不见其人。不获见其身，入庭不见其人，乃凶象。高亨曰："疑'无咎'二字衍文。"甚是。

此卦艮下艮上，下艮主爻九三当位，故主方为下艮，客方为上艮。其身、其人，指上艮。上九，阳居阴位，失位，是阳爻入坤，折坤象，故坤身之象在上。三为阳位，下卦，本无坤象。六爻相互皆不应而相敌，故"无咎"之辞不可成立也，当是衍文。

初六：艮其趾，无咎，利永贞。

【说】卦之初为足，上为首。初六在下，故曰"趾"。艮为止。趾止不动，故无咎，利永贞。初六如不止而往，则无应，是有咎矣。

六二：艮其腓，不拯其随，其心不快。

【说】一位为趾，二位为腓，三位为股、腰。艮为止。腓不动，则足不能相随而动。拯，救、助。艮为手，有拯象。艮入坎，故不拯。坎为心疾，为忧，故曰"其心不快"。

九三：艮其限，裂其夤，厉薰心。

【说】限，腰也。艮为限。夤，夹脊肉也。坎为脊，坎亦为肾、为腰。九三在震，震为动，在艮，艮为止，动止相争，裂象。坎为心病，故曰"厉薰心"。加上腰止而不得动转，腰脊之肉被裂，危哉！

"薰"，虞翻曰："古阍作薰（熏）。艮为阍。阍，守门人。坎盗动门，故厉阍心。"厉，危也。坎为盗，艮为门，震为动，坎为心，艮为守门人。则厉阍心即危守门人之心，守门人心危之意。

六四：艮其身，无咎。

【说】身，腹也，妊也。有孕谓身。三至上为大离之象，离为大腹，孕象。艮为止。有孕之身不宜动，止，故无咎。六四当位。

六五：艮其辅，言有序，悔亡。

【说】艮为限为止，艮为面，为辅颊，震为言，阴爻为孚。六五阴居尊位。故曰：限其口，不妄言，言而有序，悔亡。

上九：敦艮，吉。

【说】艮本坤体，坤为厚，艮为止。上九无应，敦止不动，下乘二阴，故吉。上九在卦之终，故《象》传曰："敦艮之吉，以厚终也。"

䷴ 渐 艮下巽上

渐：女归，吉，利贞。

【说】渐，进也。巽为妇，艮为门，上卦称外，下卦称内。长女进门来为妇，是女归也。归，女子出嫁。女归为妇主家，吉，利贞正以持家。艮为男，为手，有迎娶之象。

《泰》之坤为大，坤自外来，为大来，与此卦之女归，象、义俱符。我谓"大来"谓坤女来入主家中，识者当不以为谬也。

初六：鸿渐于干，小子厉，有言无咎。

【说】离为飞鸟，为鸿。坎为水。初六在坎下，是水边之象，故称干。六四来应初，是鸿渐于干。艮为小子，初六与六四无应，故小子厉。震为言，震覆为艮，故有言而无咎——言象失之故也。

六二：鸿渐于磐，饮食衎衎，吉。

【说】六二应于五，五在离，离为鸿，艮为山石，坎为水，坎为食。渐，自外而进，故自上下视，则巽为覆兑，艮为覆震，兑为口，为悦，为言，震为言，为鸣。衎衎，乐也，自得也，鸟和鸣之声也。离为鸿，震为翩翩，亦鸟象，巽为鸡，亦有鸟象，故有饮食衎衎之象。又：坎为聚，众鸟聚于水边石上之象。

九三：鸿渐于陆，夫征不复，妇孕不育，凶。利御寇。

【说】离为鸿。艮为路径。九三当应于上，上九折坎，坎水之象失，故不取互坎之水象，但取艮路之象，称"鸿渐于陆"。震为夫，为征，艮为覆震，震覆，故夫征不复还！离为大腹，为孕象，巽为妇，坎为灾为病，坎入离体，故妇孕不育矣！凶！艮为手，有击象,坎为寇,艮入坎体,故利以御寇。

六四:鸿渐于木,或得其桷,无咎。

【说】离为鸿,巽为木。桷,方形屋椽也。艮为屋,坎为脊,艮为小木。鸿趾间有蹼,不能栖于大木,方形椽木面平,可以栖。离在坎、艮之上,有鸿栖屋椽之象,故曰"或得其桷"。六四位正,无咎。

九五:鸿渐于陵,妇三岁不孕,终莫之胜,吉。

【说】离为鸿,艮为丘陵。巽为妇,离为孕,坎为灾,坎为三岁,九五应于六二,历三爻,为三岁。故曰"妇三岁不孕"。九五居中,有正应,故坎难终不能胜之,三年后能孕,故吉。坎本坤体,坤为终,坎亦为终。六二在艮,六二应九五,艮为止,艮入坎体,止灾之象。

上九:鸿渐于陆,其羽可用为仪,吉。

【说】上九,阳居阴位,折坎水之象,故称陆。九五,鸿渐于陵,今又曰"渐于陆",实是自高退下。上九在离之上,离鸿向内为进,向外为退。巽为顺,上九在离上,有羽象,羽顺,故可为仪。吉。九三在坎,坎为险,上九与九三不应,而居巽顺之上,是不涉险乱,故其羽顺可为仪矣。仪,仪表也。上九居最表,故称以"仪"。

归妹 兑下震上

归妹:征凶,无攸利。

【说】女为尊,男为下。《渐》长女入来主家为妇,吉。《归妹》

少女自家嫁出，故凶。得女为吉，出女为凶，女性之于上古，其尊贵可知矣!《泰》为女来，是吉。《否》为女往，故否。与《渐》《归妹》其理一也!《咸》，少男迎娶少女来家，吉!《恒》，长女居内为妇，利贞，亦此理也。《咸》，年少男配年少女;《恒》，长男配长女，皆相当，然《咸》曰吉，《恒》不言吉，是知年少女为贵!《渐》长女来归少男，吉，女大男小，女贵也。《归妹》少女嫁长男，凶，少女本为贵，竟嫁一长男，失其尊贵，故凶!上古重女，尤重少女，其风尚于卦中可见。今之治《周易》者，以《周易》考史，我不敢闻。我以为以《周易》窥古风俗，可也矣!兑为少女，震为夫。

初九：归妹以娣，跛能履，征吉。

【说】以卦之整体象看，兑为妹。以爻观之，震为兄，离为中女，兑为少女。是妹指离也，娣指兑也。初九在兑，为娣。震为足，兑为毁折。六二阴位，则初、二、三隐震象，二位为阳爻所据成兑，是折震之象，震足折，故跛。初九位正，重刚，故虽跛犹能履，吉。震为征，为履。《诗·大雅·韩奕》："韩侯取妻——汾王之甥、蹶父之子。韩侯迎止，于蹶之里。……诸娣从之，祁祁如云。"从，随也。离为妹，兑为娣，娣从于妹之后。

九二：眇能视，利幽人之贞。

【说】离为目，兑为毁，兑入离体，眇象。九二失位，但处于中位，故眇尚能视。离伏坎，坎为幽人。幽人以隐伏为本，如眇者不复求视，安于幽晦是利。跛履，眇视，是强行不能行之事，无利。故诫曰：利幽人之贞!

六三：归妹以须，反，归以娣。

【说】《说文》："楚人谓姊为娿。"高亨曰："须，疑借为娿，姊也。"甚是。震伏巽，巽为长女，为姊。震为反。巽伏，是长女反回之象。嫁女以娣为媵，故以姊则非，反其姊，仍以娣从，是"归以娣"也。《春秋公羊传·庄公十九年》："诸侯娶一国，则二国往媵之——以侄、娣从。"《白虎通德论·嫁娶》："备侄娣从者，为其必不相嫉妒也……侄娣虽少，犹从适人者，明人君无再娶之义也。"

九四：归妹愆期，迟归有时。

【说】震为归，离为妹。离为日，为期也。坎为失，坎入离体，愆期也。震为雷，坎为云，离为日，云雷虽现，而日出，雨不能降，故曰"迟"。迟，待也。先天卦位，阳盛极于乾，阴盛极于坤，震为阳生之时为立春，兑为阳长阴将消尽之时为立夏，巽为阴初生之时为立秋，艮为阴长阳将消尽之时为立冬。震为春，兑为夏，震伏巽，巽为秋，兑伏艮，艮为冬。卦中四时具备，是有时。又：《白虎通德论·嫁娶》："嫁娶必以春者，春，天地交通，万物始生，阴阳交接之时也。《诗》云：'士如归妻，迨冰未泮。'《周官》曰：'仲春之月，合会男女。'"九四在震，震为春，是待嫁有时也。

六五：帝乙归妹，其君之袂，不如其娣之袂良，月几望，吉。

【说】六五坤阴居尊，为帝象。震本坤体为帝、为乙。震为征，为反，为归。离为妹。兑为娣。君，指妹。《礼记·玉藻》："君命屈狄。"郑玄注："君，女君也。"妹已嫁，故称君。袂，衣袖、袖口。离本乾体，兑亦乾体，乾为衣，兑为口，有袂象。离与坎互体,故妹之袂不良。乾为良。坎为坏。兑与离互体,离为文明,故娣之袂良。月圆为望。几,其也。坎为圆月。

上六:女承筐无实,士刲羊无血,无攸利。

【说】兑为女,震为筐,兑下震上,是女承筐。震本坤体,坤为虚,筐中无实也。震为士,离为刀,兑为杀,兑为羊,坎为血。是士刲羊之象。兑与离为互体,离为干,坎在兑外,是刲羊无血。筐无实,羊无血,筐是空筐,羊是死羊,故无利。上六与六三无应,无利。刲,刺也,杀也。

陈士元曰:"女之适人,实筐以赘于舅姑。士之娶女,刲羊以告于祠庙。筐无实,羊无血,约婚不终者也。"上古之风当即如此。

䷶ 丰 离下震上

丰:亨,王假之,勿忧,宜日中。

【说】丰,大也。坤爻居天位,处尊,亨。坤为女主,为王。假,大也。假之,大之,大作动词,丰大之——使之丰大。之,指乾。乾男卑于坤女,离在乾体,坤爻附丽于乾,是坤使乾丰大起来之象。坎为忧,坎伏离下,乾得坤爻之助,得以丰大,故勿忧矣。坤爻居离之正中,六二中且正,是日中之象。离为日,日在正午时处天之中,是谓"日中"。六二居中正,是日宜在中也。日在中,则普照天下矣。

初九:遇其配主,虽旬,无咎。往有尚。

【说】六二,中正,是离之主爻。震为男,离为女,故六二为配男之女主，乃称配主。初九往遇六二，是遇其配主。离为日，离为十，初九在离，当位，是十日之内无咎。初九与九四不应，然阳爻动而遇六二阴爻，是往尚可以。往有尚，是谓其当往也。

六二：丰其蔀，日中见斗，往得疑疾，有孚发若，吉。

【说】王弼曰："蔀，覆暧，障光明之物也。"《释文》："郑、薛作'菩'，云：小席。"虞翻曰："日蔽云中称蔀。"依王弼说，是蔀又称为覆暧，即遮阳之席类也。丰，大也，作动词用，为增大、扩大之意。丰大其蔀，则日光不见，光线转暗。斗，《释文》："见斗，孟作见主。"《说文》："主，灯中火主也。"张大席盖，即为遮住日光，复燃烛火取明，颇无道理，反常之举也。故，我以虞注为是。云扩展而蔽日，竟至天昏而斗现。蔀，蔽日之云也。

坎为云，二至五为大坎☵，云扩大，是丰其蔀。兑伏艮，艮为北斗。离为日。巽为入。坎云蔽日，日入则隐伏之斗可见，是日中见斗。坎为疑，为疾，巽为不果，亦为疑。六二往则得疑疾。离为孚，为明。离明重现，则吉。发，拨也，除去也。拨云见日，吉。六二中正，故不动则吉。

九三：丰其沛，日中见沫，折其右肱，无咎。

【说】虞翻注："日在云下称沛。"九家注："大暗谓之沛。"沛，亦蔽日之暗云也。大雨为沛，沛自有云义。丰其沛，日昏暗不明，正午之时竟见小星，是日中见沫。沫，斗边小星。大坎为丰云之象，为大暗。伏艮为小星。大暗，则沫现，是日中见沫。互兑为毁折，兑伏艮，艮为手，为右，为肱。艮伏，是折肱之象。九三当位，有应，故无咎。

九四：丰其蔀，日中见斗，遇其夷主，吉。

【说】大坎在离上，是丰其蔀。兑伏艮，艮为斗。巽为入，离为日，兑为暗昧，坎为云，为暗，云暗日入之象。《诗·小雅·节南山》："君子如夷。"《诗·召南·草虫》："我心则夷。"《诗·郑风·风雨》："胡云不夷？"夷，平和、平易、喜悦。九四上遇六五，六五阴爻当中处尊，是柔和平易之主，故称"夷主"。九四附比于六五，吉。震为笑，兑为悦。

"日中见斗""日中见沫"，自然现象也。白昼之时，忽而天昏日暗，此即《晋书·五行志》所谓"夜妖"现象。前人有谓是日蚀现象者，不似日蚀也。日蚀，缓慢而进行者，自始至终，时间匪短，岂日中见斗沫？

六五：来章，有庆誉，吉。

【说】坤为文章。六五坤爻居尊，故曰"来章"。五位多功，震为庆，故有庆誉，吉。

上六：丰其屋，蔀其家，窥其户，阒其无人，三岁不觌，凶。

【说】屋，同幄，小帐也。蔀，遮盖。虞翻曰："蔀，小也。"扩大屋宇、相比则家之面积小焉，乃屋宇覆盖家之故。丰，大也。蔀，小也，大、小在此皆作动词用。丰屋蔀家，大了此，小了彼也。大、小，相对而言者也。上六重阴，坤爻，坤为大。兑伏艮，艮为屋，为家，为户。上六在伏艮之上，有覆盖之象。上六应在九三，九三在巽，巽为高，为木，高木支撑屋宇之象，故屋丰。震伏巽，巽为入，伏艮为家，家入于蔀盖之下，小矣！九三在离，离为目，故窥、觌。上六坤阴为静，故曰"阒"。阒，静也。巽、兑皆乾体,乾为人,乾体破,故不见人。坎为三岁,伏于离下,是三岁不睹。上六应九三,九三在大坎,大坎为死象,凶!

䷷ 旅 艮下离上

旅:小亨,旅贞吉。

【说】艮为馆舍,为止。离本乾体,乾为人,离为火,火动,有旅人之象。乾为男,为小,男行动于外,小亨。六二中正,六五居尊,故吉。六五为离之主爻,旅人吉也。

初六:旅琐琐,斯其所取灾。

【说】琐琐,细碎也。艮为小石,故曰琐琐。旅人琐琐,是过分细心,反招人注意,故琐琐是其取祸之由也。初六应在九四,九四在离,离为火,艮为门,为取,出门遇火取灾也。

六二:旅即次,怀其资,得童仆贞。

【说】即次,至旅舍也。次,旅舍。六二当位而安,艮为舍,是即次。巽为利,为资财。六二为巽之主爻,是资之主,故曰"怀资"。艮为童仆,艮为手有获得象,是得童仆。六二中且正,是贞。贞,正也。又:贞,占也。占兆得童仆。

九三:旅,焚其次,丧其童仆,贞厉。

【说】次,居下位为次。次,旅舍。九三在离下,以上下次序论,为次。离火,艮舍,三近火,故焚旅次之象。兑为毁,巽为陨,艮为童仆,是失童仆之象。故占此为厉。九三上无应,厉。

九四：旅于处，得其资斧，我心不快。

【说】巽为处。处，止也，居处也。安而不动曰"处"。巽为资斧。九四应初九，初九在艮，为手，为得。又：离为贝类，贝，货币也，亦有资斧象。坎为心，兑为悦。巽为覆兑，是正反之兑，"心不快"之象。

六五：射雉一矢，亡，终以誉命。

【说】离为矢，为雉。矢、雉二象合于一体，是射中之象。离为飞，故曰"亡"。亡，逃去也。五位多功，兑为悦，悦其功，故称"誉"。兑为阴处极之时，故称"终"。巽为命，兑为见，是见命、受命之象。命，受任命也。王弼曰："终以誉而见命也。"

上九：鸟焚其巢，旅人先笑后号咷，丧牛于易，凶。

【说】离为鸟，为火。震为木，为萑苇，为筐，有巢象。上为阴位，阴位与六五、九四为震体，上九阳据阴位，折震象而成离，是巢失之象。震象为笑，震失，则先笑而后不笑。离为目，兑为雨，有目中出泣象，巽为号，乃笑后而现号咷之象也。坤为牛，艮为道路，艮阳爻折坤，"丧牛于易"之象。九三在艮。上九当与三应，应，是三为坤爻，则得牛。今不应，故牛丧于易而不可得矣。无应，失位，故凶。

䷸ 巽　巽下巽上

巽：小亨，利有攸往，利见大人。

【说】此"小"，与《小畜》之"小"同义。六四，坤爻位正而不居中，故仅可小亨。初至四，大坎，水象。巽为木，舟象。舟在水上，故利有攸往。六四当位，为巽之主爻，离为见，故利见大人。大人，指六四也。四为三孤之位，大人之位也。小，非谓坤阴为小，乃指亨小也。

初六：进退，利武人之贞。

【说】巽为进退。初六阴居阳位，阴静退，阳健进，故有进、退象。巽伏震，震为征，为长男，有武人之象。知进知退，武人之本也，故曰"利武人之贞"。贞，干也，本也。此即谓武人之本性、武人应遵守之本则。

九二：巽在床下，用史巫，纷若吉，无咎。

【说】巽为卑，为伏。巽为木，为股。木有股，床也。故有卑伏于床下之象。兑为史巫。纷，《释文》："《广雅》云：众也，喜也。一云：盛也。"兑为喜。吉，无咎，因象而断之辞也。

九三：频巽，吝。

【说】频，同颦，蹙也。王弼曰："频，频蹙，不乐而穷，不得已之谓也。"巽，伏也。不乐而伏，吝。九三在巽，巽覆兑，兑为喜悦，兑覆故频蹙不乐。九三处下卦之终，是穷尽之处。九三上无应，故吝。

六四：悔亡，田获三品。

【说】互离为甲兵，为网罟，有畋猎之象。互兑伏艮，艮为手，获象。艮为狼，离为雉，离伏坎，坎为豕，是获三品。品，类也。六四位正，虽无应，亦无悔，故曰"悔亡"。

九五：贞吉，悔亡，无不利。无初有终，先庚三日，后庚三日吉。

【说】九五中正，故吉、悔亡，无不利也。巽下，巽上，下为初，上为终。下卦九二居巽中而不正，上卦九五居巽中而得正，是无初有终。

"先庚三日，后庚三日。"前人众说纷纭。我以为——

依纳甲法，震纳庚。下巽以方位观，在九五之前，为先。巽伏震，巽为长女，震为长男，相匹即夫妇。巽三爻变成震，一爻为一日，故称三日。前巽三变成震，后巽三变成震，皆得夫之象，是先庚三日，后庚三日——吉！

上九：巽在床下，丧其资斧，贞凶。

【说】上九处穷极而失位，穷则变，变即复于初，是上九必在床下也。巽为床象，为资斧。上九伏于初——在床下之后，巽成坎，巽象失，丧资斧也。坎为灾，故凶。

䷹ 兑 兑下兑上

兑：亨，利贞。

【说】兑，阴处盛极，故亨。阴盛极必战，故以守正为利。卦中兑为少女，离为中女，巽为长女，无男象，坤阴之卦，坤主静，故利贞。巽不言利贞，阴初长也。离言利贞，阴已成势也。

初九：和兑，吉。

【说】兑为和悦。初九位正，吉。

九二：孚兑，吉，悔亡。

【说】兑为悦，离为孚，兑离互体，故有悦而孚，孚而悦之象，吉。九二不当位而居中，处吉象中，故悔亡。

六三：来兑，凶。

【说】六三无应，失位。兑为口，招来上六，是助口舌，故凶。

九四：商兑未宁，介疾有喜。

【说】兑为口，为说。巽为不果，故商兑未宁。又：互巽为覆兑，正覆兑相接，商议之象也。介，隔也。离伏坎，坎为疾。坎伏，是介疾。兑为悦，是有喜。

九五：孚于剥，有厉。

【说】兑口中虚，孚象。而兑口在穷极之地，有被剥之象。以将失去之孚为孚，故有厉。

上六：引兑。

【说】引，引六三来应也。引六三，是引口舌来助。爻无判辞，实为不吉。

䷺ 涣 坎下巽上

涣：亨，王假有庙，利涉大川，利贞。

【说】卦辞："王假有庙。"《萃》卦亦云："王假有庙。"《家人》卦云："王假有家。"王弼训"假"为"至、聚"，孔颖达训为"至"，虞翻亦训为"至"，陆绩训为"大"。至，到也，临也。王来到庙中，谓"王假有庙"。王回到家里，谓"王至有家"。"有"，句中虚辞，用于名词前者。大，作动词用，为扩大之意。王扩建其庙、其家，谓"王假有庙、王假有家"。故此，以"至"和"大"释"假"字，于句意皆可通。巽为阴卦，坎为阳卦，阴女、阳男。巽居上，故亨，以女主为王。六四阴当位，为巽之主爻。乾、坤皆大，巽为乾体，称大也。艮为宗庙。坎水在下，巽木在上，水上行舟之象，故利涉大川。女主当位而未居尊，故利守正。

初六：用拯马，壮，吉。

【说】坎为美脊之马，坎为难，互艮为手，互震为行，是用拯马，壮。马有失，拯之，是为壮也。坎本坤体，坤为用。拯马，壮，吉象。

九二：涣奔其机，悔亡。

【说】涣，散也，离也。震为征，为奔。坎为棘，震为木。初、二为半艮☶，有小几之象。机，几也，小桌。王弼云："机，承物者也。"几可以承放物品，乃有安放、固定之意在。涣离之时，奔其可安之所，故悔亡。九二中而失位，上遇重阴，故悔可亡。

六三：涣其躬，无悔。

【说】"涣其躬"，"涣——其躬"也，谓处于离散时之人。即"其躬涣"之倒装句。巽为风，坎为水，风吹水散，是谓涣也。震为奔，艮为止，六三处涣之际，奔而能止，是可获安定之义，故无悔。

六四：涣其群，元吉。涣有丘，匪夷所思。

【说】互震在坤体，坤为众，为群。震阳爻入坤之下，震为征为奔，有其群同奔之象。元吉者，六四为正位，坤爻女主得位，其群虽散，女主仍安，故元吉！元，大也，坤为女主故称元。艮为丘。巽为风。风可以涣水，人皆可知之。风可以毁散山丘，是平常不可思及者。风已入于丘之半，是涣——借为毁散之义——丘也。风之涣丘，即《左传》之"风落山"，涣、落同义，谓山丘被风所剥之风化现象也。上九是阴爻居阴位，毁坎而成巽，坎为思，坎象失，故曰"匪夷所思"。夷，平常也。

九五：涣汗其大号。涣，王居无咎。

【说】坎为雨，有汗象。上巽自坎成巽，坎失是汗离散也。巽为号。艮为居，坤爻六四为王，艮为止。在涣离时，王居止而不动，故无咎。九五中正，故无咎。

上九：涣，其血去逖出，无咎。

【说】涣离之时，却得忧消愁退，故无咎。坎为恤，为忧。上本阴位，与五、四本坎象。上九阳居阴位，故坎象失。血，恤也。逖，忧也。

九二、六三、六四、上九诸辞中，"涣"皆作动词，离散也。九五之"涣汗"，流汗也，汗流纵横。此处，"涣"既为动词，又可作形容词看待。

䷻ 节 兑下坎上

节：亨，苦节不可贞。

【说】兑为泽，坎为水，泽中有水故亨。有节制，亨。节制过甚，则不可持久，是苦节不可贞。贞，正也，过节则不正也。过甚，苦也。泽中之水有限度是节，然泽中水非恒久不变，是不苦节者也。

初九：不出户庭，无咎。

【说】兑为户，互艮为门，初九当位，上应于六四，兑伏艮，艮为止。往应可，不出户庭，亦无咎。

九二：不出门庭，凶。

【说】九二在互震，震为行。九二失位当动，不动则凶。

六三：不节若，则嗟若，无咎。

【说】互艮为止，兑为口，为嗟。故不节止，则有叹嗟之忧。知节知止，无咎。

六四：安节，亨。

【说】二至五为离，有孚。艮为止。信孚于节，是安于节。六四位正，有应，故亨。

九五：甘节，吉，往有尚。

【说】九五为艮之主爻，中正，坎为美，故甘节。吉。往，即往至于此之意。往于此有尚。

上六：苦节，贞凶，悔亡。

【说】上六处节之极，是苦节之象。节过甚，则凶。上六当位，故悔可亡。

该节则节，是安于节，甘于节。不该节而节，或至苦节，如"不出门庭，凶""苦节，贞凶"是也。

坎为交合，兑女悦之，故戒之以"节"！兑为坤阴盛极，故不可不节也。

男女交合，不可无节制，放纵则伤身。《黄帝内经·素问·上古天真论》:"上古之人,其知道者,法于阴阳,和于术数,食饮有节,起居有常,不妄作劳,故能形与神俱,而尽终其天年,度百岁乃去。"陶弘景《养性延命录·御女损益篇》:"彭祖曰:'奸淫所以使人不寿者,非是鬼神所为也。直由用意欲猥,精动欲泄,务副彼心,竭力无厌,不以相生,反以相害……凡男不可无女,女不可无男。若孤独而思交接者,损人寿,生百病……'"男女之事如此,诸务皆然,无节制则乱,节之过苦则伤。《礼记·中庸》:"喜、怒、哀、乐之未发,谓之'中',发而皆中(读去声)节,谓之'和'。'中'也者,天下之大本也;'和'也者,天下之达道也。致'中、和',天地位焉,万物育焉。"所谓"中庸",就是以中和为用。中,含中、和二义;庸,用也。致中和,即达到有节而不至于苦节,恰如其分也!"和为贵",即用之恰当为贵,也即是施而中节。《易》强调苦节不可贞,为什么?《象》:"其道穷也。"过于节制,则如作茧自缚,无路可走了。苦节,实际上就是违背了客观规律,是教条主义,是不实事求是。

䷼ 中孚 兑下巽上

中孚:豚鱼吉,利涉大川,利贞。

【说】坤爻居卦中成离象,中心有孚信也。心怀诚信,以豚鱼为礼亦吉。豚鱼,礼之薄者。《仪礼·士昏礼》:"特、豚合升去蹄,鱼十有四。"《仪礼·士丧礼》:"豚合升,鱼鱄鲋九。"王引之曰:"豚鱼乃礼之薄者。豚鱼吉,言虽豚鱼之荐亦吉也。"豚,小猪。九二、六三为半坎,坎为豕,半坎,小猪之象。巽为鱼。

初九：虞吉，有它不燕。

【说】荀爽曰："虞，安也。"初九与六四正应，故安虞，吉。初九在兑，兑为悦。六四在巽，巽覆兑也，为不悦。初九应于六四，有意外之不悦，故曰"有它不燕"。燕，乐也。

九二：鸣鹤在阴，其子和之。我有好爵，吾与尔靡之。

【说】互震为鸣，二至五为离象，离为飞鸟，为鹤，半坎为阴。互艮为少子，巽口、兑口相合，故云"和之"。和者，指巽口向下。鸣者，指兑口向上。坤，先天卦位为北，艮为山，山北为阴。震在坤体，坤为我。艮为手，为有。《说文》："爵，礼器也。"爵，酒爵。震有爵象，坎为酒。尔，指艮。靡，共也。正、覆兑为两口相对，共饮爵中酒之象。

六三：得敌，或鼓或罢，或泣或歌。

【说】六三上遇六四，阴遇阴，故得敌也。震为鼓，为征。鼓，动词，击鼓而进也。艮为止，是罢。或鼓或罢，或进或止也。离为目，兑为雨，目出水，泣象也。震为鸣，为歌，故曰："或泣或歌。"

王弼曰："三、四俱阴，金木异性，敌之谓也。"兑为金，巽为木。上下卦互成兑、巽，互为金、木，故得敌——金克木也。

六四：月几望，马匹亡，无咎。

【说】四、五，半坎，月未圆也。先天卦位巽在西南，坎在西，顺行由巽至坎，坎为月，故月几望。震为马，艮为覆震，故马失也。覆震马亡，唯存互震之马，故马之匹亡其一而剩其一。六四位正有应，故无咎。

九五：有孚挛如，无咎。

【说】卦中离象为孚。艮为有。震为覆艮，正、覆艮共有卦中之孚，二手相连，故曰"有孚，挛如"。九五居尊贵位，无咎。以孚信相交，无咎。

上九：翰音登于天，贞凶。

【说】翰，羽翰，代指鹤。六三在震，震为鸣。上九与六三为应，故鹤鸣之音上登于天。上九在天位之极，巽为高，上九，高天之上也。上九失位，声音虚飘。巽为风，翰音被风吹则散，故凶。

侯果、虞翻等以巽为鸡，以翰音为鸡鸣之声，欠合理也——鸡不能飞高空之上，其音何达于天上？

䷽ 小过 艮下震上

小过：亨，利贞，可小事，不可大事。飞鸟遗之音，不宜上，宜下大吉。

【说】卦体成坎象，二阳爻居于体中，斥阴爻于外，故曰"小过"。六二、六五，阴爻居中，一尊一正，故亨，利其本正。艮、震皆阳卦，乾为小，故可小事。坤为尊，为大，坤为事，上、下卦坤体被九三、九四所折，故大事不可成。卦中三、四爻阳实，为鸟身，初、二、五、上阴爻虚，为鸟翼。震为翩翩，有飞象。震为声音。震主爻九四失位，故音不宜上。艮主爻九三位正，艮为覆震，是音宜下也。大吉者，六二、六五，坤爻居中也。

初六：飞鸟以凶。

【说】震为飞。艮覆震，艮为止，故飞则凶。初六失位，故凶。

六二：过其祖，遇其妣，不及其君，遇其臣，无咎。

【说】祖，指六五。六五阴爻居尊，有祖象。六二当往应于五，是过其祖。巽为母，妣，母也。六二在下卦，处中正，是遇其母。六五居尊为女主，为君。六二在下居中正为臣，六二与六五无应，而居二当位，是不及其君而遇其臣。六二中而正，故无咎。

九三：弗过防之，从或戕之，凶。

【说】过，度也，越也，罪也，经也，见也。艮为止，不度越为弗过。巽为垣，防之象。巽为顺为伏，从之象。兑为刑杀，是戕也。九三刚壮，处凶位，在卦之中，小过之人也。"之"，代词，即指九三。故曰"凶"。

九四：无咎。弗过遇之，往厉必戒，勿用，永贞。

【说】九为阳爻，处阴位，在小过之时刚而处柔，无咎。震为往。九四阴位，阳爻不动而居静，遇之于不过，可无咎。九四动而往应于初，则厉。何也？九三阳处阳位，刚壮，乃九四之敌！九四外刚内柔，遇敌故厉。兑为口，为说，故云"必戒"，戒，告诫也。九四宜静不宜动，故曰"勿用，永贞"！

所谓"得敌"，同性间弱遇强也。《中孚》六三，阴处阳位，不当位，弱者。六四，阴爻居正位，强者。故六三遇六四为得敌。此卦九三当位，强者。九四失位，弱矣！故九四往则厉——得敌也。

六五：密云不雨，自我西郊。公弋取彼在穴。

【说】坎为云，兑为小为云，是为"密云"之象。密，小也。半坎，云小之象。坎为雨，半坎，故不雨。兑为西。震为公，兑、覆兑为穴象。坤为自，为我，六五坤爻也。坎，先天卦位在西。坤为郊。震本坤体，故以坤象言"我""自""郊"。公，指六五。坎为弓，六五应在六二，六二在巽，在艮。巽下阴爻有穴象，二、三半坎亦为穴，艮为手。前儒以公为九三，九三固在公位，然与六五何涉？

上六：弗遇，过之，飞鸟离之，凶，是谓灾眚。

【说】上六与九三为正应。九三不宜动，故上六弗遇。

九三如动而来应，则震变成离。离为飞鸟，为网罟，是飞鸟遭罹网罟之象，故凶。离，罹也，动词。飞鸟自投罗网，凶，即灾眚也。"之"指上六，上六不逢九三，九三来过上六，是弗遇，过之。

䷾ 既济 离下坎上

既济：亨，小利贞，初吉终乱。

【说】坎本坤体，离本乾体，坤居上，乾居下，是泰卦。泰乾之中爻上交于坤，是成既济——事尽成之谓也。离为乾体，乾施，故中爻出入于坤。坎为坤体，坤受阳施，成坎，阴阳交合之象也。阴阳交，故亨。坤女为尊，为大，乾男为下，为小。九五，阳爻处尊位，入坤体，其行本为利，故小利贞。离为明，阴爻中正，故吉，离在下为初。坎为灾，阳居尊主之位，故终乱。六爻皆正应，亨也。

初九：曳其轮，濡其尾，无咎。

【说】初九应于六四。六四在坎，坎为曳，为车轮。离为狐，初九在下，尾也。坎为水，初九应于坎，故曰"濡其尾"。

六二：妇丧其茀，勿逐，七日得。

【说】离为中女，亦为妇。茀，王弼曰："首饰也。"离本乾体，乾为首，为金，为玉，离为文明，互坎为美，有首饰之象。六二应于九五，九五在坎，坎为盗。故曰"妇丧其茀"。坎本坤体，坤为丧，坎为失。离为七日，乾为得，又：自二开始上数，六二一，九三二，六四三，九五四，上六五，复反于初，初九六，至六二为七，一爻为一日，是七日可复得。

九三：高宗伐鬼方，三年克之，小人勿用。

【说】虞翻曰："高宗，殷王武丁。鬼方，国名。"干宝曰："鬼，北方国也。"

王国维《鬼方、昆夷、狁考》："易之爻辞，盖作于商周之际。……唯《竹书纪年》称'王季伐西落鬼戎'。可知其地尚在岐周之西。"王氏复引金文以证，认为鬼方在西。

我臆见——

先天卦位，坎在西，离为甲兵，离在内，坎在外，是发兵伐西方之象。当其上古时，中原部落有西伐之举，故以此卦象之。至殷周之时，作爻辞者，承前人之口传之爻辞，以时事附会，乃成"高宗伐鬼方"云云。当时鬼方亦在西方，故可以与上古卦象符合也。由此，我断定六十四卦成立之后，即有卦爻辞解说之，或因无文字，乃全赖口传。至商周时，作爻辞者乃记录古传象义以文字，间或加入时事为说，然终不能尽去古义也。

离为三，互坎坤体，坤为年。九三上数三爻至九五，是三年克之。坎为小人，离伏坎，是小人勿用。

离在内，内为主，坎在外，外为宾。六二乃离之主爻，阴居中正，女主之象。以离伐坎，是以女主伐西方之人也。又可证我之坤为女主，为尊之说也！

六四：繻有衣，袽，终日戒。

【说】繻，采缯为繻。六四在互离，离为文明，离本乾体，乾为衣，是衣彩鲜明之象也，故曰"繻有衣"。衣蔽为袽。坎为坏象，繻衣可变为袽，故终日戒，以防其蔽也。坎为终，离为日，坎为疑，四位多惧，故曰"终日戒"也。

九五：东邻杀牛，不如西邻之禴祭实受其福。

【说】先天卦位，离在东。离为牛，离为兵戈有杀象，是东邻杀牛。杀牛与禴祭，形式不同而已。礼的效益，不在于形式之繁俭，而是凭诚心去求到的。孔子说："礼与其奢也，宁俭。"此正是本条爻辞之旨蕴。孔子又说："先进于礼乐，野人也；后进于礼乐，君子也。如用之，则吾从先进。"郭沫若指出："这些，是表现着他（孔子）的进步精神。野人就是农夫，他们所行的礼和乐虽然是非常朴素，然而是极端精诚。把精神灌注上去，把形式普及下来，重文兼重质，使得文质彬彬，不野不史，那倒是他所怀抱的理想。"（《十批判书》，人民出版社1954年版，第94—95页）从"杀牛"不如"禴祭"能"实受其福"的哲理而论，其可视为《周易》卦、爻辞所含的以朴素的形式蕴载浓厚的情感为美的审美观。在内容与形式两者中，以内容之真为重，形式为次要。形式为次，绝非不要形式（"祭"就是形式），而是不要形式主义！坎位西，坎为酒，为豕。禴祭，薄礼而祭。酒、豕较之牛，薄祭之物也。坎在坤体，坤为福，九五阳爻入坤体中，实入于虚，是实受其福。

尚秉和谓汉儒不知离即在东坎即在西，云："以坎当五，得中正之时也，此离东坎西之确证。"以坎当五，便可证离东坎西，恐未可服人。

上六：濡其首，厉。

【说】九三在离之上，狐之首也，故九三为首。九三应于上六，上六在坎水，故曰"濡其首，厉"。倘以上六居卦之极而曰"上为首"，虽通，然上六当位，何厉之有？"其"代词，指九三也。九三来应上六，厉。

䷿ 未济 坎下离上

未济：亨，小狐汔济，濡其尾，无攸利。

【说】六五居尊位，故亨。离本乾体，坎本坤体，是否卦所变成此卦者。离为火，坎为水，火上炎，水下流，水火不交，未济。离为狐。《初学记》引《玄中记》："千岁之狐为淫妇，百岁之狐为美女。"引《名山记》："狐者，先古之淫妇也，其名曰'紫'。紫化而为狐。"是狐为阴性者也。此卦之爻词，亦足可证离为狐。汔济，既济，已尽济渡。离在坎外，是小狐已济之象。九四，离之下爻，狐之尾。九四在互坎，坎为水，是尾在水中，濡其尾也。六爻皆失位，阴爻处阳爻之下，阴阳不交，故无攸利。

初六：濡其尾，吝。

【说】九四来应于初六，初六在坎，坎为水。九四在离之下爻，离为狐,九四尾也。九四应初,尾濡于水,故吝。

九二:曳其轮,贞吉。

【说】坎为曳,为轮。九二应六五,六五在互坎,轮象。上有应,故吉。

六三:未济,征凶,利涉大川。

【说】未济,未成也。六三失位,处两坎之间,不能自济,故曰"未济"。

"征凶"与"利涉"颇矛盾,不可解,不敢强解。

九四:贞吉,悔亡,震用伐鬼方,三年有赏于大国。

【说】九四失位,然处二离之间,得孚于六三、六五二阴,故吉,悔亡。震,动也。离为伐,六五为君,下坎为鬼方。坎为三,坤为年,坎在坤体,三年也。九四在互坎中爻,坤为大,为国。坎为饮食,有赏之象。

既济,狐自内向外济。未济,狐自外向内济。济向相反,鬼方之在卦位亦相反。

六五:贞吉,无悔。君子之光,有孚吉。

【说】阴居尊位,吉,无悔。君子,六五也,女主也。离为明,为孚。

上九:有孚于饮酒,无咎。濡其首,有孚失是。

【说】上九在离,故有孚。上九应于六三,六三在坎。坎为饮,为酒。上九在卦之最上,称首。饮酒无咎,然濡首则失孚。坎为水,上九来应六三,首濡于水之象。得饮酒而至于有失,乃至濡首,是好事变成坏事,孚亦枉有了!

象传通义

小引

卦爻辞为"经",阐述发明经文之作为"传"。《象传》,即易传之一。

《象传》分大、小二种。《大象传》,阐明卦辞者;《小象传》,阐明爻辞者。

《象传通义》体例,为明了起见,直称《大象传》为"卦象传",称《小象传》为"爻象传",于此名目之下,分录《大象》之传文和《小象》之传文。"卦象传"之辞,即旧版《易经》中卦辞后之"象曰"之辞;"爻象传"之辞,即旧版《易经》中各爻爻辞之后的"象曰"之辞。各爻之"象"辞前,一律先标爻称,如"上六:龙战于野——其道穷也"即指"上六"之"象"辞是"龙战于野——其道穷也"。读者勿错当爻辞。

乾

卦象传——
天行健,君子以自强不息。

【说】乾卦象天,乾为阳,性刚健,故曰"天行健"。天行,天道也,自然运行规律也,天体运行规律也。天行是无休无止的,故曰"健"。健,强健。乾卦象征天行健,君子见之,则以天行为榜样,自强不息。君子,有高尚德操者。有德操,是有志,有志则必然自我发愤,努力图强。自强而不懈不怠,即为不息,不息则可以进步再进步。

爻象传——

初九:潜龙勿用——阳在下也。

【说】"阳在下也"即爻辞"潜龙勿用"之象的意蕴。潜龙为何"勿用"?即因为"阳在下"之故。阳,龙之性。阳性本刚健向上,而反居下位,故处"勿用"之时。

刚健向上之力,处于下位,是有力不逢其时,有勇无用之地。因此,当此时宜安而勿躁,静以待机。

九二:见龙在田——德施普也。

【说】龙已出现于地面之上,是阳已现露,不复居处下位。其象征即君子之恩惠已施布普遍。施德惠而广普,使民众皆沾受其泽,故当此时,君子必受百姓拥爱。君子施德不可偏,必也普,使荒村僻壤之民皆受雨露之恩。君子施德不可私,必也公,使所有百姓,不分亲疏皆得受之。不偏不私,即普。

九三:终日乾乾——反复道也。

【说】终日不停地进取,是谓"终日乾乾"。反复,反反复复,重复,进退也。人处于具体事件中,纵有反复,不论进,不论退,皆当有终日乾乾、自强不息之精神为主导。故,终日乾乾之品格精神,乃处反复进退之时亦当恪守之原则。道,法则,原则。把"终日乾乾"视为反复之际必循之道,即重申乾乾自强之重要。乾乾,即健而又健,自强不息之义。

九四：或跃在渊——进无咎也。

【说】跃，进之貌。在渊，止而不进不跃。即言"或"，则是谓或跃而上进，或在渊不动皆可。《象》指出："进无咎也。"则侧重在跃而上进，主张当可进可退之时以进为是。进，并无危咎，何必不进而止于渊中！君子当此际，即应果敢上进也。

九五：飞龙在天——大人造也。

【说】飞龙在天之象，说明大人已处于当处之位。大人已当其位，则用武有地，可以发挥作用矣。"造"，《释文》曰："刘歆父子作'聚'。"聚，合也。大人聚合之时，即"飞龙在天"所喻之义。造，至也，作也。"大人造"即大人已至，大人当有所作为之时。

上九：亢龙有悔——盈不可久也。

【说】上九，阳处穷极之位，故为"亢龙"之象。亢龙之有悔，原由即满盈之时不可长久，必向亏损转化也。物极必反，即盈不可久之意。君子行事，最忌满盈，满盈致骄，必招损败之灾！故《系辞传上》强调："子曰：贵而无位，高而无民，贤人在下位而无辅——是以动而有悔也。"君子居高位而满且骄，必失位失民失贤失辅，如是，不悔待何！

用九：天德不可为首也。

【说】天德，阳性之法则。"九"，阳数最大者，数至九则变，则进位。"不可为首"，即不可为极端也，物极必反，刚极则变柔。群龙无首是用九之象，其所以"吉"，即在于不为首极——无首。用九，即用阳刚之性也。用刚必守分寸，不可至其极！至极，则必以柔为辅为用，方可不致败损之地。

坤

卦象传——

地势坤,君子以厚德载物。

【说】坤,顺也,卑下也。地之形态无不依顺自然之势——走向。地之形、势,所以生育万物,托载万物者也。以此,君子当从其象中而悟厚德载物之理。地形千变万化,高低不平,无不是其势。地势,自然而然者。君子亦当修德,宽以待物,容民纳众。君子既能效法天道,做到自强不息,又能效法地道,做到厚德载物,则万民拥戴复奚疑!

爻象传——

初六:履霜,坚冰,阴始凝也。驯致其道,至坚冰也。

【说】爻辞云"履霜",是阴气开始凝聚之象。阴,寒气。寒气始凝,草木见霜。履于霜上,则知阴寒已降。初六,阴爻在初位,是阴气初见之时。顺其自然规律,则寒霜之后,坚冰相继出现。坚冰出现,是阴寒进入盛时。驯,顺也。致,就也,及也,推及。道,谓自然法则。

履霜而推知坚冰将至,启示人们见微而知著,注意观审事物之萌芽,以推料事物发展之趋向。

六二:六二之动,直以方也。不习无不利,地道光也。

【说】六二,阴爻居阴位,位中且正,故象征行动直方。直,正直;方,方正。其动直、方,是谓其动合于义理,正确而无邪。动以直方,其行必顺利,必获得广泛支持。因此不习亦无不利,正合于地之方正之品格。地道,地之品性、法则。光,光大。动以直方,是光大地道。人之行为,且直且方,合乎地道,必得顺利而获益。反之,为人行事,不直不方,又奸又猾,纵百般准备,亦必败!《系辞传下》:"子曰:小人不耻、不仁、不畏、不义,不见利不劝。"小人行事既违正义,狡狯再甚,终遭世人唾弃、谴责,最后身败名裂。

六三:含章可贞——以时发也。或从王事——知光大也。

【说】爻辞谓"含章可贞",是因知时机而动。谓"或从王事",是因知王事乃光明正大之事。从时而发,故能含章可贞;知光大,故从王事。人之行事,一当知时机,二当知所行之事是何等性质——光大之事则从事之,卑鄙不义之事则拒行之。如此,其人其行,庶几无过矣。

六四:括囊无咎——慎不害也。

【说】六四出括囊之象,寓示人之行事知谨慎则无害。慎,远害;不慎,受害。《系辞传上》道:"子曰:乱之所生也,则言语以为阶。君不密则失臣,臣不密则失身,几事不密则害成。是以君子慎密而不出也。""言出乎身加乎民,行发乎迩见乎远。言、行,君子之枢机。枢机之发,荣辱之主也。言、行,君子之所以动天地也,可不慎乎?"强调"慎",是《周易》的重点内容。慎,则不害,斯言可不惕乎!

六五:黄裳元吉——文在中也。

【说】黄裳之象何以兆吉?因为文采在其中之故。坤为文,居五位,五是外卦中间之位。文,文理,文络。经、纬交织,始有文。阴、阳交错，始有文。六五，阴爻居阳位，是阴阳错综之象，故曰"文在中"。纯阴、纯阳，皆非有文者。黄裳之吉，揭示出阴、阳必相交合之大理。矛盾成立，始有文，有文则见变化，有文则见对立统一。

上六：龙战于野——其道穷也。

【说】上六，阴处于穷极之地，穷则必变。穷，极也。阴至上位，盛极，故必与阳战。战，接也，阴阳交接。"道"，阴性之道，阴性所遵行之自身法则也。阴之道已至盛极，是为"其道穷"也。

用六：用六永贞——以大终也。

【说】用六，即行阴柔方静之法。用六能永守贞正，其因即在于阴之静顺既能持久地"永"，便证明有顽强之性在，此"强"即阳之品格！阴有健永顽强之阳性，即阴中有阳。有阳，故而能永！所以说阴之守终不移，是由于"大"的作用。大，谓"阳"也。"以大终"，即因阳性而永终。健永顽强，守终不移，也即是毅力强健，而强健即阳之品格。

阴中有阳，阳中亦有阴。用九，即行阳刚强健之道。而用九则见群龙无首，群龙无首则吉。这"群龙无首"——不以争先至极为能，不正又是阴之柔退之性吗？故，万事万物无真正的纯一，既无纯阴，亦无纯阳。纯则无矛盾，无经纬，亦即无文矣！所谓纯阴、纯阳，只不过是表面现象而已。全班考试皆得一百分，即无一百分者；全班考试皆得０分，即无０分者。事物真个臻于纯至之地，运动即消亡，生命即停止，何变化生衍之有哉！以"乾""坤"二卦言，乾性虽行健不息，亦有"勿用""在渊"之时，即守静也；阴性固柔顺贞静，亦有"冰至""龙战"之变，即有动也。阳而能静，因含阴也；阴而能动，由蕴阳也。

屯

卦象传——

云雷屯，君子以经纶。

【说】坎为云，震为雷，坎上震下是云雷屯聚之象。云雷屯聚为将雨未雨之时，故君子处屯之时当经纶策划以待。经纶之时，即如云雷屯聚之际。开始兴作，即如大雨降下了！无云雷之屯，便无大雨之降；无经纶筹策，便无诸事之作。天之云屯降雨，人之筹谋做事，现象不同，其理一也。故，君子做事必先筹划，筹划周到，准备齐全，而事乃顺利有成。

爻象传——

初九：虽磐桓，志行正也。以贵下贱，大得民也。

【说】初九虽处磐桓之际，即困难重重，无从下手起步之时，但能坚定志向，其行则正，何难之有？初九虽在下位，而处位得正，初为阳位，九为阳，阳居阳位是正。初九在六二之下，是阳处阴下，阳贵阴贱，是以贵而下于贱。为政者能不恃高贵之位而谦逊待民，礼贤下士，必大得民心，受民拥戴。而以贵下贱，说来容易，真正做到，大不易也。唯志、行皆正者能之，但有一丝倨傲，焉能做到！周文王访姜尚于渭岸，汉昭烈顾孔明于隆中，皆以贵下贱之例。孟子曰："桀纣之失天下也，失其民也。失其民者，失其心也。得天下有道：得其民，斯得天下矣。得其民有道：得其心，斯得民矣。"以贵下贱，即得民心之道。

六二：六二之难，乘刚也。十年乃字，反常也。

【说】六二逡遭不进，其难在于乘刚。六二阴爻，居初九阳爻之上，阳为刚，故曰"乘刚"。乘刚，以不才压于有才之上，以弱制强，其不宁，其危难可知！十年乃字，违反常情也，故亦显其难之大也。

六三：即鹿无虞——以从禽也，君子舍之。往吝——穷也！

【说】六三爻辞言"即鹿无虞"，言"君子几不如舍。往吝"。此以"虞"为备之意思，以"舍"为止之意思。即鹿而无虞，是从禽之无备，故君子当止而不往。以无备而从禽，往则不利，故曰"穷"。

此辞断句，当在"君子舍之"为一句。以白话言，即：打猎而无准备——这样去打猎，君子应停止不要去了。如果硬要去，必将受困的！

六四：求而往——明也。

【说】艮为求，震为往。六四之往吉，是由于所行明于道理，非妄为胡作。六四，阴爻，承九五阳爻。阳为明，六四往而承阳，故是明智之举。大凡行事，心中洞明，则求而往无不利。盲动悖理，往求岂有所获？

九五：屯其膏——施未光也。

【说】屯膏，即不施于人。未光，未得显扬。屯而不施，吝也！九五居尊位而行吝啬之道，屯膏不施于民，何吉之有！

上六：泣血涟如，何可长也？

【说】泣血涟涟，毁伤之象，故败亡将至。

蒙

卦象传——

山下出泉，蒙。君子以果行育德。

【说】蒙卦艮在上，坎在下，艮为山，坎为泉，故为"山下出泉"之象。山下出泉，泉低而始出，以像孩童之幼，故称卦为"蒙"。泉水既出，长流不已，故君子效仿之，当果敢坚毅而行。泉水足以润滋草木禾苗，故君子效仿之，当培德育心，仁民爱物。

爻象传——

初六：利用刑人——以正法也。

【说】初六之言"利用刑人"，是强调严正法纪。

儒家倡导仁爱，主张以礼齐民，是治心之策。人心正，则行为端，社会亦随之安定。但儒家从不否定法纪。孔子说"君子怀刑"，孟子强调"上无道揆也，下无法守也，朝不信道，工不信度，君子犯义，小人犯刑，国之所存者——幸也！"《周易》作为儒家六经之首，多处强调法纪。

九二：子克家——刚柔接也。

【说】震为长子，坎为家，坎为法，为治。九二阳爻，刚也，入于坤体成坎，是阴阳相交。阳刚，阴柔，故阴阳交接即刚柔交接。阴阳交接，子孙繁衍，故有克家之义。

六三：勿用取女——行不顺也。

【说】不可娶女，是此女行为不端之故。娶行为不端不顺之女，无利于家。震为足，为行，震在坎中，坎为艰、险、困，故有"行不顺"之象。

六四：困蒙之吝，独远实也。

【说】阴为虚，阳为实。九二、上九，阳实也。六三近九二，六五近上九，唯独六四与九二隔六三，与上九隔六五，是远于阳实。实，诚实。人而远实，即不诚无实。不诚而无实之徒，安得不困？安能无吝？

六五：童蒙之吉，顺以巽也。

【说】顺行其志，当然吉利！坤为顺，六五变，则上艮成巽，巽为志。六五与九二相应，九二在坎，坎为心志，亦成"顺以巽"之象。

上九：利用御寇——上下顺也！

【说】上下相顺，即上下同心，同心则协力，如此当然利以抵御敌寇。《系辞传上》之"二人同心，其利断金"，亦此义也。上九，阳爻，居三道阴爻之上，阳上阴下为顺。

需

卦象传——

云上于天，需。君子以饮食宴乐。

【说】坎为云，乾为天。云在天上，待时降雨，故名为"需"。需，待也。乾为君子，兑为口，坎为食，为水，兑为悦，乾为乐。君子于待命之时，当安心调养，饮食宴乐以令精力充实，一旦命下，即可受命而行。

爻象传——

初九：需于郊——不犯难行也。利用恒，无咎——未失常也。

【说】君子俟待命令之时，不可冒险犯难，不可失常；从容不迫，守常不失，故无灾咎。初九上应六四，而为九二、九三所阻，故不可犯难而行。初九，阳居阳位，故安常守本则无咎。

九二：需于沙——衍在中也。虽小有言，以吉终也。

【说】衍，宽也，优余也。宽松优余，从容不迫地居于中位以待命，则虽有微辞相加于我，终获吉也。

九三：需于泥——灾在外也。自我致寇，敬慎不败也。

【说】待立泥中，是陷于险境，故说有灾在外。立不利之地，易招寇拢，如能警惕小心，则不至于败。九三临坎，坎为灾。坎在外卦，是"灾在外"之象。坎为寇，乾为慎，为健，故虽有招致寇拢之危，而我敬慎则不败。

六四：需于血——顺以听也。

【说】六四阴爻居阴位，是顺。坎为耳，为听。听，听从。待立血中，险象。处于险中，唯顺从其势，不可妄动。顺以听，策略也。处险而妄动，不智之举也，匹夫之勇也。

九五：酒食贞吉——以中正也。

【说】九五阳爻居阳位，是正。九五为上卦之中，是中。位居中正，故吉。待于酒食宴乐之间，是宽松无虑，故吉。

上六：不速之客来，敬之终吉——虽不当位，未大失也。

【说】敬以对待不速之客，其终归于吉之因，即在于无大过失。上六，阴爻居阴位，是当位。而《象传》谓"虽不当位"，何也?此语实从上六乘九五而言!上六阴爻,九五阳爻且为至尊之位,上六乘之,是不当!上六不当居乘九五之上,故说其"不当位"——犹云:不应当居于此位!而专以阴居阴位而言,上六实当位,故说"未大失也"!譬如父子同台演戏,父饰剧中之子,子饰剧中之父,于台上父反称子为"父",子反呼父为"子"——于实况是失,于剧是不失。虽失于实况,而因演戏故,虽颠倒伦常,亦未大失。

讼

卦象传——

天与水违行,讼。君子以作事谋始。

【说】讼卦,乾为天,坎为水,乾上,坎下,天、水不相交,故曰"违行"——各行其道,互不沟通。相违,故有人事不协而争讼之象。君子做事,应起始即专心谋划,以免日后出现争讼。王弼云:"'听讼,吾犹人也,必也使无讼乎!'无讼,在于谋始。谋始,在于作制。契之不明,讼之所以生也。""讼之所以起,契之过也。故有德司契而不责于人。"争讼终非善事,无讼则世间一切平和。但争讼是难免的。要想不引发争讼,必须做事之初谋划周密,订好契约、制度。契约订得不明,乃引发日后争讼之由!因此有德者严管契约之订立是否明确详细。王弼之语,于今之经济中实大有启示性作用!

爻象传——

初六：不永所事——讼不可长也。虽小有言——其辩明也。

【说】爻辞曰"不永所事"，是谓讼事不可长讼不休。曰"小有言"，是谓口辩清晰、详明，即善于讼辩也。

九二：不克讼，归逋——窜也。自下讼上，患至掇也。

【说】归而逋，即窜逃。讼者窜逃，则讼事不终，半途而止。以下讼上，以民讼官，其患之至如拾取物什般容易！即言自取患祸。"自下讼上，患至掇也"，极言以下讼上之不利也。尚秉和在其《周易尚氏学》中，谓"掇"即"辍"，谓"归而逋，即辍讼矣。辍之故因不克讼而有患也"。实属歪解，竟置"自下讼上"四字不顾！

六三：食旧德——从上吉也。

【说】六三，阴爻，承九四阳爻，故曰"从上"。阴从阳，故曰"吉"。

九四：复即命，渝，安贞——不失也。

【说】九四之吉，在于不失。陈梦雷云："二与五讼，四与初讼，而皆曰'不克'者：二、四皆以刚居柔也。然，二以下讼上，不克者势也；四以上讼下，不克者理也。"颇有道理。九四失位是失理，故讼不能获胜。知失理而安贞不复争讼，是知过能改，故不失。不失，则吉。

九五：讼元吉——以中正也。

【说】恪守中正，故虽讼而获吉。

上九：以讼受服，亦不足敬也！

【说】因讼而得服带，虽荣也不值得敬重！

师

卦象传——

地中有水，师。君子以容民畜众。

【说】师，军旅，众人之所集者。地中蓄水，亦包容涵纳之义，故坤地在上，坎水在下之卦命名以"师"。君子见地能蓄水，则仿效之而容民畜众。容民畜众，事业可成。

爻象传——

初六：师出以律，失律凶也。

【说】军旅之出，以军律为约束，军中失律，乱不成节制，故凶！

九二：在师中吉——承天宠也。王三锡命——怀万邦也。

【说】师中有律之吉，如同承受天之宠爱！极言律之重要。君王不断锡命，乃心怀万邦之举。坎为心，为怀，为思。坤为众，为国——万邦之象。

六三：师或舆尸——大无功也。

【说】大无功，实即凶也。

六四：左次无咎——未失常也。

【说】军队后退而无咎，是律在发挥作用，军队听号令而退，不失其常，故非乱亦非败。常，纪律也。

六五：长子帅师，以中行也。弟子舆尸，使不当也。

【说】长子帅师，合于理。六五居中，是"中行"。弟子舆尸，派遣失当所致之凶。当派长子帅师，而误遣弟子，故致舆尸之祸！此极言师中用人，切不可有失之义。

上六：大君有命——以正功也。小人勿用——必乱邦也。

【说】大君有命，是正臣下之功，因功而授命颁赏。小人勿用，用小人必乱邦！小人，奸佞也。小人立功，自当于受赏之列，然不可以托付国家重事也。陈梦雷云："出师本以绥怀万邦，岂复容小人乱之哉？锡命于行师之始，专在丈人；有命于行师之终，戒在小人——用将不可不知人也！"行师之终，颁赏正功之时，所当惕者即勿因小人之有战功而错委重任，错任小人，乱邦之阶也。故朱熹云："圣人之戒深矣！"

比

卦象传——

地上有水，比。先王以建万国，亲诸侯。

【说】坤为地，在下；坎为水，在上。地上有水，地与水亲比而不可分，故称此卦为"比"。比，亲附也。先王亲比诸侯，建万国以封置之，亦水、地不分之意。

爻象传——

初六：比之初六，有它吉也。

【说】此仅重复爻辞之言，并无阐发。

六二：比之自内——不自失也。

【说】比之自内，即自内主动与之为比。既主动比辅之，则必已知对方为明君，也自知己之才能。知己知彼，故无自失之患。人不自失，故吉。六二当位既中且正，九五当位既中且正，六二与九五正应，故吉。不自失，不自失误，不自迷惘也。

六三：比之匪人，不亦伤乎！

【说】《象传》的文字是有独自风格的，它不是死板呆滞地解"经"，而是有话则长些，无话则短些。而"长"也不过是两三句，一语道破、一箭中靶心式的精练语。而此条传文，则直是评点式地发出感慨，使文字带有情感。以风格而论，《象传》实开中国古典评论精焊、短练之风！把后世的诗评、诗话、评点拿来与《象传》文字一比，便知我之言不谬也。

亲比上匪类，的确"不亦伤乎"！在开始与之亲比时，必未发现其为匪类，还把其当成人，而也必在接触中渐渐发现其原来是"匪人（不是人）"！是不耻于人的畜类！如此，实蒙受骗之辱，不伤不叹才怪呢！呜呼，结交可不慎而再慎乎？

六四：外比于贤，以从上也。

【说】亲比外边的贤人，自是吉事。六四上承九五，九五在六四之外，且阳爻居中正之尊位，是贤人之象。六四紧相比辅九五，是"从上"——追随在上之贤也。

九五：显比之吉，位正中也。舍逆取顺——失前禽也。邑人不诫——上使中也。

【说】中正之人，处正无私，光明磊落，故与之为比，光显正大。失前禽者，寓舍逆取顺之理。舍逆则远害，取顺则得吉。前禽，迎面而来者，亦即逆向而来，用以喻"逆"。失前禽，即舍逆也。"上使中也"，程颐云："不期诚于亲近。上之使下，中平不偏，远近如一也。"此解精当。

上六：比之无首——无所终也。

【说】无所终，无结果，无善终。故此爻言"凶"。

小畜

卦象传——

风行天上，小畜。君子以懿文德。

【说】乾为天，巽为风，巽在乾上，是"风行天上"之象。小畜，小指六四。六四虽为主爻而且当位，然其力终不足以控五阳，故称"小畜"。君子见小畜之象，而美其文德。文，艺文也。离为文，为美。

爻象传——

初九：复自道，其义吉也。

【说】初九复自道之义为吉祥之义。初九当位有应于六四，故吉。

九二：牵复在中，亦不自失也。

【说】初九不进而复归本位是吉，九二之"牵复"者，受初九之牵而复也。九二失位，但居下卦之中，故不自失。

九三：夫妻反目——不能正室也。

【说】夫不能正室，故致夫妻反目。正室，治家。九三阳处阳位，虽正而不中，是刚阳强劲而失偏；紧近于六四，受六四控制，因自刚强过甚，故不甘受制于六四，遂有不能正室，夫妻反目之象。

六四：有孚，惕出——上合志也。

【说】小畜以巽畜乾，六四乃巽之主，居六四之上的九五、上九二阳与六四同体，故成巽体，自然合志！巽为同，同者即合志之义也。合志同心，故有孚，故惕出。

九五：有孚挛如——不独富也。

【说】相互信赖，携手并进，是不独富而求共同富裕。有孚，有孚于六四也；挛如，携带上九也。

上九：既雨既处——德积载也。君子征凶——有所疑也。

【说】既雨既处，说明恩泽之德积载深厚。君子何以征而有凶？因疑虑不已，心志未定。怀疑抱虑而行事，即主意尚未拿定，如此行事，安得不败！

上九变，巽成坎，坎为雨，为处，乾在下为德，为积载。君子见此，当安处以待，爻辞所谓"尚德载"者，要在"尚"字，即以德载为上也。尚，上也，崇尚也。德载，以厚德载物也——坤之大道！不行德载之道，而抱疑出往，必凶。坎为疑，为凶。君子能有疑而止而却，避凶之道也！九五之不独富，有德者也。上九之征凶，处极而穷，可不惕乎？

履

卦象传——

上天下泽，履。君子以辨上下，定民志。

【说】乾为天，兑为泽，乾上兑下为履卦。六三为卦之主爻，居兑体，兑者悦也。乾，礼也。见礼而悦，依礼而行，故称"履"。天在上，泽在下，上下分明，不失常也。常，制度、规则、礼法、理也。君子见天上泽下之常，而明辨上下，所以安定民心，使民守常循法则天下无纷扰，社会安宁，诸事有序矣。定民志，务在教民以礼，民知礼则守法，守法则不妄为，不妄为则安其居而乐其业，天下宁矣！教民知礼，以孝为先。国由家组成，家由身组成，身修则家齐，家齐则社会安，国家宁。人之修身，最近者无过父母。人之生，于襁褓中即受养于父母，故家庭教育实在社会教育之先。身为人子，初习礼义，亦先在家庭之内，故知孝乃习礼之始。孝，爱敬也。人于父母尚不爱敬，而欲使其爱敬他人，未之有也！孝父母，以爱国为大！爱国乃尽孝之最大者！有子曰："其为人也孝弟，而好犯上者，鲜矣！不好犯上，而好作乱者，未之有也！"斯言甚是。故"孝弟也者，其为仁之本"也！人之知孝，则不贻父忧——犯法乱禁，身败名裂，父母生忧蒙耻，大不孝也！知孝则循礼，循礼则爱人，爱人必守法度，决不会行非礼以作恶，亦即决不会贻父母忧，故孝之于礼大矣哉！故定民志，莫先于使其知礼行孝。

爻象传——

初九：素履之往，独行愿也。

【说】行愿，行其志向，本着己之志愿去做。独，自也。君子慎其独，于独自行事之时，亦当依礼守志，不可因旁边无人而作恶。独行其愿，即自行其志愿。民志定，则辨是非，别善恶，独行其善而不为非。

九二：幽人贞吉——中不自乱也。

【说】中，衷也，心也。心明则知礼，则不自乱志，不乱心志则不妄作,不妄作则无非礼犯法之举,故吉也。幽人,幽独而守正者。虽处幽独无应之地,守贞不乱,安得不吉!

六三:眇能视——不足以有明也。跛能履——不足以与行也。咥人之凶——位不当也。武人为于大君——志刚也。

【说】目眇而强视,其明不足也必然!足跛而强履,其不足与人同行也必然!此二者皆无自知之明。处位不当,其受殃逢凶也必然!《论语·季氏篇》:"陈力就列,不能者——止!"量己之力以任职,当位。力不能当位称职,当止而不就其列,此自知者也。眇而强视,跛而强行,不危不凶者鲜矣!武人统军者,而为于大君,其志刚也,然不当其位,刚则招患,陈梦雷云:"以柔居三,其志务刚,皆凶道也。"甚是。武人,喻刚者。

九四:愬愬终吉——志行也。

【说】志愿实现,故吉。六三,阴柔居阳刚之位,力柔而行刚,故凶。九四,阳刚而居阴柔位,不以刚而逞强,谦退之道也,故愬愬终吉。

九五:夬履贞厉——位正当也。

【说】九五居正当之位,反而为厉,是自恃其位正而骄所致。阳居五位,亦不可逞刚示强。居安思危,常怀忧虑患,久安之道也!故九五当位且尊,尤不可纯任其刚。

上九:元吉在上,大有庆也!

【说】上九居履卦之终,行至终点而有应于六三,故大吉大庆!程颐云:"上,履之终也。人之所履,善而吉,至其终,周旋无亏,乃大有福庆之人也!人之行,贵乎有终。"君子行善,至终而得下应，上九之得六三之应也！如此，非有福庆为何！

泰

卦象传——

天地交，泰。后以财成天地之道，辅相天地之宜，以左右民。

【说】后，后土之"后"，即皇后之"后"，非前后之"後"。财成，即裁成，动词，与"辅相"相对骈。"以财成天地之道"与"以左右民"同是"后"字之谓语。

乾为天，坤为地，地上天下，二气相交，故为"泰"。坤为后。后，君也，主也。裁成，裁夺成就之。后土裁制成就了天地之道，辅助了天地之宜，从而管理助养百姓。何谓"天地之道"？天地自然规律。裁成之，即划界之，如春、夏、秋、冬，如二十四节气之制立。何谓"天地之宜"？自然所成之形势。辅相之，即因势制宜，如江河发展渔业，山野种植林木。

爻象传——

初九：拔茅，征吉——志在外也。

【说】君子不家食，以志在天下四方。志在外，故称吉。

九二：包荒，得尚于中行——以光大也。

【说】君子襟怀光明正大，故能包容遐方，行中正之道。乾为明，为大。

九三：无往不复——天地际也。

【说】宋衷云："位在乾极，应在坤极，天地之际也。地平极则险陂,天行极则还复,故曰:'无平不陂,无往不复也。'"际,边极也。自然之行,至极必返。无往不复,非狭义之出去又回来,以自然法则而言,生生灭灭皆在其理,如新陈代谢。

六四:翩翩,不富——皆失实也。不戒以孚——中心愿也。

【说】翩翩者轻,不富者虚,故皆失实厚之质。不戒而相信孚,为彼此中心志愿相通,不谋而合意。六四,阴,中心愿交于初九。

《易经》本文,因其简古,故后世研究者断句不一,解释不同。以此条为例,可知《象传》作者之理解为:翩翩不富因失实,故由衷希望获取信孚。

六五:以祉元吉——中以行愿也。

【说】中,衷也。由衷地去实行自己的志愿,故吉。中以行愿,自发之举,非受命而强为者。勉强而为,非所愿也,欲其善毕其事,不亦难乎?

上六:城复于隍——其命乱也!

【说】命,生命之力,生机也。有生机则活,无生机则死。生机已乱,颓亡即至。城墙已倒,故寓命乱之理。上六处泰之极,极则返,由泰转否!

否

卦象传——

天地不交,否。君子以俭德辟难,不可荣以禄。

【说】乾为天,为阳;坤为地,为阴。乾阳在上,坤阴在下,阳上而升，阴下而降，故阴阳相背而行不得交合。阴阳不交，故称为"否"。有矛盾，方有变化，天地不交，矛盾不成立，故否。君子当否时，困难重重，故当以俭省之美德去排除困难，而不可求奢华以增加困难也。

初六：拔茅，贞吉——志在君也。

【说】为臣者，心志在报国辅君，故其行也吉。志在君之吉，非专指身受荣爵厚禄，而在于得美名。如为国而损躯，身死名荣，此人生之大光荣，宁谓不吉乎？

六二：大人否亨——不乱群也。

【说】大人者，君子也。君子者，具美操美行者也。君子不亨通显达，正在于不乱交于世俗之中！不乱群，不随俗汩泥之义也。群，交结也。六二爻辞言"小人吉"，小人之吉，即在于其乱群，交结钻营，为私而无所不为。君子当否塞之时，持节守操，有所不为，故否亨。

六三：包羞——位不当也。

【说】六三失位，阴爻居于阳位，位不当故包羞。阴，小人之象。阴居阳位，小人逢包羞之际，当悔过自新。

九四：有命无咎——志行也。

【说】志向得以实行，何咎之有！九四一阳居于初、二、三三阴之上，得众之托载之象。坤为众，为民。得众得民，是"有命"，有命则无咎，则志可行。

九五：大人之吉——位正当也。

【说】九五，尊位，既中且正。

上九：否终则倾，何可长也？

【说】上九居否之极，极而必返。否极，则泰来。上九居穷极之地，故不能长久。倾，倒、败、毁。否倾毁，利君子而不利小人，小人喜否也，故《象传》曰："否之匪人，不利君子贞……内阴而外阳，内柔而外刚，内小人而外君子。小人道长，君子道消。"否道，小人之道。小人伪善，故内藏阴而外示以阳，内含小人之实而外饰君子之貌。否终则倾，小人道倾也。小人道倾，故君子得利。

同人

卦象传——

天与火，同人。君子以类族辨物。

【说】乾为天，离为火。同人，会同众人，团结众人，聚合众人。既欲同人，故君子必须类族辨物——以求志同道合者，而不可不分类别，不辨何物，盲目聚合之！类族，种类。以类族辨物，凭种类分辨物品。

初九：出门同人，又谁咎也？

【说】出门即同人，有谁责怪你呢？此条又如诗文之评点。《象传》行文之活泼灵动处，正在于此！

出门同人，同家外之人，无结联亲族之嫌，有交纳天下之志，君子之道也，故"又谁咎也"。

六二：同人于宗，吝道也。

【说】聚同宗族，则失天下贤士，不吝何待！同人于宗，气量狭，志向窄矣！

九三：伏戎于莽——敌刚也。三岁不兴——安行也？

【说】敌强，故伏兵以破之。三岁而不兴，其难之大可知，故如何能行其事呢？安，如何，问辞也。

逢强智取，遇弱生擒。敌刚，故伏戎于莽以待之。伏戎于莽，借地利也。《孙子·地形篇》："险形者，我先居之，必居高阳以待敌。"

九四：乘其墉——义弗克也。其吉——则困而反则也。

【说】已乘其墉，非无力进而攻克对方，乃出于大义而停止攻击，故此为吉。吉，就因为使敌在困中回到正义之法则上来。前人解"困而反则"，谓攻者，于文义不符。我攻敌，已登敌城；而不再攻，出于义也。敌已处困境而能返回义理、法则，自知其非，弃恶从善，投诚向义，故转困为吉。敌知向义则得吉，我不再战亦吉。我之吉，减少伤亡也。

九五：同人之先，以中直也；大师相遇，言相克也。

【说】此"同人之先"，非重复爻辞也！乃谓在同人之前，当出以中直之诚心，如此结众乃固。中直，正直。以中直去同人，是同人之原则。攻克敌人之后，故大军相遇——会师也。

上九：同人于郊——志未得也。

【说】郊远之地，人烟稀少，故在郊而欲同人，其志不可实现。

大有

卦象传——

火在天上，大有。君子以遏恶扬善，顺天休命。

【说】离为火，在上；乾为天，在下。故曰"火在天上"。天上之火，日也。日在天上，下照万物，故称卦名为"大有"——一切皆在光明中显现之义。君子以此而悟扬善遏恶、顺天休命之道。扬善，弘扬善德善行。遏恶，抑止恶德恶行。顺天，依顺天道自然之理。休命，安于天命，安于自然生存之道。日在天，光明普照，善恶俱显，故见善而扬，见恶则遏。

爻象传——

初九：大有初九，无交害也。

【说】此重复爻辞而已。

九二：大车以载——积中不败也。

【说】乾为大车之象，九二居乾之中，故大车载物，积中不败。不败者，大车也。车大故能载重。乾为积，为坚，坚则不败。

《周易集解》："卢氏曰：乾为大车。"《周易浅述》："坤为太舆。九二体乾而曰大车者，舆指轸之方而能载者言，车则以其全体而言。引之以马之健，行之以轮之圜，皆乾象也！况九二以刚居柔，柔则其虚足以受，刚则其健足以行，有大车象。"此解甚详！且《说卦》："乾为圜——宋衷曰：动作转运，非圜不能！故为圜。"圜，车轮之形也。《说卦》："坤为大舆。"舆，非车也！《说文通训定声》："舆，车中受物之处。"坤静而载物，故有舆象。至于后世所解"舆即车",则与《说卦》坤象不是一回事儿!车舆、舆车,文字学中事也,通假其义,关乎坤舆、乾车何!故尚秉和在其《周易尚氏学》中云:"卢氏以乾为大车,乾似无此象。"少学而多怪!

九三:公用亨于天子——小人,害也。

【说】小人不可亨于天子,因小人乃祸害也。

九四:匪其彭无咎——明辨,晳也。

【说】明于辨析,则善、恶能分,能分善、恶,故无咎。明辨而晳,明辨得明明白白。

六五:厥孚交如——信以发志也。威如之吉——易而无备也。

【说】信,立身之资也,无信不立。以诚信立志,以诚信宣显志愿,故必然使人信服而追随之。以诚信,亦能赢得诚信,启发他人心志,而达到上下同心同志。君子信而有威,得众心,故以威信得众而不需严备防范,因此是吉。易,简易,平易。无备,不设防。

上九:大有上吉——自天祐也。

【说】重复爻辞之意。

谦

卦象传——

地中有山,谦。君子以裒多益寡,称物平施。

【说】坤为地,艮为山。坤上艮下,是"地中有山"之象。山本高出地者，而屈居地下，是谦退之象，故卦名为"谦"。君子见此，当思谦损，故当以己之多助人之少，求众之均平，不使多者益多，少者益少。

细究《象传》此辞，是主张多者从谦道，去己之盈余也。衰，取也，减少也。

初六：谦谦君子——卑以自牧也。

【说】君子之谦谦，自为谦卑以律己。自牧，自律，自约自束。唯能卑以自牧，方可成谦谦君子。

六二：鸣谦贞吉——中心得也。

【说】鸣谦贞吉，乃中心有得之故。中心，心中。得，有所获。心之得，精神方面得到所需也。君子得于心者，谦谦之道也。

九三：劳谦君子，万民服也。

【说】劳谦，有劳而谦。君子居功有劳而谦，是不因功劳而傲人，万民焉得不服之！有劳者，如不能自牧，最易骄傲，甚至妄为，故九三戒之！

六四：无不利扔谦——不违则也。

【说】谦，则慎，则不骄。慎则言行不违礼，不骄则不慢待他人，不犯法触律。故谦则不违则。则，礼、法也。君子谦不违则，无不利！

六五：利用侵伐——征不服也。

【说】君子之谦，守礼守则之谦，不矜不伐之谦，学而不厌之谦，敬以待人之谦。而对反叛、暴徒、盗匪、妖孽、犯法者、外寇等恶类，必讨伐之！征不服，即君子之谦道！不服，谓内、外所有危害邦国者。征不服,乃利国爱民,故此,君子之谦德至大至美矣。

上六:鸣谦——志未得也,可用行师征邑国也。

【说】六二鸣谦,《象》曰"中心得",此亦鸣谦,《象》何以云"志未得"?俞樾疑其"何相反若是"?且疑"鸣"当是"冥"。此疑非也!"中心得"与"志未得"意不同也,岂可只看"得"与"未得"字面之异?中心得,心中有收获;志未得,志向未能实现。二者,其意不同也。

豫

卦象传——

雷出地奋,豫。先王以作乐崇德,殷荐之上帝,以配祖考。

【说】震为雷,坤为地,震上坤下——雷奋出于地之象,卦名"豫"。坤为顺,震为动,顺而动,故为豫。豫,和乐也。先王见豫卦之象受到启示,遂作乐(礼乐之乐)而崇尚仁德,盛备礼乐以荐上帝,并配祖先之位同祭祀。殷,实也,盛也。荐,祭祀上供。

爻象传——

初六:初六鸣豫——志穷,凶也。

【说】初六之鸣豫,说明志已穷尽。志穷,故为凶兆。初六,居最下之位,亦最初之位,初始之时即以豫乐(享乐之乐)自鸣得意,无大志、远志之襟抱,浅薄之心理毕露无遗,不凶何待!为人当谦谦,乃君子之德风。初始即鸣豫,小人也!

六二：不终日，贞吉——以中正也。

【说】不终日之吉，在于六二处中、正之位。为人中正，孜孜不倦，故而吉。处于和乐之时，最易自鸣得意，以至骄奢淫逸，故必守中正之德乃得吉安。

六三：盱豫有悔——位不当也。

【说】盱豫之悔，因六三处位不当——阴居阳位为失位。位不当而犹觊觎安豫，其心之贪、之不务正业可见！如此者，故有悔。有悔，亟宜改过正心。

九四：由豫大有得——志大行也！

【说】心志得以彻底实现，故曰"大有得"。九四，阳据阴位而控五阴，故其心志得以大行。

以阳居阴位论，《师》之九二，吉；《剥》之上九，则有君子、小人之分。《系辞传下》："二与四同功而异位，其善不同：二多誉；四多惧——近也。柔之为道，不利远者，其要无咎，其用柔——中也。"《师》之九二，远离五位，而居下卦之中，故吉。《豫》九四，近五位，不中，故虽言"有得"而不言吉。《剥》之上九，居阴穷之位，故有"小人剥庐"之虞矣！举此三卦，因其皆阳爻居阴位而为一卦之主者。

六五：六五贞疾——乘刚也。恒不死——中未亡也。

【说】六五之疾，因其阴乘九四，九四，阳爻。之所以恒不死，在于其居上卦之中，五位为尊位之故尔。

上六：冥豫在上——何可长也？

【说】阴居上，处穷尽之地，故不能久长，危机将至。

随

卦象传——

泽中有雷,随。君子以向晦入宴息。

【说】兑为泽,在上;震为雷,在下。震在兑下,故为雷在泽中之象。震为长男,兑为少女,长男逐于少女之后,故曰"随"。雷入泽中,其威声入息。兑为昧,震为行,行而向昧,日暮已临。因此,君子见之,即知向晦而入居休息——推而衍之,即人当随时序变化而动作起居。

爻象传——

初九:官有渝——从正吉也。出门交有功,不失也。

【说】虽有渝变,而处正位,是从正,从正则吉。初,阳位;初九,阳爻。阳爻居阳位,位正。从正,守位之意。初与四应,而四乃阳爻,故不应。不应,则安守本位不妄动,所以吉!君子当深悟此理,宜动则动,不宜动则守位,如此有吉。出门交有功,是不失其时,故曰"不失"。不失,则有功。交,交九四也。九四虽不应,而同为阳爻,其德一致,故交之。

六二:系小子——弗兼与也。

【说】有得有失,常理也。系小子,失丈夫,是一得一失,不可兼得。

六三:系丈夫——志舍下也。

【说】陈梦雷云:"九四阳爻,亦有丈夫之象。小子,亦谓初也。三近四而远于初,有系丈夫,失小子之象。"又云:"舍初之在下者也。"见解甚明。六三阴爻从于九四,是"系丈夫",既系九四,故不随初九,是其志在抛舍在下之初九。

九四:随有获——其义凶也。有孚在道——明功也。

【说】九四失位,以臣夺九五之君权,下系六三,故有获而凶。而以彰表显明其功,故得九五之孚信,故无咎。

九五:孚于嘉吉——位正中也。

【说】九五,既中且正,为尊位。

上六:拘系之——上穷也。

【说】上位,卦之穷极之地,故受拘系之困。

随,贵在人随我,则我必有孚信而使其然。若我随人,则必内有阳刚之性为主心骨,必有识人之明,否则随变盲从,不亦危乎殆哉!

蛊

卦象传——

山下有风,蛊。君子以振民育德。

【说】艮为山,巽为风。艮上巽下,是山下有风。风可吹裂岩石,故名卦曰"蛊"。蛊,坏也,毁坏也。君子知蛊坏之义,则当振作民气,培育美德——以防患杜蛊也。

爻象传——

初六:干父之蛊——意承考也。

【说】意——承考,即承考之意。考,父。直解为意在继承父志父业，亦可通。父有过失，无益于父之志业，无益于家。子干父之蛊，意正在保全父志父业，以待己之继承。父，主家者，父之善恶，关系家业兴衰。从家庭着想，干父之蛊乃正事，非私心也。良臣之谏主，亦然。

九二：干母之蛊——得中道也。

【说】九二居中，是以爻位言中道。子干母过，亦得中道者！何谓"中道"？刚柔相济之道。干母之蛊，用中道，是善干也。干，纠正之意。推而论之，纠正他人之过，以中道为上策——吹胡子瞪眼拍桌子，虽出好心，收效往往适得其反。

九三：干父之蛊，终无咎也。

【说】正父之过，益于家庭，何咎之有！爻辞言"小有悔，无大咎"，而《象传》干脆说"终无咎"，是《象传》高明之处！干父之蛊，使父不陷于不仁不义，正是真孝、大孝，利家利国利社会，何咎之有？何悔之有？九三，阳居阳位，刚之又刚——干父之蛊，不正得需要勇气吗？

六四：裕父之蛊，往未得也！

【说】不劝止、纠正父之过，反而助长父过，如此"孝子"其行岂有善果！

六五：干父用誉——承以德也。

【说】正父之过而获得美誉，正由于依循美德之标准行事。承德而行，无事不能获誉也！

上九：不事王侯，志可则也。

【说】不去奉事王侯，而把自己所好之事视为高尚者，其志可以效法。不事王侯，高尚其事，是不愿为官者，是依自己志愿而生活者——或曰：此实庄子之思想，而《象传》作者竟称之为"志可则也"，颇可怪骇！孔子曰："道不行，乘桴浮于海。"又云："邦有道，不废；邦无道，免于刑戮。"又云："邦有道则知，邦无道则愚。"又云："危邦不入，乱邦不居。天下有道则见，无道则隐。"又曰："邦有道，谷；邦无道，谷——耻也！"又曰："邦有道则仕，邦无道则可卷而怀之！"由此可知，蛊卦所以说"干父""干母"，是当蛊世之时，即邦无道之时也。邦无道则隐，则不事王侯，则高尚其事——持节自守，不蹈泥践淖也。于蛊世，而"富且贵，耻也！"故，上九爻辞、象传，实未脱孔子之思想，所云"志可则也"，亦正与孔子之说相合。而乍一观之，疑以为庄周之思想，实则非也！故，必先知《蛊》之言无道之时，始可知上九象传所赞之本旨。倘囫囵而读，囫囵而解，仅从字面而以为不论何时何世，举凡"不事王侯"即"志可则也"，则大错特错！邦有道，而标榜清高，"不事王侯"，实对人生，对社会，对国家无一星儿责任心者，寄生虫也！子曰："邦有道，贫且贱焉，耻也！"在国家有道，百姓康乐之世，不能积极作为而困于贫贱之境，可耻也！故，"不事王侯，高尚其事"之辞，不可不因时而乱用也！况"不事王侯，志可则也"，于无道之世亦不易为也！孔子曰："隐居以求其志……吾闻其语矣，未见其人也！"春秋乱世，孔子尚未见其人，况成书于战国之《易传》作者乎！因此，"不事王侯"之"志"虽"可则"，亦大不易者也！况"可则"二字，不过赞赏之辞，并非凿凿之"可行"！此条《象》辞，证明《象传》作于战国。

临

卦象传——

泽上有地，临。君子以教思无穷，容保民无疆。

【说】坤为地，兑为泽，坤在兑上，是泽上有地。水泽低于地表，泽上为地，地临近水泽，故曰"临"卦。临，有迫近之义在，地岸紧连泽水，故为临。地大泽小，泽乃地上之洼处，泽在地之包容中，又低于地表，故君子见此卦象想念教化百姓不已，想到容纳保全百姓长远无疆。"教思无穷"——不住地教化、关心。"容保民无疆"——永远地容纳、保全百姓。

《易象通说》中指出坤为君。此又足见《象传》亦以坤为君也！临泽者，地也，以坤居上而下临兑，上临下悦，是君教思、容保之德，致民之心悦之象。兑为悦。

自孔颖达之《周易正义》，至程颐、朱熹，至陈梦雷，皆以临为上临下，坤临兑，地临泽也。且卦形即地坤在上，泽兑在下，自上而下，君临民也。苏东坡说得好："泽所以容水，而地又容泽，则无不容也。故，君子为无穷之教，保无疆之民。"以坤临兑，以地容泽，卦象分明！

爻象传——

初九：咸临贞吉——志行正也。

【说】初九与六四相应，初，阳位；四，阴位。初九、六四皆居正位，以正相感，故吉。

九二：咸临吉、无不利——未顺命也。

【说】《象传》作者真知象者也！九二与六五相应，皆居中而应，固当吉、无不利也。然则，九二在兑中，震为行，为足，兑为毁折，震在兑中，是折足难行之象。故，九二欲上应六五，而行不顺，故曰"未顺命"——未能顺从上命而行也！

六三：甘临——位不当也。既忧之——咎不长也。

【说】六三失位，故曰"位不当"。忧既已竟，故咎不长。既，作动词，竟也，尽也。既忧，忧愁已尽的意思。

六四：至临无咎——位当也。

【说】六四，阴处阴位，是位当也。六四位正，与位正之初九相应，两正相应，何咎之有！

六五：大君之宜——行中之谓也。

【说】六五，阴居尊位，大君之象。坤为大君！六五居上卦之中，且尊，故无所不宜也。

上六：敦临之吉——志在内也。

【说】上位，阴位。阴居阴位，正也。上六之志在于得应于内卦，而临卦乃阳长阴消之卦，阳已至二，故上六所期望者即阳升于三，则有应矣！尚秉和解此云："阳息即至三，有应也……将来有应，故吉。"甚确！

观

卦象传——

风行地上，观。先王以省方观民设教。

【说】巽为风，坤为地，巽在坤上，为"风行地上"之象。坤为民，在下，阳居尊位，是君，以下观上，民仰瞻其君，故卦名为"观"。以上视下，为临。以下仰上，为观。临，六五为君象；观，九五为君象。阴、阳实质相等，无大、小、贵、贱之别。尊阴、尊阳，因时而异。阴居尊位，故《临》以六五为君；阳居尊位，故《观》以九五为君。风行地上，无所不及，故先王见此象，即想到省视四方，观察民情，从而设教以教化百姓。

爻象传——

初六：初六童观——小人道也。

【说】道，法则。小人之道，即小人所行之准则。小人之行为，如坑、蒙、拐、骗、偷、吹、拍、贪、暴、横……其道则：一切为己，不顾他人，更不管什么社会、国家之利益。初六失位，无应，故如小人之独为自己，不知其他也。

六二：窥观女贞，亦可丑也！

【说】丑，类也。亦可丑，谓亦可以为类比也。可丑，即可以学习仿效。解为羞丑者皆非！六二中正，与九五为应，有何羞丑！

六三：观我生进退——未失道也。

【说】不失其道，则进退自如。道，路也，志也，主张也，节操也。六三虽位不当，但尚应于上九，故说"未失道"——阴、阳之应尚在。

六四：观国之光——尚宾也。

【说】尚宾，以为王之宾为高尚之举，即志在宾于王。宾于王，为王之宾客，即为朝廷效力之意。尚宾，故观国之光。

九五：观我生——观民也。

【说】《象传》解释"观我生"为"观民"，即谓人君欲观己之善恶，则观民之反应为何。孔子曰："天下有道，则庶人不议。"周朝设采风之官，亦即听取百姓之心声，以此观朝政之当否。

上九：观其生——志未平也。

【说】上九失位，虽具阳刚之德而无位，指怀才不遇之人，故其志不平。志既不平，则志尚在，故仍须孜孜努力而不懈怠。如此，故爻辞云"君子无咎"。志不平而转为愤，则非君子之襟怀。君子穷困，不失志守，安贫乐道。小人穷则滥矣——胡作非为，违法乱纪，坑蒙拐骗，至于为贼为匪矣！故，志未平于君子乃无咎，于小人则凶！

噬嗑

卦象传——

雷电、噬嗑。先王以明罚勑法。

【说】震为雷，离为电。雷、电威猛，口齿嚼物亦"威猛"，故从口中有物之象，命卦名为"噬嗑"。颐卦为口腔之象，颐卦中四位成阳爻，为实，口中有实，成噬嗑。先王见卦象之威猛，故明宣刑罚法令以治天下。

爻象传——

初九：屦校灭趾——不行也。

【说】加刑具于趾，故行走艰难。尚秉和于《随》之初九云：

"阳遇阴则通……凡阳临重阴者无不吉"！斯言谬甚！凡爻之吉凶，皆需具体情况具体分析，实事求是，方为正确解象之法。如此初九，上临重阴，何以"不行"？《临》之九二，上临重阴，何以"未顺"？《颐》之初九，爻辞曰"凶"，《象》曰"不足贵"！《坎》之九二，何以"未出"？《恒》之九四，何以"安得禽也"？《损》九二，爻辞直书"征凶"！以上所举，皆一阳前临二阴，皆不吉！尚氏之偏见臆断，不攻自破！

六二：噬肤灭鼻——乘刚也。

【说】六二，阴爻，据于初九之上，初九，阳爻，故曰"乘刚"。

六三：遇毒——位不当也。

【说】六三失位，阴据阳位也。

九四：利艰贞吉——未光也。

【说】九四在离体，而非居中者，且失位，在坎中，故未光。光，光大也。

六五：贞厉无咎——得当也。

【说】得当，得体也，合适也，恰如其分也。六五居上卦之中，为离之主，六位之尊者。

上九：何校灭耳——聪不明也。

【说】聪，听力，听觉。不明，不清。聪不明，听力不好，听不清。离为明，上九变，离体破，故不明。

贲

卦象传——

山下有火,贲。君子以明庶政,无敢折狱。

【说】艮为山,离为火,艮在离上,是"山下有火"之象。山青,火红,文采斑斓,故称此卦为"贲"。贲,文采分明,故君子受启示而明析庶政,不敢不明察而断理讼狱之事。庶政,诸般政务。折狱,断案。无敢,谓不明察案情则不敢理讼也。

爻象传——

初九:舍车而徒——义弗乘也。

【说】有车而舍弃不乘,徒步而行,其必由于有正当理由。君子言行,以正义为准则,合义则行,非义则止。故徒行,必因义之故:徒步合于义,乘车不合于义,所以徒行而舍车。如官员不以公车为私用,私游长城,宁步行去也不用公家轿车,此即"义弗乘也"。

六二:贲其须——与上兴也。

【说】须之动,随唇、颏之动而动,即"与上兴也"。与,共。兴,动作。上,须所依附之皮肉。此言六二不自兴,而随其主而动。

九三:永贞之吉——终莫之陵也。

【说】陵,通凌,欺凌。"莫之陵",常用之古文语法,即否定句式中宾语前置。莫之陵,即:不陵之——不欺凌之。之,代词。终无人欺负他,所以吉!

六四:六四当位疑也,匪寇婚媾——终无尤也。

【说】于位,三多凶,四多疑。六四,当位而有疑,然终无妨害。

六五：六五之吉——有喜也。

【说】礼之用，和为贵。和，适宜，恰当，中肯。礼失和则为过，过度与不及，皆不宜，不合适也。过则改，故有喜。六五居尊位，故终吉有喜。

上九：白贲无咎——上得志也。

【说】上得志，乃贲饰至极，则返本归素，故爻曰"白贲"。归其本初，是谓"得志"。孔子曰："绘事后素。"有素白的底子，往上想画什么就画什么——由着自己的性儿来，如何不得志呢？

剥

卦象传——

山附于地，剥。上以厚下，安宅。

【说】艮为山，在上，坤为地，在下，故说：山附于地。卦名为"剥"，取阴长而剥阳之义。居上位者从此卦象悟出：应厚待下民，以安其宅。打个比方：基础厚实，盖的房便结实！地基不稳，房子必塌。

爻象传——

初六：剥床以足——以灭下也。

【说】床足之被剥蚀，即下基被毁也。

六二：剥床以辨——未有与也。

【说】剥床以辨，意味着失去帮辅。

六三：剥之无咎——失上下也。

【说】剥床而剥床者竟无咎，则秩序紊乱，没了王法无疑矣！

六四：剥床以肤——切近灾也。

【说】已剥蚀肌肤，故大灾迫近。

六五：以宫人宠——终无尤也。

【说】宫人之宠，有序者也，故无尤。六五，阴居尊位，妇人端正有礼之象。

上九：君子得舆——民所载也。小人剥庐——终不可用也。

【说】《象传》作者之"君子得舆——民所载也"观点与孟子"得民则载天下之民为本"思想完全吻合。其精华，即在于否定君权天授，认为君之权舆得之于民，君得民载则有其位，无民载则失其位。荀卿《王制》篇云："《传》曰：'君者舟也，庶人者水也。水则载舟，水则覆舟。'""故君人欲安，则莫若平政爱民矣。"荀卿指出："亡国富筐箧，实府库。筐箧已富，府库已实，而百姓贫，夫是之谓上溢而下漏！入，不可以守；出，不可战。则倾覆灭亡，可立待也！"这与孔子、孟子的民本、保民、富民思想一致。《象传》作者，或即孟、荀之门人乎？再传弟子乎？前人谓《易传》乃孔子作，吾不之信，而作于战国孟、荀之徒弟子之手，吾确信不疑。统观《象传》，突出特色即借象以演说为政之道、修身之道。阐发爻辞所未及，乃至反爻辞之意者亦不乏见。故，吾以为不出先秦儒学，可与《论语》《孟子》《大学》《中庸》同观者，于"十翼"之中唯《象传》而已！余者——《彖》《序卦》《说卦》《杂卦》《系辞》，皆掺杂阴阳五行家、术数者流之说，虽亦可观，终非正色也！启示为人处世之道，裨益社会，其唯《象传》也！它"翼"内容，多有可供古今江湖术数者流剥掇之材料，助玄虚之谈，逞妖妄之技，唯《象传》无其可钻之隙！

复

卦象传——

雷在地中，复。先王以至日闭关，商旅不行，后不省方。

【说】震为雷，坤为地，震在坤下，是"雷在地中"之象。一阳在下，为阳息之象，故名之曰"复"——阳复兴也。冬至，一阳复始，故先王以至日闭关，商旅休憩，君王不出巡省视四方。至日，此专指冬至之日。一阳始生，气息尚微，故于冬至日闭关，以配合自然规律，调养休息。此闭关之举，风俗也，冬至日即行此风俗，与今之元宵点灯，中秋赏月，端午竞舟、吃粽子一样。后，君也，不是"前後"的"後"！再说白了，即：冬至那天，全国放假一日，关闭城门、关门，停止商旅往来，君民一律好好静心休息，别满处瞎折腾去！

《太平御览·时序部·冬至》："《五经通义》曰：'冬至，寝兵鼓，商旅不行，君不听政事。曰：冬至，阳气萌，阴阳交，精始成，万物气微，在下，不可动泄。王者承天理，故率天下，静而不扰也。'"至日休假，自周及汉，沿袭不替。《汉书·薛宣传》："及日至休吏，贼曹掾张扶独不肯休，坐曹治事。宣出教曰：'盖礼贵和，人道尚通。日至，吏以令休，所繇来久。曹虽有公职事，家亦望私恩意。橡宜从众，归对妻子，设酒肴，请邻里，一关（笑）相乐，斯亦可矣！'扶惭愧，家属善之。"可见至日休假，不休还不行，且已成了合家欢聚、邻里共庆的节日。

爻象传

初九：不远之复——以修身也。

【说】初九，一阳始生，气息尚弱，必调养使之茁壮。人之美德，亦须培养，勿因小善而不为，勿因小恶而不改，即修身也。如或有过，改正宜早，勿使过错已深再改，如人之行路，走出不远即归，则归之速也。

六二：休复之吉——以下仁也。

【说】下仁，下于仁也。"下"，即"礼贤下士"之"下"。见仁人则谦逊敬之，虚心学之，即下仁。初九，阳也，仁也。六二下之，即亲近初九之意。下仁，故吉。

六三：频复之厉——义无咎也。

【说】频复虽厉，于义则终归无咎。以"义"为准则，合义则顺，不义则逆，此纯孟子、孔子之观点也。与《贲》初九之"义弗乘也"一致，唯义是从。

六四：中行独复——以从道也。

【说】六四与初九正应，下从初九，以阴从阳，以柔从刚。君子修身，以仁以义，仁义即道。孔子曰"杀身以成仁"，孟子曰"舍身以取义"，从道之谓也。

六五：敦复无悔——中以自考也。

【说】中以自考，即扪心自省。曾子曰："吾日三省吾身：为人谋而不忠乎？与朋友交而不信乎？传不习乎？"自问无悔，则无损人利己之行，无害仁害义之行。文天祥绝命辞之"而今而后，庶几无愧"即足当此《象》辞之最好注脚。

上六：迷复之凶——反君道也。

【说】"反君道"三字，从爻辞"以其国君凶"而来——其国君何以凶？反为君之道也！君而不君，不凶何待！

无妄

卦象传——

天下雷行，物与无妄。先王以茂对，时育万物。

【说】乾为天，在上；震为雷，在下——故象征天下有雷滚动。雷威赫赫，以震慑万物，使万物不敢妄为。先王以此受启示，循因时节去培育万物。茂对，以盛美之德面对……先王以茂对，即谓先王以美德对物对民。旧注此句，有断句为"先王，以茂对时，育万物"的，有断句为"先王以茂对，时育万物"。后者于理为顺。

爻象传——

初九：无妄之往——得志也。

【说】无妄，没有妄心。无妄之往，故得其本志，能实现愿望。

六二：不耕获——未富也。

【说】《象传》把"不耕获"解释为不耕不获。无获，故说明未富。

六三：行人得牛，邑人灾也。

【说】行人得到牛，邑里的居民受了灾。此直述爻辞，既不提"无妄"二字，其为肯定句式。

九四：可贞，无咎——固有之也。

【说】爻辞所说"可贞，无咎"，是本来如此的事儿，反言之，即此事本无出现灾咎之因素。依一般情况，四位多惧，九四失位，又与初位不应，应该是有咎的。此肯定"无咎"，可见具体爻象，要具体分析，不可以用大概相同的例子去套，用绝对化的"规律"去套。此处言"无咎"，正说明九四失位无应，则应不妄动！艮为止，固有安止之象在，故从止象。卦为"无妄"，故爻的吉凶，也应与"无妄"结合着去分析。

九五：无妄之药，不可试也。

【说】这又体现出《象传》作者对爻辞的理解，转而指出本无妄心而得到的药，也不可随便吃！药，必须对应病症而服用，与有妄无妄是不相干的！

上九：无妄之行——穷之灾也！

【说】无妄而行，本应无灾。而上九处于穷尽之地，故此。纵然是无妄之行，也将因处于穷途末路而招灾致难！穷，尽也。处于穷尽之地，即处于无路可走之困境。例如文天祥，本是抗元——出于正义，其行无妄，而处于五坡岭困境，遭被俘之灾。此辞，辩证地说明主观与客观之关系，道出客观条件对成败之重要作用。故所谓"无妄之灾""无妄灾"，即谓出于意外，由客观情况加诸主观方面之灾。俗语"好没影儿地招一场灾"，这"好没影儿"即本身无过失，即无妄，而灾自外来。

大畜

卦象传——

天在山中，大畜。君子以多识前言往行，以畜其德。

【说】乾为天，艮为山，乾在艮下，在内，故说天在山中。大，指六五，阴居尊位，故称大。畜，存也，养也。被畜者，乾之九二也。君子见此象，即应凭借广博的学识，从而积养品德。前言，指前贤传留下来的知识。多识，多知，多记。往行，指前人的行迹，即史事。人不可不学，多学是涵养美德的重要方法。从前人的言、行中，汲取经验，用其善，去其非，自己的修养自会加深无疑。

爻象传——

初九：有厉利已——不犯灾也。

【说】见危险而止步之利，即在于不去迎灾而进，即避开灾险为利。

九二：舆说輹——中，无尤也。

【说】舆说輹，本是有灾有害的。爻辞未直书吉凶，《象》作了解释：无尤。无尤，无过错，此即谓无凶兆。为什么？因九二虽失位，但居下卦之中。

九三：利有攸往——上合志也。

【说】上，指上交，即上九，与《贲》的"上得志"的"上"字同义，是名词，不是动词，不是方位词。

三位与上位，本应有呼应，而两阳相遇无应，何以《象》云"合志"？合志，性同而志合也！九三、上九，皆阳，具刚性，故志合！合志，不是指交合！"合志"是动词宾词组成的专用词，与"合"不同！单讲"合"，有阴阳相配之意。再说通俗些，合志就是志同！就是本性一致！"物以类聚，人以群分"就是合志的具体表现！

六四：六四元吉——有喜也。

【说】六四，当位，与初九有应，四、初两位当位有应，故说有喜。

应，指阴、阳异性有呼应。

六五：六五之吉——有庆也。

【说】因有庆，故吉！六五有庆，吉，原因在于居五位，五为尊位，阴居尊，为大，为吉庆之根源！

上九：何天之衢——道大行也。

【说】道大行之象，在于艮、震互体！震为大道，为行。震、艮互为反覆，是往、来皆通之道，故"大道行"也！

颐

卦象传——

山下有雷，颐。君子以慎言语，节饮食。

【说】艮为山，在上；震为雷，在下。艮上震下，故象为"山下有雷"。颐，口腔。艮为止，震为动，中阴爻为空象，上止下动，像口腔之上、下颌。口，进食和出音器官。震为言，艮为止，坤为慎，有言而知止知慎象。震为口，艮为止，有饮食有节制之象。故，君子从颐卦象中得启发，慎言语，节饮食。饮食有节则健身养命，言语知慎则全身保命。病从口入，故必节饮食；祸从口出，故必慎言语！

爻象传——

初九：观我朵颐，亦不足贵也。

【说】"观我朵颐"——看我吃！这种人不足令人尊重。瞪着两眼看人吃东西，失礼于人，且自显贫贱之气，故昔日民间父母教子亦常云："不许瞧嘴，没出息！"瞧嘴，即瞧人进食，即自示贪馋了。

六二：六二征凶——行失类也。

【说】失类，失去同类的支持。同类者，志、气相投，失类即失其同道。二位当与五位呼应，而六二与六五失应，是否为"失类"呢？不是。"失应"不等于"失类"。失应，失异性之呼而有应。失类，失同样品格之呼应。君子失君子，小人失小人——失类。如此，此处之"失类"则不因爻位而得。不因爻位间有应无应而得出"失类"的论断，又因何而说出"失类"？因卦象！六二在震，震为动；六五在艮，艮为止。故，六二失类！动而被止，故征凶！所以，失类，从"动"失其"动"的同类而言者也！

《说文》："类，种类相似。"《广韵》："类，种也。"《乐记》："比类以成其行。注：'比类，分次善恶之类也'。"先秦古籍中，"类聚""类同""比类"乃至今日的"类似""类地行星"等词中，"类"

皆指品、性相同或相似的东西和人。

六三：十年勿用——道大悖也。

【说】倒行逆失，大悖正道，故有十年勿用之凶。

六四：颠颐之吉，上施光也。

【说】苏东坡云："四，于初为上。"甚是！初位在下，四位在初位之上。陈梦雷从卦象观之，说得正确：六四在艮体，上九为阳！施光的，是"上"——上九！上位的阳爻！

六五：居贞之吉——顺以从上也。

【说】顺而从上，故吉。这"上"字即指上九！可见六四之吉，所因"上施光"之"上"也即上九！

上九：由颐厉吉——大有庆也。

【说】艮为止，节饮慎言，故大有庆！这与尚秉和所说的"乘重阴"毫无关系！

大过

卦象传——

泽灭木，大过。君子以独立不惧，遁世无闷。

【说】兑为泽，巽为木，巽在兑下，呈泽水淹没木舟之象！木在水上，是舟在水上之象，故利涉大川，如《涣》卦。此则木被灭于水下，故不利涉行，所以君子见之，便应心胸放宽——纵然处于孤独境地，也不忧惧，也不苦闷。遁世，离开世俗。

爻象传——

初六：藉用白茅——柔在下也。

【说】茅草是柔软的，卧在茅上，是柔软在下。初六，阴爻，阴为柔性。

九二：老夫女妻——过以相与也。

【说】老夫与少妻相配是过以相与——搭配不合适。"过"，从九二失位而得之义。"相与"，指初六阴随于九二阳。

九三：栋桡之凶——不可以有辅也！

【说】得不到辅助的梁、柱，所以大梁折断！九三，阳居阳位，过于刚了！为人用刚太过，必不能听纳意见，必失去辅助，故凶！为人不可刚愎自用，否则失群失辅。

九四：栋隆之吉——不挠乎下也。

【说】细究"隆"字，《说文》："丰大也。"作动词，有"使……隆"的意思。栋隆，解为把栋加固更宜。栋被加固，故不至于折于下——下有托撑也！九二，阳刚在下，故九三下有坚实之托！

九五：枯杨生华，何可久也？老妇士夫，亦可丑也！

【说】已枯之木，忽而开花，故谓其生机不能久长。老妇人而嫁为士人之妻，年纪不般配，故谓其可丑！丑，耻之，作动词用。

上六：过涉之凶——不可咎也。

【说】这里的"咎"有责怪的意思，针对"凶"而言——此"凶"属于正常，不必去责怪。比如为正义而死，也是"凶"事，然而非但不可咎责，还应颂扬呢！

坎

卦象传——

水洊至，习坎。君子以常德行，习教事。

【说】洊，再至。常，恒常，此处转为动词用，即：恒之、常之——使……恒常守一不变。行，去声，音"杏"，行为。

水一次再次涌来，为习坎。君子当恒守德行，娴习教导之事。

爻象传——

初六：习坎入坎——失道，凶也。

【说】坎为险。重遭坎险，是失道之故，因此凶！失道，即失常。违反常规，反其常态，都是失常——失道。

道，正义之行为、主张。《易》中言"道""知"，皆指正者。不辨其性质，抽象言"道"，也尽合事理。如贼有贼道，贼失其道，被捉入牢中，也是凶——贼以其道衡量所谓的凶。

九二：求小得——未出中也。

【说】二位，下卦之中也。九二，阳居阴位，虽失位而在中，未离中，此谓"未出中"也！失位而未离中道，故可求而小有收获。

六三：来之坎坎——终无功也！

【说】之，往也，向也。来往都在坎险之中，是未出险境，终陷困地，故曰"终无功也"！

六三，阴柔而据刚位，是以弱制强，其力不足，故陷坎而不得成功。来之，来来往往，劳作之象。来之而无功，劳而无功！以弱而制强,劳而无成!

六四:樽酒簋贰——刚柔际也。

【说】际,交际。处刚、柔交际之地,则不过不不及,不卑不亢,恰到好处。四,柔位,六四阴居柔位,是"柔"。五,刚位,九五阳居刚位,是"刚"。四、五相毗邻,刚柔相交际也。

九五:坎不盈——中,未光大也。

【说】五,上卦之中。九五,居中者,故谓"中",居中而未光大。何以"未光大"?在坎之中!坎为暗,为小人。坎,坑陷也。坎盈,是坑平。坎不盈,是仍有坑陷。

上六:上六失道,凶三岁也!

【说】上六因为失守常理、常规、常行——失道,故有三岁之凶。"凶三岁",以言失道之凶乃大凶!"三岁",字面是三年之意,以喻时间很长,勿拘泥于"三"的具体数目。古文中多用"三",皆言长久,未必皆实指。上六,阴处阴位,且当极端、穷尽之地,故谓之"失道"——不能自守也!

离

卦象传——

明两作,离。大人以继明,照于四方。

【说】离为明。上、下皆离,故说"明两作"。作,兴,发生。大人见此象,当以明而再明,照察四方。大人,有职位、权力者。

爻象传——

初九：履错之敬——以辟咎也。

【说】谨慎而行，旨在避免、排除灾咎也！人行事谨慎，可以辟咎躲灾。

六二：黄离元吉——得中道也。

【说】六二，居下卦之中，当位而中，是得中正之道。为人行为中正，故必逢吉！

九三：日昃之离，何可久也？！

【说】夕阳的余晖，不可长久！九三，处下卦离体之极，故为"日昃"之象。

九四：突如其来如——无所容也。

【说】突如其来，使"主"方毫无准备，故不能容纳！

六五：六五之吉，丽王公也。

【说】丽，附也，依附。依附王公，故吉。五位，尊位，六五居五位，丽王公也！

上九：王用出征——以正邦也。

【说】为正邦而出征，故无咎。正邦，理国也，治理国家。

咸

卦象传——

山上有泽，咸。君子以虚受人。

【说】兑为泽，艮为山，兑在艮上，故说"山上有泽"。山上有泽凹之地，故能承接雨水，君子有山之坚，又有泽凹之虚受之德，方能感动众人，使众人来归从。虚受，虚以容纳。咸，感也。君子如无谦虚、容众之美德，何以成就大业！

爻象传——

初六：咸其拇——志在外也。

【说】初六与九四相应，九四在外卦，初四欲应之，故说志在外。志在外，是有远志，故吉。初六，居于极下，且失位，是处境不利者。处境不利而有远志，吉！

六二：虽凶居吉——顺不害也。

【说】处凶中，贞定不移故吉。贞定不移，谓心志。而行为外表，则顺势而变，以此而不受害。周文王、越勾践，皆顺而不害者。

九三：咸其股——亦不处也；志在随人——所执下也。

【说】不处，不止，谓行动。股受感，故行动。志随人，则不自主，是执低下之事者，如小吏、奴仆辈，皆志随人而行者。凡位居从属，无不是执下而随人者！既随人而行，则自主自专必遭责谴，故往吝！

九四：贞吉悔亡——未感害也；憧憧往来——未光大也。

【说】未感害，即未受害。未光大，未能光扬弘大之。憧憧往来，奔走劳碌也。憧憧往来，事未成之时不得不如此。事未成，故曰"未光大"！

九五：咸其脢——志末也。

【说】末，弱者，微细者。志末，谓无大志，谓志已消弱至于微末。

前人如来知德谓"末指上六",谓九五之志在于上六,尚秉和袭此说,更以"五为三四所阻,不能应二,故舍远取近,感在上"为说,弹其阳遇阳受阻老调。其实皆非。以《咸》中象辞看:初六,曰"志在外也";九三,曰"志在随人"。二者,皆加介词"在"!而此处不加"在",正是说明"志末"不是介词结构,乃主谓结构!如意为"志在末",为什么一反常规,舍去"在"字不用?

上六:咸其辅颊舌——滕口说也。

【说】滕,即"腾",腾达。滕口说,逞唇齿之能,靠游说以服人。兑为口舌,为说。

恒

卦象传——

雷风,恒。君子以立不易方。

【说】震为雷,巽为风。雷动于天,风动于地,其势不改,故曰"恒"。君子亦当法效雷、风,立于正理而不改其常。

爻象传——

初六:浚恒之凶——始求深也。

【说】滴水穿石,循序渐进,以求其恒久。开始就想一口吃成个胖子——目的达不到,还会撑死呢!始而求深,不亦惑乎!不凶而何待!

九二:九二悔亡——能久中也。

【说】九二所以无悔,原因在于居中而持久。持久,即持恒守常，不冒进，不急于求成，如此则悔亡。

九三：不恒其德——无所容也。

【说】为人而不守常德，何以立足于人众之中！

九四：久非真位——安得禽也！

【说】九四失位。久处非其位之位置，何以有所收获？学化学的去看传达室，如何从其本业？不得其位，安得有成？

六五：妇人贞吉——从一而终也。夫子制义，从妇凶也。

【说】妇人从一夫，由始至终，不改其节，故吉。夫子——男人——本是以大义为裁夺的，如依顺妇人之德，则凶！制义，制于义，以义为制，依义而行。从妇，以喻行顺从之道，自己无持恒之主见，一味唯唯诺诺，听顺于人，不问合不合大义，唯命是从。

孔子曰："君子义以为质。"孟子说："大人者，言不必信，行不必果——唯义所在！"那种为了表现守信用而"言必信，行必果"的人，被孔子斥为"硜硜然小人"！言、行，以义为标准，合乎正义的言要信，行要果；与正义有悖的言、行，就应改正，而不要求信求果，因为这样的言、行如果必信必果，危害也就成了既定事实了！孟子说："以顺为正者，妾妇之道也。"作为"夫子"，一味顺从，以"顺"为必恒守之德，而忽视大义，必把事办糟，故凶！

上六：振恒在上，大无功也！

【说】大，形容词。大无功，特别无功效、非常无功效。既守恒常，当有始有终。上六处卦之穷极之地，终点之地也。至于终时却振动其恒心，则前功尽弃，故大无功了！振恒在上，就是振恒在终极之时——办事都到收尾之时了，却动摇恒心！

遁

卦象传——

天下有山，遁。君子以远小人，不恶而严。

【说】乾为天，艮为山，乾在上，艮在下，故象为"天下有山"。天高，而山虽高终不可攀天！故君子远离小人，不现示凶厉之相而威严自在，使小人不敢攀缠。

爻象传——

初六：遁尾之厉，不往何灾也？

【说】厉、灾，因往而招致，不往则无灾无厉。

六二：执用黄牛——固志也。

【说】以黄牛革去执系，以喻坚定志向，矢志不移。固，动词。固志，不动摇意志。

九三：系遁之厉——有疾惫也；畜臣妾吉——不可大事也。

【说】有疾而倦惫，故厉。畜臣妾，家中小事，小事吉，故不宜为大事。此喻力只胜任小，而不能胜任大。

九四：君子好遁——小人否也。

【说】君子、小人，品性对立，君子所好者，小人不好之。

九五：嘉遁贞吉——以正志也。

【说】嘉遁，乃志之所向，故曰"正志"，守志不移。《说文》："正，守一以止。"

上九：肥遁无不利——无所疑也。

【说】既远遁，则不系心世事，故无所疑虑，心境超然。

大壮

卦象传——

雷在天上，大壮。君子以非礼弗履。

【说】震为雷，乾为天，震在乾上，故象"雷在天上"。雷轰鸣于天上，声威大且壮，故名"大壮"。雷震有惊人之威，故君子因之悚惕，不行非礼之事。履，行。

爻象传——

初九：壮于趾，其孚穷也！

【说】孚，诚信。诚信已无，谓之"孚穷"。孚穷，以主观论，是自己失信；以客观论，是对方不相信。

九二：九二贞吉——以中也。

【说】九二之吉，因其居下卦之中位。中，二位，阴位。九二，阳爻。阳爻居阴位，刚柔相济，在大壮之时，能以柔化刚，故吉。

九三：小人用壮，君子罔也。

【说】此处"君子罔也"比爻辞少一"用"字，意思有变。此言小人逞刚施威，君子遭殃！

九四：藩决不羸——尚往也。

【说】藩被决破，不复成为阻碍，故应继续向前。

六五：丧羊于易——位不当也。

【说】造成损失之因，在于失位。六五阴爻居阳位，是位不当。

九二，曰"贞吉——以中"；六五，言"位不当"。此皆具体在《大壮》卦中之解释，不可作为普遍适用之准则。如《大畜》之六五，也是阴居阳位，却言"吉"，言"有庆"；《节》之九二，也是阳居中，却言"凶"，言"失时极也"。所以，想拈出一条放在哪个卦哪个爻都说得通的"定律"来，是不可能的！

上六：不能退，不能遂——不详也；艰则吉——咎不长也。

【说】不详，指由不详情况而造成不能退、不能遂的尴尬处境。详，详审，了解。艰则得吉，是灾咎很快过去所致。

晋

卦象传——

明出地上，晋。君子以自昭明德。

【说】离为日，坤为地，离在坤上，故说"明出地上"。晋，进也。日自地平线下上升，故名此卦为"晋"。君子见太阳升起，光照大地，自己即昭显光明之美德以待众民。昭，明。明德，光大美德。"明德"，即《大学》的"明明德"之意思。但"自昭明德"的语法，具体分析则是"自昭"而"明德"，即凭自己之明智，去明扬美德。"昭"，名词；"明"，动词。也即以己之昭昭，使人昭昭的意思。"自昭"指自明。"明德"，指光大美德以启示他人。

爻象传——

初六：晋如摧如——独行正也。裕无咎——未受命也。

【说】独行而行正道，谓之"独行正"。独自行正道，故虽摧如亦吉。未受任命之时，从容以待命，故无咎。

六二：受兹介福——以中正也。

【说】六二，阴居阴位，叫"正"！二位在下位之中，故说"中"！六二位正而居中，所以说"中正"！

六三：众允之——志上行也。

【说】六三之志，在于上行与上九相合也。

九四：鼫鼠贞厉——位不当也。

【说】九四，阳居阴位，失位。失位，即位不当。

六五：失得勿恤——往有庆也。

【说】前往而有庆，故吉。往而不计得失，即为公而忘私，故有庆。

上九：维用伐邑——道未光也。

【说】道，仁道。仁道未能光大，故不得不以武力征伐，使人畏服。

孟子倡仁政，说："王如施仁政于民，省刑罚，薄税敛，深耕易耨，壮者以暇日修其孝悌忠信，入以事其父兄，出以事其长上，可使制梃以挞秦楚之坚甲利兵矣……故曰'仁者无敌'……"仁者无敌，即在于仁道是服人心，而力只能制人身而不能使人心服。心服，自然归顺。这仍是"得民心"便可以"得天下"，"得道多助，失道寡助"的道理。孟子不主张以力服人，不主张以武力征服他国。他在答齐宣王问的时候说："乐民之乐者，民亦乐其乐；忧民之忧者，民亦忧其忧。乐以天下，忧以天下，然而不王者，未之有也！"与民同乐同忧，天下自定！"以力服人者，非心服也……以德服人者，中心悦而诚服也。"以德服人，即道光大；以力服人，即道未光。孟子指出，"邻国之民仰之若父母"，"则无敌于天下"！使邻国之民仰若父母，就在于以仁爱之德征服了邻国之民的心！即便是出兵征伐，也要出于正义，使被征伐之国的百姓欢迎，认为是帮他们解除困苦，除灭暴君。如果敌国百姓反对，则不可出兵——"取之，而燕民悦，则取之。……取之，而燕民不悦，则勿取。"故，征伐，也要做到"东面而征，西夷怨；南面而征，北狄怨，曰：'奚为后我？'"东征西怨，关键即在于仁道已播施于人心了！

此辞，即孟子思想。故我的观点：《象传》作者是思、孟一派儒家的门人。

明夷

卦象传——

明入地中，明夷。君子以莅众，用晦而明。

【说】太阳入地了，光明已消，故叫此卦为"明夷"。夷，伤也，平也，引伸为消残之意。坤为地，离为明，为日，离在坤下，为日入于地之象。君子见明夷，则于管理百姓时，应用晦，而心中明德自存。用晦，一般讲指于艰难之时，外示晦暗，不露心迹。而此辞言"莅众，用晦而明"，乃讲理民之道，用晦即不苛求，不苛察百姓，而宽厚待民，但心中必明，以明德教化百姓——此仍思、孟思想，与法家之主张截然相反。

爻象传——

初九：君子于行——义不食也。

【说】君子唯义是从——所行无不以义为准则，食也出于正义，不食也由于从顺正义。爻辞言"君子于行，三日不食"，《象》解以不食之因——出于义！

六二：六二之吉，顺以则也。

【说】依顺法则而行，故吉。则，即仁义。以仁义为标准，顺标准而行，故吉。

九三：南狩之——志乃大得也。

【说】爻辞言"明夷于南，狩得其大首"，此乃谓其心愿大大实现！"大"，形容词，非指阳爻也。

六四：入于左腹——获心意也。

【说】心，位于胸腔左部。入左腹，故喻获得心意。"腹"，泛指体腔，非专指腹腔。六四在互坎，坎为心意。

六五：箕子之贞——明不可息也。

【说】日光可隐可晦，而不可灭。人处艰难之时，明德在心，不可无也。外界境遇虽艰，心明则志操不移，处危不乱，处险不惊。遇困境，心先失明，神昏志乱，不知所措，必败无疑！

上六：初登于天——照四国也；后入于地——失则也。

【说】登于天上，乃可光照四方。入于地，则成昏暗。昏暗于人而言，失其准则，手忙脚乱，心志懵懵然矣！初，始，先。陈梦雷云："以顺则而自全其明……以失则而自坠厥命……凡乱世君臣皆有此象。"开始，因顺法则、规律而行，故登天而下照天下。后违反法则、规律而行,故入地而明夷。

家人

卦象传——

风自火出,家人。君子以言有物,而行有恒。

【说】巽为风,离为火,巽在离上,故为风从火出之象。空气受热而上升,冷空气来填空间,形成对流即风,故说风由火而生出——与今科学道理一致。火在内,风在外,有火故生风——家安则对外不乱,家乱则对外失措,祸害来侵,因此得悟治家为要事,故卦名为"家人"。君子治家先修身,修身则在于言行之正,故君子言应有物,行当有常则。言有物,即言有诚,不说空话,不说假话。

爻象传——

初九:闲有家——志未变也。

【说】初九与六四为当位正应,初九变,六四仍在坎体,坎为志,是志未变。

卦,是固定的形式,即六爻皆不变。爻,是变化的,故阳以"九"称,阴以"六"称。凡遇到爻,则皆变者!这在《系辞》中早有说明。

六二:六二之吉——顺以巽也。

【说】巽为顺。顺,故吉。六二与九五相应,九五在巽。

九三:家人嗃嗃——未失也;妇子嘻嘻——失家节也。

【说】治家严饬无失,故家人嗃嗃。治家无节度失法规,故妇子嘻嘻。

六四：富家大吉——顺在位也。

【说】巽为顺，六四，阴爻居阴位，故说"顺在位"。

九五：王假有家——交相爱也。

【说】交相爱，谓男女之爱。九五、六二正应，故云。

上九：威如之吉，反身之谓也！

【说】反身，反于自身，指把严规反于身，严以律己，己正则家人谁敢不正！

睽

卦象传——

上火下泽，睽。君子以同而异。

【说】离为火，兑为泽，离在上，兑在下，故说"上火下泽"。火势上蒸，水势下流，火、水走势相背，故卦名为"睽"。睽者，相背也，两人对面谁也不瞧谁——不合！君子见此卦象，即领会到同中当存异。君子，性质相同，但同中又有个性，有差别，有不同，如此才能显现出一般中之特殊，显现出个人面目。"以同而异"，即今之辩证法中所云特殊性问题。

爻象传——

初九：见恶人——以辟咎也。

【说】见恶人，则当知避之，引申而言即当知辟咎——远离灾害。

九二：遇主于巷——未失道也。

【说】九二，居下卦之中，处中，故云未失其道。

六三：见舆曳——位不当也。无初有终——遇刚也。

【说】曳，顿也，摇曳。"见舆曳"即俗语"车子打滑了""打坠坡了"。

六三失位，故曰"位不当"。失位，故"无初"。应于上九，上九阳刚，故曰"有终"，曰"遇刚"。

九四：交孚无咎——志行也。

【说】交孚，相互信孚，故无咎，故为心志得以实现之表现。

"九"，阳爻之代称，故有"初九""九二"……"上九"之名。"九"，老阳，至九必变。以代词而言，九四即在四位之阳爻，它下为阴爻，上为阴爻，即乘阴又承阴。以其性质言，则有变。

六五：厥宗噬肤——往有庆也。

【说】六五，阴爻，其往——指向下应九二。以意而言，有噬肤之亲，故往而行事必得力助，因而有吉庆。

上九：遇雨之吉——群疑亡也。

【说】以自然常识之理而言，雨未下时，云铺天盖地，光线昏暗，视线不清，故难辨景物，是疑而不明也。雨降，云薄，光线转明，能见度提高，故所疑皆消失——群疑亡也！推而言之，"遇雨之吉"，即客观情况发生有利于主观的变化。

蹇

卦象传——

山上有水，蹇。君子以反身修德。

【说】艮为山，坎为水，坎在艮上，故说"山上有水"。蹇，艰难，艰险。坎为险，在前，见险当反躬修德，以美德克险——有德则得民，得民则无险不克！

爻象传——

初六：往蹇来誉——宜时也。

【说】宜时，适时而动。该动时则动，时不宜动则不动，此谓"宜时"。宜时，则事可成。

六二：王臣蹇蹇——终无尤也。

【说】勤勤恳恳为公事而行，何身忧之有！

九三：往蹇来反——内喜之也。

【说】内，指六二，九三反就六二，六二喜之。

六四：往蹇来连——当位实也。

【说】六四，阴居阴位，当位。当位则不失其实。

九五：大蹇朋来——以中节也。

【说】九五当位而中，故为中（去声）节。

上六：往蹇来硕——志在内也。利见大人——以从贵也。

【说】志在内，谓上六欲应于九三。以从贵，谓上六阴，九三阳，阴从阳。

解

卦象传——

雷雨作，解。君子以赦过宥罪。

【说】震为雷，坎为雨，雷雨大作，由阴向晴，是雨过云消之"解"。解，散也，指云开散。君子以此象而解放有罪过者，赦其过，宥其罪，在于使之自新。

爻象传——

初六：刚柔之际，义无咎也。

【说】阳刚与阴柔相交际之时，于义理为正当，故无咎。

九二：九二贞吉——得中道也。

【说】九二居下卦之中，是得中道。

六三：负且乘，亦可丑也！自我致戎——又谁咎也？

【说】负物而步行，不为丑，正常现象也。乘车，不为丑。乘车还把物背负着不放，故可丑——反常情常理，患失之心露于外表！故反招寇贼来劫抢——此即自我致戎。自己招贼，怨谁呢？

九四：解而拇——未当位也。

【说】九四，阳居阴位，是失位了。

六五：君子有解——小人退也。

【说】困君子者，小人。小人退，故君子得解。

上六：公用射隼——以解悖也。

【说】隼，猛禽，喻构成威胁者。射隼，却谓解除威胁，除去乖戾者。

解爻象，离不得卦象、卦理、卦义。故各卦之爻，纵有解释相近相同之辞，亦本于本卦之大义大理，不可因其相近相同，便抽出来当作具有普遍性、置诸任何爻皆可通之法则。此点，学《易》者不可不知。如《蹇》卦，则不离蹇的本义，一言"往蹇"，再言"往蹇"。如《解》卦，各爻之大旨，皆围绕"解"而发生，虽《象》辞中亦有"得中道""未当位"之语，与有的卦的《象》辞相同，但也不可视为死规律！

损

卦象传——

山下有泽，损。君子以惩忿窒欲。

【说】艮为山，兑为泽。兑在艮下，是"山下有泽"之象。泽下凹，山上凸，取泽之土以积益于山，故称"损"——损下益上。君子是有德之人，故见"损"义，则消忿止欲——不去损伤他人。

爻象传——

初九：已事遄往——尚合志也。

【说】尚，崇尚，推崇。尚合志，即主张、倡导合志。合志，彼此同心同德，志向一致。初九与六四，当位有应，故应当相互合志为宜！

《大畜》九三，《象》"上合志"，指上爻与九三同为阳爻，本质一样，故称"合志"。此初九与六四，质不同而有应，故不合志亦应彼此求合志！故用崇尚的"尚"字。

九二：九二利贞——中以为志也。

【说】中以为志，即以中为志——以守中道为志向。中，指中道，不偏不邪之道也。凡做事，恰如其分为"中"，即中庸之"中"。《象》传倡"中"，旨宗"中庸"。

六三：一人行——三则疑也。

【说】一人行，谓独自行事，无他人干扰。"三"，谓三人——喻人多。人多，意见杂呈，不易合志，且易出现争执，故：三则有疑难矣！

六四：损其疾——亦可喜也。

【说】减损疾病，当然是可喜之事！

六五：六五元吉——自上祐也。

【说】六五为什么大吉？有"上"的助护。上，指上九。

尚秉和说："自虞翻以来，皆以二益五为说，清儒皆宗之，不惟与象传背，且与经背。"此说不确！清陈梦雷曰："天祐之也。"则显然指在上之阳——天，阳也——助祐着。陈氏之解，一则显明其以艮阳为天之意，二则显明其以上九为上之意。是则，陈梦雷之说，早已点破"上祐"之意了！尚氏书中，多有用陈说，乃至照用词句之处，却不点出"陈梦雷"三字！程颐亦云"自上天降之福祐"，孔颖达亦云"上，谓天也"。分明皆知上九之为天也！

上九：弗损益之——大得志也。

【说】用不着或减损，或增加，说明恰如其分，正合所愿！故说：志向得到大的施展！所求得到满足！

益

卦象传——

风、雷、益。君子以见善则迁,有过则改。

【说】巽为风,震为雷。风威,雷猛,相助成威厉之势,故卦名"益"。君子面对又是狂风又是霹雳的震慑人心之势,自思自省,去恶从善。"见善则迁",迁,徙也,即见到"善"就向"善"走去。

爻象传——

初九:元吉无咎——下不厚事也。

【说】爻辞:"利用为大作,元吉,无咎。"《象》的意思是:居于下位,本不是充任重事的人,而被用为大作,说明受上边的器重,故大吉,无咎。

六二:或益之——自外来也。

【说】九五与此正应,九五在外卦,来应六二是"自外来"。外,方位。虽九五为六二之应,但"外"决不专指九五!换句话说:外边有九五,而不等于外就是九五,九五就是外!"自外来",即相助者从外边来。具体到六二来说,这从外边来助的就是九五。

六三:益用凶事——固有之也。

【说】益用凶事,说白了就是:帮人家办丧事!这是本应做的好事——固有之也!人家家里死人了,你去帮助操办,是合于义理的,义所当为的,所以"无咎"!

六四:告公从——以益志也。

【说】"告公从",告公,公从之意。从,听从,即今之"同意"——告公，公同意了，答应了。公从，故告公者志得坚定，信心加强了！即《正义》所说："既为公所从，其志得益也。"巽为志，来知德云："八卦正位，巽在四。四以益下，为志。"

九五：有孚惠心——勿问之矣。惠我德——大得志也。

【说】既有孚惠心，何必再问！惠我以德，我当然大快于心！

上九：莫益之——偏辞也。或击之——自外来也。

【说】偏辞，附衬之辞。既为偏辞，则"莫益之"——非必行之者。偏义复词可以为例，如"褒贬"，用于口语，"褒"为偏，"贬"为主，即言"贬"也。如："你别穷褒贬了！"实即指"你"在"贬"某人或某物。"褒"字就不必强调了——"莫益之"！"自外来"，言来自外部，与六二《象辞》的"自外来"意思相同。

夬

卦象传——

泽上于天，夬。君子以施禄及下，居德则忌。

【说】兑为泽，乾为天，兑在乾之上，故说"泽上于天"。夬，决，冲决。泽本在地，今上于天，失其当处之地，其势必然危倾，故水决而泄。君子以夬象为诫：不可高高在上，而应施惠禄恩德于百姓。如居功自傲，以有德于人而骄，则必有舛失，故当以居德为忌。

爻象传——

初九：不胜而往——咎也。

【说】无力胜任其事，而硬要去担任其事——必有困咎！为人任职做事，当量己之力和才，才力不当，即小才小力而当重任，不咎何待！喻如举重，力只胜举一百公斤，而强要举二百公斤的杠铃，如何举得？

九二：有戎勿恤——得中道也。

【说】以爻位而言，九二居中，是得中道。以理而言，处理事务恰当适宜，故无忧矣。

九三：君子夬夬——终无咎也。

【说】君子行事，一旦做出正确决定，即果决不疑，坚决去做，终无咎也。夬夬，刚决果断。夬夬而终无咎，有个重要前提：必须判断准确。如果判断错误，甚至一时冲动便"夬夬"，那么愈"夬夬"，愈糟糕！

九四：其行次且——位不当也。闻言不信——聪不明也。

【说】九四失位，故云"位不当"。位不当，何以行事？故其行趑趄。趄，音居。且，即趄，今人只见"趑"上的"且"字，便念白字为"而且"的"且"，错！我闻诸北京郊区老农，虽不认此字，却读音甚正！如其言："他一拽，把我拽了个大趑趄！"而认字者却常读为"拽了个大趑且"了！呜呼，汉字之正音，在于民众之口，而错在所谓知识分子——半瓶醋先生们之口也！聪不明，即聋子、半聋子，有耳而听不清、听不见。聪不明，以喻闻言不相信，如听不见其言似的——此显指客方之不明！主观方面虽主动，而客观方面无反应也。

九五：中行无咎——中未光也。

【说】行中道，本该吉，却仅得无咎，是中未光之故。中，心也,衷也。自己主观方面即心中尚未清楚明了,是中未光。

上六:无号之凶——终不可长也。

【说】号,阳平,号呼也,引伸即呼叫、申诉之意。不得呼号,不能申诉,故凶,故不能维持长久,处于将败亡之地。

夬卦,阳长阴消,阳已至五,而阴已处于穷极,故上六不可长,有凶。

姤

卦象传——

天下有风,姤。后以施命诰四方。

【说】后,君主,即"皇后""后土"的"后",不是"先後"的"後"的简化字!

乾为天,巽为风,乾上巽下,是"天下有风"之象。风行可拂触万物,故卦名为"姤"。姤,遇的意思。以风行天下,触遇万物,故君王施令,遍及百姓、四方。

爻象传——

初六:系于金柅——柔道牵也。

【说】系物用绳,故说由"柔道"牵系之!绳柔,柔道,指绳之柔性。用于实际,柔道之牵,即以柔制刚之术。初位,阳位,而阴爻居之,是不行阳刚而用阴柔。

九二:包有鱼,义不及宾也。

【说】不及于宾,乃出于正义,合于正义,依义而行的结果。

本当及于宾,因如及宾则不合于义,故不及宾了。此解释爻辞"包有鱼……不利宾"之原由。人之行事,皆当以义是从。合于义,合于正理,即做;不合义,即止。

九三:其行次且——行未牵也。

【说】牵,引也。行,而无引导者,则其行有困难。九三当位却无应,故说"行未牵也"。

九四:无鱼之凶——远民也。

【说】《周易正义》:"阴为阳之民。"《周易浅述》:"阴为民。"九四与初六为应,初六阴,是"民"。九四与初六中间,隔九二、九三,故说"远民"。君主远离百姓——凶!此即孟子"得民得天下"的思想。以"无鱼"喻"远民",巽为鱼,故亦有民象。坤为民,巽乃坤爻入于乾体之初,故巽之阴爻具民象。

九五:九五含章——中正也。有陨自天——志不舍命也。

【说】行中、正之道,故含章。志不舍命,即心志坚定,不放弃使命!命,君王所授之任命。臣受君命,志不舍之!纵遇灾难,任之自然,视之为"天"降之灾而已。

上九:姤其角——上穷吝也。

【说】上九处于穷极之位,下又无应,本身又失位,故吝。卦名为"姤",其意为遇。卦象为风行天下,遇万物。具体在此卦中,做具体分析,即:上九在上,阳刚,故比喻为"角",动物角在头上。遇上了硬犄角,故吝——撞上犄角还不倒霉吗?故:分析爻象,绝无死规律,必须就其卦之整体去分析!

萃

卦象传——

泽上于地，萃。君子以除戎器，戒不虞。

【说】除，治也。除戎器，制备武器。

兑为泽，坤为地，兑在坤上，为泽在地上之象。萃，聚也。泽在地上，聚水者也。聚，备也，聚水即备水以为用。君子治备兵器，以戒防意外之变。不虞，不料，谓出乎意料者。

爻象传——

初六：乃乱乃萃——其志乱也。

【说】表面现象所呈现之忽乱忽聚，其源在于心志已乱！志乱——心乱，则手足无措，忽如此，忽如彼矣。初六，失位。

六二：引吉无咎——中未变也。

【说】中，指六二居中。从整体上说，萃聚，必然静而守之。如杯中水，要聚必静守，杯子乱晃，水必洒！六二当位居中，中正之德不变。

六三：往无咎——上巽也。

【说】六三在巽体，巽为顺。六三应与上位相应，上为阴爻，是无应。虽无应，但兑、巽联体，互为反正，故本性相同，志同则可以顺以相从。上而巽顺，故往而无咎。

九四：大吉无咎——位不当也！

【说】虽然大吉无咎，终归是处位不当！因此，处位不当的大吉、无咎，还是有弊病的，有隙可使人乘的！九四，阳居阴位，位不当。处势不当，即所处之地不利，所处环境不利，所处职位与本人才能不相当——如此，终有困咎！

九五：萃有位——志未光也。

【说】九五，位正而居中。志未能光大，原因在于坎为志，而坎象只有半个——九五、上六合为"半坎"，故志未光大。

上六：赍咨涕洟——未安上也。

【说】上六当位，为何说"未安"于"上"？这仍必须从整体言之！萃卦，萃者聚也。凡萃聚之物，无不以在下积沉为安固！萃于上，萃于浮头的，都易动荡，易流失。如粮囤，聚于下边的粮流失不出，而浮于囤顶的粮则易散落。因此，当萃聚之时，在上者则不安于上，而希望沉积于下。上六，处极端，是不得安宁之地，故"上六"就不"安上"而哭泣了！

离卦而论爻，终不可尽解，乃至不获其理！故我坚决主张具体情况具体分析，言爻不可离卦！离卦言爻，离开《易》理，另去杜撰一条"规律""准则"之举，于解卦爻象、义非但无补，反必造成教条主义之大谬！

升

卦象传——

地中生木，升。君子以顺德，积小以高大。

【说】坤为地，巽为木，巽在地中，有木将破土生出之象，故卦名曰"升"。君子从木升起于地中，想到应顺依生长之法则，从小渐大，积少成多。德，此指植物生长之自然性、自然法则。引伸开去，泛指人之处世品德。

爻象传——

初六：允升大吉——上合志也。

【说】初六应于四,四乃阴爻,阴与阴,其品性一致,即"志"相"合"也。上,指初六上边的六四。上合志,六四与初六合志。同类才能合志,故阴与阴合志,阳与阳合志。

九二：九二之孚，有喜也。

【说】九二与六五有应,九二阳爻。阳可升上,升上而又有应,故有喜。

九三：升虚邑——无所疑也。

【说】敢进入空虚之邑,是不疑其中有危险也。《象传》多从道理上推断,并非抠每个爻辞的字是什么象！

六四：王用亨于岐山——顺事也。

【说】此即是说王用亨于岐山这件事,是顺当之事。

六五：贞吉升阶——大得志也！

【说】吉而升阶,乃志向大得实现！

上六：冥升在上——消不富也。

【说】上六居极,势已穷尽,故消而不富。

困

卦象传——

泽无水，困。君子以致命遂志。

【说】兑为泽，坎为水，兑在上，坎在下，水不在泽中之象。泽无水，故卦名"困"。君子处困境，应该以生命去实现志向！致命，把命交付给……

爻象传——

初六：入于幽谷——幽不明也。

【说】幽，即幽暗，即不明。入于幽谷之中，即困于昏暗不明之境。

九二：困于酒食——中有庆也。

【说】为酒食所困扰，是不贫之象，故困中有庆。

六三：据于蒺藜——乘刚也。入于其宫，不见其妻——不详也。

【说】乘刚，六三，阴居阳位，阳为刚，阴为柔，故曰"乘刚"——居乘阳刚之位。六三在九二之上，九二阳爻，六三阴爻，阴爻"坐"在阳爻上，也叫"乘刚"。不详，不察也，没没细看的意思。以《象》之解，则不见其妻，是不察之故，并非其妻"不见"了！爻辞之"凶"，即指不详察之凶！为人行事，必详察方可。马马虎虎，不认真——凶！

九四：来徐徐——志在下也。虽不当位，有与也。

【说】九四应与初六为应，故其志在下。九四失位，但有应，故说"有与"。与，随从、结伴的意思。有与，有从者，有伴当。

九五：劓刖——志未得也。乃徐有说——以中直也。利用祭祀——受福也。

【说】受劓、刖之刑，是志向不能实现。因内心中正刚直，故乃徐有说——从容陈诉。祭祀，受祖先荫佑之福。徐，缓也，引伸为从容不迫。有说，谓有辩言也。

上六：困于葛藟——未当也。动悔有悔——吉行也。

【说】未当，言处境不宜！上六居卦之穷极，非佳地也。动悔有悔，悔而悔之，是知悔能改，故行而有吉。

君子处于困地，刚中守志，能吉；知悔而改，能吉。

井

卦象传——

木上有水，井。君子以劳民劝相。

【说】坎为水，巽为木，巽在坎下，故为"木上有水"之象。木上有水，实非井象，所以命卦名为"井"，取巽为穴，为伏，为顺之象！井，土穴也，水隐伏土中，顺隙而出成井。井水养人，灌溉农田，故此，君子从井而得到启示，去慰劳百姓，劝助百姓。劳，去声，慰劳。相，助也，扶也，去声。劝，教导，鼓励，启发也。古时官员春天下乡劝农，即鼓励百姓从事农耕，莫误农时之举。

爻象传——

初六：井泥不食——下也。旧井无禽——时舍也。

【说】井泥，在井底沉积者也，在下，故不可食用。旧井即废井，无水可用，故无禽——禽鸟犹不来饮，何况人乎！井之旧废，是时之所弃。时间久，致使井旧而废弃，非人弃之。舍，弃也。巽阴爻来自坤，坤，土也，初六在下，泥象。坎为禽鸟，在上，初六与六四无应，故无禽。坎为时，六四不应于初六，六四在坎，是时舍。

九二：井谷射鲋——无与也。

【说】无与，无相从相助者。井水之常则，乃由下向上升，汲水亦从下引上。九二上不得与九五相应，而下控初六，是井水下射之象——反常！巽为鱼，具体即指初六阴爻为鱼。井水不得上升，是无助之者，不汲不引，水不得上。

九三：井渫不食——行恻也。求王明——受福也。

【说】井渫不食，故致其行悲恻。求王之明，得以受福。此实喻：君政不清，民心惨恻；君政清明，百姓受福。九三应于上六，上六在坎，坎为污渫，为悲恻，九三上行应上六，故遇井渫，故行恻。九三在乾，乾为明，为王，为福，故求王明以受福。

六四：井甃无咎——修井也。

【说】井旧废，修之，故无咎。

九五：寒泉之食——中正也。

【说】九五位正，居外卦之中，位正而中，是中正。居中守正，水安得不清凉甘冽！此喻之于人，则官清而正，守中不偏，民受其福矣！

上六：元吉在上——大成也！

【说】水被汲出，是功成，故吉。

从卦象观之，井之本体之象，是从初至四，下有巽，上有兑，下有口汲土中之水，上有口出井中之水。而上卦之坎，水出井外之象。

从爻辞看，初六至六四之辞，实是讲了一口废井！讲了修理废井，水可复出供人饮用，养活人之道理。正与"劳民劝相"之说相吻合也。

从卦辞看，亦强调井之使用，必加修缮，井久失修，其功用即废之道理。

革

卦象传——

泽中有火，革。君子以治历明时。

【说】兑为泽，离为火，离在下，兑在上，在下为内，故象为火在泽中。水火不相容，发生矛盾，出现变化，故卦名为"革"。革，变化也。君子见四季变化，天体运行，即明了时序，因时序去治理百姓，如依节气去劝民务农，发展生产。

历，即四时变化。治历，修治历法。明时，判明时序。

爻象传——

初九：巩用黄牛——不可以有为也。

【说】止而勿动，无所作为，如以黄牛之革固定物体。

六二：巳日乃革之——行有嘉也。

【说】行而有嘉，即行则有吉，有喜，受嘉赏，即其行乃美善之行。于巳日革之，取其日吉。

九三：革言三就，又何之矣？

【说】就，成就。既已成就，故不复再往。

九四：改命之吉——信志也。

【说】信志，信守心志，守志不移之谓也。恪守本志，故改命是吉。

九五：大人虎变——其文炳也。

【说】皮毛之花纹明艳，谓之文炳。

上六：君子豹变——其文蔚也。小人革面——顺以从君。

【说】文蔚，文采丰美，意同文炳。小人革面，则其行为表现即顺从君上。

鼎

卦象传——

木上有火，鼎。君子以正位凝命。

【说】巽为木，离为火，离在巽上，故说木上有火。鼎，炊器，以木燃火，始可煮食物，故因木生火之象，名此卦为"鼎"。君子见鼎象，而正位凝命。正位，按部就班，严守本位。凝命，严肃政令，整肃法度。鼎位正，始可加火煮物。火焰凝聚，始有热鼎之功效。君子见而仿效为法。

爻象传——

初六：鼎颠趾——未悖也。利出否——以从贵也。

【说】鼎趾倾颠，为倒出鼎内腐物，故不悖正理，乃合乎常情也。倾出否败之物，为纳新，故为贵。贵，谓正当者，受推崇者。鼎以出否为贵，故从贵而出否。从贵，从事被人推崇之事，如大公无私为贵，则人人从贵，皆大公无私。

九二：鼎有实——慎所之也。我仇有疾——终无尤也。

【说】鼎有实，即鼎中不空虚，充实有物，如此则移动不便，故以喻慎往也！慎所之，即当慎思而后再决定所往否。之，往也，去也，出行之意。爻辞云："我仇有疾，不我能即，吉。"故《象》曰"终无尤"。吉，必然无尤。《象传》多是阐明爻辞之辞，或指出其因，或推演其理。

九三：鼎耳革——失其义也。

【说】虞翻曰："鼎以耳行。耳革行塞，故失其义也。"以杠穿于鼎耳才抬得起鼎来，使鼎移动。鼎耳生变，无法抬移，是失其义。凡事物皆有其关键处，执其要而行则便当；失其要领、关键，则事不可成。义，理也，成物之功也。

九四：覆公餗——信如何也？

【说】信，信用。信如何也？以叹问口气言信用已失。此语即对爻辞所发之阐说及感叹。

六五：鼎黄耳——中以为实也。

【说】"中"代指黄色，五色，黄居于中央。黄耳，耳为黄色，爻辞"黄耳金铉"互文，故黄即金之色。以金为耳故黄，黄（金）是耳之实质，故曰"中以为实"——以"中（黄金）"为耳之"实"。六五在离，离为黄。六五居中，来自坤，坤为黄——离之中阴爻为离之中、实。

上九：玉铉在上——刚柔节也。

【说】上九，阳居阴位，是刚、柔相节制之象。孔颖达说得明白："刚柔节者，以刚履柔。"陈梦雷点得更清楚："刚爻位柔，刚柔中节"！节，谓双方互节也。

震

卦象传——

洊雷，震。君子以恐惧修省。

【说】洊，重也，复也，因承也。震为雷，上、下皆震，是雷相因相仍之象，雷声不断，故卦名为"震"。震可惊人，令人慑服畏惧。故君子闻雷震，因知恐惧而自行反省，有过则改。

爻象传——

初九：震来虩虩——恐致福也。笑言哑哑——后有则也。

【说】君子临重任之时，恐惧以受——怕自己担当不了重任！福来而知惧，则不致骄满，更不会得意忘形！有则之后，始笑言哑哑也。有则，有常也，不因惊恐、欢乐而失常，才有真正的笑！苏东坡云："欲其恐而致福也。"知恐所以致福！程颐云："震来而能恐惧周顾，则无患矣！是能因恐惧而反致福也。"

六二：震来厉——乘刚也。

【说】六二，阴居于阳上——初九为阳，为刚。故说"乘刚"。柔而乘于刚上，以弱而压强，柔弱者自然有危！厉，危害。

六三：震苏苏——位不当也。

【说】六三，阴居阳位，失位，故说"位不当"。苏苏，恐惧不安。震苏苏，闻雷震而苏苏，非谓雷自己苏苏——省略主语、谓语动词。苏苏，形容词，意同簌簌、瑟瑟、索索。

九四：震遂泥——未光也。

【说】闻震而遂泥。泥，滞溺也。闻雷震而恐惧，不能振作，陷于滞溺难以动转之地步，故云"未光"也。未光，指未能光扬阳刚之气。九四，阳陷于六三、六五两阴之中，故说"遂泥"。

六五：震往来厉——危行也。其事在中——大无丧也。

【说】厉，由于危行所致。无丧，因事在中之故。反言之，事在中，遂无丧。事在中，即未丧失，丧失则不在中了！事在中，言事尚在进行过程之中，亦可理解为事在理中。

上六：震索索——中未得也。虽凶无咎——畏邻戒也。

【说】中未得，未得中也，上六不居卦中，故象征未得中道。畏邻戒，以邻为诫而畏之。爻辞："震不于其躬，于其邻。"震在邻，故引以为戒，畏不为戒则亦遭邻之危难。戒，诫也。

艮

卦象传——

兼山，艮。君子以思不出其位。

【说】艮为山，上、下皆艮，是山连山之象。山，固而不移其位者，君子从而引伸到思不出位——在什么位上，即思什么事，专心本职，不旁虑其他。孔子曰："不在其位，不谋其政。"曾子说："君子思不出其位。"

《象传》此处直引曾参之语，又在其他辞中体现着孟子思想，故它的作者是思（子思）、孟（孟子）一派儒家学者当无疑也！

爻象传——

初六：艮其趾——未失正也。

【说】初始之时，即止而不动，则不会出现失正之事——始即不动，何失正之有！

从此辞又可见《象辞》并不死守教条，而是据爻辞作具体分析和阐说。如依当位或不当位之一般法则，初六，位不正！是阴爻据阳位，失正之典型！而《象传》并未从爻位上去分析，乃就"初"即"艮其趾"的现象去推断其理，得出"未失正"三字来！

六二：不拯其随——未退听也。

【说】不拯其随，言未迈动腿也。腿虽未动，但亦未退而听从止而不动之命，故爻辞说："不拯其随，其心不快。"故，"未退听也"乃正点"其心不快"。

九三：艮其限——危薰心也。

【说】直引爻辞，重申危厉薰心乃艮其限之由。

六四：艮其身——止诸躬也。

【说】解释"艮其身"即止住其身不动的意思。躬，即身也。诸，之，代词，义同"其"。

六五：艮其辅——以中正也。

【说】"中正"，此处非言六五所处爻位如何，仍从理上阐说"艮其辅"乃中正之道——爻辞"艮其辅,言有序"。言有序,即守中正之道,所以说话有条有理!

上九:敦艮之吉——以厚终也。

【说】上九处卦之终极,艮为山,山厚重笃实,故曰:"以厚终也。"厚终,敦厚而终。

渐

卦象传——

山上有木,渐。君子以居贤德善俗。

【说】艮为山,巽为木,巽在艮上,是"山上有木"之象。渐,渐进。山上林木,所以茂密,是渐渐长成者。君子也应立身于贤德之地,善化风俗。善,动词,使……变好。善俗,把风俗善化,把风俗变好。善化风俗,必先自己居贤德,才能化育他人。善化风俗,不是一夕可成之事,乃渐渐而成者。艮为止,止居于贤德。巽为风,风行草偃,以喻教化。

爻象传——

初六:小子之厉——义无咎也。

【说】小子,小人也。小人虽毒,未能伤君子之义。初位,于渐卦中,象征始进之时。始进时,人微言轻,小人则蔑视而欺之,而君子守义不移,故无咎。

六二:饮食衎衎——不素饱也。

【说】不素饱,依《周易正义》:"素,故也——故无禄养,今日得之。"素，昔也，故日也。不素饱，谓非昔日即饱者，昔日不得饱也。前人如虞翻、程颐、苏轼、朱震、朱熹、来知德、陈梦雷诸家，皆以"素餐"意解之，即"白吃饭，不干活"，不素饱即"不白吃饭不干活"。此解虽似通，终不如《正义》为贴切，"饱"，形容词。"餐"，动词。以"饱"为"餐"，不宜。

九三：夫征不复——离群丑也。妇孕不育——失其道也。利用御寇——顺相保也。

【说】离群丑，离群也。丑，类也。离其同类之群，即离群丑。孕而不育，失养育之道。顺相保，谓彼此心同意从，故相保护，共起御寇。九三失应，故离群丑。九三在艮，艮为覆震，震为道，为大塗（途），震覆，故为"失道"之象。九三，下有二阴从之，是顺相保——艮为守。

六四：或得其桷——顺以巽也。

【说】"顺以巽"，习见，即因巽而顺。巽，即顺的意思。六四在巽，巽为顺。此《象传》直以卦象解之。

九五：终莫之胜，吉——得所愿也。

【说】得所期愿，愿望实现——解"吉"之因由。因得愿，故吉。

上九：其羽可用为仪，吉——不可乱也。

【说】不可乱，即指羽毛有序，有序故成仪，故不乱！无序则乱，则不成仪。仪，有序之形式也。

归妹

卦象传——

泽上有雷，归妹。君子以永终知敝。

【说】兑为泽，震为雷，兑在下，震在上，故象为"泽上有雷"。兑为妹，震为长男，为夫，为归——嫁也。妹嫁，故卦名"归妹"。妹嫁，夫驾车，古礼也，见《仪礼》。震为车，为夫。"以永终知敝"，因知永终而知敝。永终，夫妇相守至终之意。知相守至终，故思及不终之敝，知敝而戒之！以白话喻之，即："以一等品知次品。"知一等品之质优，故见次品之敝。君子当守永终之道，知不永终之敝，从而避免之！

爻象传——

初九：归妹以娣——以恒也。跛能履，吉——相承也。

【说】恒，常也。归妹以娣，常礼。相承，相随，谓娣从"妹"——出嫁者。依例，吉字当接在《履》之后，即爻辞"征吉"之"吉"字。故"吉"字亦引爻辞，不应置于解说辞句中，前人断句，把"吉"与"相承也"并合，失确。

九二：利幽人之贞——未变常也。

【说】未变常，即不改常规常法常则，守常之意。幽人，隐者。幽人守其常，故利。

六三：归妹以须——未当也。

【说】未当，失常也，不合于礼之谓也。

九四：愆期之志——有待而行也。

【说】志，意愿，希望，旨的。愆期的打算是有所待，等到所待者（或人，或事）到来之后再行，即有待而行。因有待，故愆期。

六五：帝乙归妹，不如其娣之袂良也——其位在中，以贵行也。

【说】以爻位言，六五居外卦之中。以理而言，娣之袂良是得中之故——制作适宜。

上六：上六无实——承虚筐也。

【说】承虚筐，故无实。此释爻辞"承筐无实"之筐乃空筐。

丰

卦象传——

雷电皆至，丰。君子以折狱致刑。

【说】震为雷，离为电，震、离在一卦之中，故说"雷电皆至"！丰，盛也。雷、电并至，其势威厉，是势盛，故卦名"丰"。君子见雷电势盛，从而想到应以威盛之势断案用刑。折狱，断案情，理讼事。致刑，用刑。

爻象传——

初九：虽旬无咎——过旬灾也。

【说】十天之内无咎，超过十天有灾。旬，遍也，满也，十天为一旬。过旬，则过满，又从"一"开始。过旬之灾，即过满之灾。满招损，满则溢。

六二：有孚发若——信以发志也。

【说】有诚信，有信誉，有信用，则事可成，目的可实现。发志，去实现志愿，去立志，皆可谓"发志"。发志靠的是有诚信，故曰"信以发志"。无信，还发什么志呢！发了也白发！发了志，别人也不会相信！

九三：丰其沛——不可大事也。折其右肱——终不可用也。

【说】丰其沛之时，昏暗不明之时也，故不可成就大事。右肱，主要用力之臂，右肱折，故终不可用了。用，作为也。

九四：丰其蔀——位不当也。日中见斗——幽不明也。遇其夷主吉——行也。

【说】九四失位，故说位不当。日中，中午之时。日中见斗，是天昏不明，日隐而星出。遇其夷主之吉，在于行也。行，故可遇，不行，何遇之有！

此"吉"字，引爻辞。

六五：六五之吉——有庆也。

【说】有庆，故吉。

上六：丰其屋——天际翔也。窥其户阒其无人——自藏也。

【说】天际翔，鸟翔于天边，喻且远且渺，不清晰也。自藏，指自己藏匿不出，故人窥其户而不见之。

"翔"，《周易集解》作"祥"。《经典释文》："郑、王肃作'祥'。"《集解》引孟喜曰："天降下恶祥也。"祥，兆也。则"翔"与"祥"音同字不同，字义也不同。

旅

卦象传——

山上有火，旅。君子以明慎用刑，而不留狱。

【说】艮为山，离为火，离在艮上，是"山上有火"之象。山火飘动，故卦名为"旅"。旅者，行无定处也。山止，故君子见止知慎，慎则不妄动。火明，故君子见火知明，析狱以明则无冤狱。用刑以明慎，则刑不妄加。明慎，故不留狱。留狱，积压案子不及时处理，或不处理。"君子以明慎用刑而不留狱"，断句在"明"字之后，亦通，即：君子以明，慎用刑而不留狱。具公正之心、详察之才，是谓"明"也。君子明，则慎用刑，刑不滥施；不留狱，案不积压。

爻象传——

初六：旅琐琐——志穷灾也。

【说】志穷，则灾至！志穷，则信心必丧，奋斗之心必消，非灾为何？故人可以穷而志可以不穷也。初六与九四，于阴阳为有应，于同类合志则非——阴、阳不同类，故不同志。初六于志无所应同，是"穷"也。

六二：得童仆贞——终无尤也。

【说】贞，正也。得之于正道，何尤之有？六二，既中且正，故为贞。

九三：旅焚其次——亦以伤矣！以旅与下，其义丧也！

【说】焚其次，故曰"伤"。伤，受害也。当旅之时，与下人相杂处，失尊卑之位，故说"其义丧"也！结合爻辞，则正因主不能管束制约童仆，故童仆逃逸！

九四：旅于处——未得位也。得其资斧——心未快也。

【说】以爻位说，九四失位。旅中之处（上声），临时存身而已，并非在家之安处，故曰"未得位"。资斧，身外之财，得资斧不等于心中得快乐。得于心者，乃快心，乃心中快！

六五：终以誉命——上逮也。

【说】上逮，为上所逮。逮，及也，与也。上，谓上位之上九，六五承上九，得上九之与，得上九之所及遇，也即得上九之恩待。从"终以誉命"观之，乃仆人终以受主之奖誉，故"上逮"即指受主人之恩待，主人之恩逮及之！阴，小人；阳，君子。六五从上九，仆从主之象。

上九：以旅在上，其义焚也。丧牛于易——终莫之闻也。

【说】旅中，高居在上，傲以视下，故有焚巢之祸！牛已失，仆亦不报，是众心已失之象。"莫之闻"，旅主不闻之意。

巽

卦象传——

随风，巽。君子以申命行事。

【说】巽为风，上、下皆巽，前、后皆风，故说"随风"——风相随也。卦名因象而命为"巽"。风行天下，无处不到，故君子申明命令以行事如风之行遍也。

爻象传——

初六：进退——志疑也。利武人之贞——志治也。

【说】进退不定，是心志疑虑，打不定主意之表现。志治，志向在治。治，平定天下之谓，治国也，使国臻于安定也。武人，志刚者也。志刚则坚定，故利于治理天下，反言之，即：治国，必有坚刚之志。

九二：纷若之吉——得中也。

【说】九二，居下卦之中。当纷若之时，不偏不倚——无过无不及，得中道，得恰如其分之法，故吉。得中而用中，即排除其他所有不恰当之议，而取得正当处理问题之方式、方法也。

九三：频巽之吝——志穷也。

【说】志穷，故心绪不定，故吝。

六四：田获三品——有功也。

【说】此以"有功"直解"田获三品"之性质。

九五：九五之吉——位正中也。

【说】此以爻位论九五之吉——九五，当位而居上卦之中，是谓"正中"。

上九：巽在床下——上穷也！丧其资斧——正乎凶也！

【说】上，上位，卦之穷尽之位。上九居上，处穷尽之地，故曰"上穷"。正乎凶也，即肯定其"凶"为凶！正，决也，定也。正乎凶也，判定其凶。"丧其资斧"，即被定决之凶事！

兑

卦象传——

丽泽，兑。君子以朋友讲习。

【说】兑为泽，上、下皆兑，泽相连之象，卦名因象而为"兑"。丽，附也，依也。两泽相依相附，故曰"丽泽"。兑有口象，两兑为同类，故君子以朋友关系，一同讲习所学。

爻象传——

初九：和兑之吉——行未疑也。

【说】正因不疑，故和而悦。朋友讲习，必为同志，气类相投。初九阳，与九四阳同类，故为朋友，和兑有吉。初往四，行不疑，即因四与其同类。

九二：孚兑之吉——信志也。

【说】心志诚信，是为信志。九二与九五同志相孚，故吉。

六三：来兑之凶——位不当也。

【说】六三失位。来兑者，上六也。上六，阴也，阴性下降，故来就六二。六二位不当，故来兑是凶。

九四：九四之喜——有庆也。

【说】有庆，即有喜。

九五：孚于剥——位正当也。

【说】九五居尊位，正是小人所谄媚的对象，故孚于剥——信小人——是危厉！有位，小人则谄之。故有位者当戒之，勿孚于剥。

上六：上六引兑——未光也。

【说】悦，当发于衷，如此方诚，方相孚信。来之，引之，皆不宜，故"未光"。

兑，悦也，说也（口舌之说）。故，六爻皆从此二义出发，或讲相悦，或戒口舌。相悦者，亦指志同类同之朋友，毫无什么"阴阳合"之意思在！

涣

卦象传——

风行水上，涣。先王以享于帝立庙。

【说】巽为风，坎为水，巽在上，坎在下，是"风行水上"。以"风行水上"之象，命卦名为"涣"，显然有风吹波浪起，而生散乱之象之意在。故，涣者，散也！先王见水波漫散之象而思治，故立庙奉享上帝，以期风调水顺。

水患，自禹治水时，即说明上古之人极重视之。《山海经·海内经》："洪水滔天，鲧窃帝之息壤以堙洪水，不待帝命。""帝乃命禹卒布土以定九州。"《史记·河渠书》："《夏书》云：禹抑洪水十三年……"祭水神亦成民俗，《山海经》："天吴八首十八尾，亦曰水伯。"《穆天子传》："河与江、淮、济三水为四渎，河曰'河宗'，四渎之所宗也。"至今，河南济源犹存济渎庙。

《象传》云"先王以享于帝立庙"，谓先王因见水之因风生涛，立庙祭天帝，实合于上古之实况也！

爻象传——

初六：初六之吉——顺也。

【说】初六，柔居刚位。于涣散之初，居刚而用柔顺之道，故吉。孔子曰："邦无道，则可卷而怀之。"又云："邦无道则愚。"又云："邦无道，危行言孙。"即初六以顺柔致吉之绝好注脚！

九二：涣，奔其机——得愿也。

【说】离乱之时，奔机以求安，是得愿也。

六三：涣，其躬——志在外也。

【说】躬，身也，亲也。"涣，其躬，谓当涣乱之时，身虽亲事，而心志在外"。即孔子所云"乱邦不居"也！

六四：涣，其群元吉——光大也。

【说】当涣离之时，仍结其群，是其德光大，故百姓群聚相随。

九五：王居无咎——正位也。

【说】涣乱之时，王居无咎，是其正位之故！正位，则安。正位，则秩序有定，因之无咎。正位，各安其职守也。

上九：涣其血——远害也。

【说】散其忧恤，是远离灾害之结果。涣其血，即爻辞"血去"之意。

节

卦象传——

泽上有水，节。君子以制数度，议德行。

【说】兑为泽，坎为水，坎在兑上，是"泽上有水"之象。水在泽，不得横流，受泽之节制，故卦名为"节"。君子见之，从而制定数度，评定德行之准则。数度，即度量之准绳，如石、斗、升、合，丈、尺、寸、分等。德行之准则，即礼也。行，去声，音同性——但"行""性"不可通用！今人不知"行"字，多写作"德性"，错！德行，即品德、行为，即操（去声）行（去声）。

爻象传——

初九：不出户庭——知通塞也。

【说】通、塞，通则可行，塞则受阻。知道是通还是塞，故不出户庭——不出，即知不通也。知通塞，始可决定出或不出。此种语法，在今之口语中仍在，如："天刚凉，他就穿上毛衣了——知冷知热的！"知冷热，故穿毛衣也。古汉语语法，遗留至今口语中者甚多，此即一例。

九二：不出门庭凶——失时极也！

【说】该出门庭而不出，是失时至极！

六三：不节之嗟——又谁咎也！

【说】又谁咎也，即又咎谁也——又怪罪谁呢？不守节制，导致嗟叹，咎在自身！又谁咎，古汉语常见语法——宾语前置。

六四：安节之亨——承上道也。

【说】上道，以"道"为中心词的名词词组，"上"乃"道"的定语。上道，上边的道，指九五之道。九五居尊位，其道中正，六四承顺九五中正之道，故亨。

九五：甘节之吉——居位中也。

【说】九五，居上卦之中。依理而言，居中，则不过亦无不及，恰如其分，恰到好处，故甘节，故吉！

上六：苦节贞凶——其道穷也！

【说】上六居卦之极，穷尽之地。

中孚

卦象传——

泽上有风，中孚。君子以议狱缓死。

【说】兑为泽，巽为风，兑在下，巽在上，故呈"泽上有风"之象。中，衷也，心也。孚，诚也，信也。中心有诚信，是为中孚。风动于泽上，泽水随风而动，生波生浪，是双方相感，如有诚信而受感即应一般，故为"中孚"之象。以诚相感，才能使人应而相随，如风之动泽水，故卦名"中孚"。君子以此象而悟到议狱缓死之理——以诚信判议讼事，评议案情，不可仓促判死，造成冤案。缓死，缓罪人之死刑也，缓其死，待其自新也。

爻象传——

初九：初九虞吉——志未变也。

【说】虞，安也。安于此，则其志不变所致也。志变，则不安。志不变，则安。

求对方信诚之初，必己方诚志不移。初九当位，位安而有诚不变。

九二：其子和之——中心愿也。

【说】其子应和父母，乃发自中心，是中心之所愿者。相感以诚孚，故中心愿也。

六三：或鼓或罢——位不当也。

【说】六三，阴居阳位，是位不当。位不当，何以安？

六四：马匹亡——绝类上也。

【说】马与马是同类，公马与公马，公马与母马，母马与母马，老马与小马……只要是马，即为一类。类中分阴、阳，同类之阴、阳可以交合，但绝不能说"阴、阳相遇方为类"！如果真是这样，则公马与公马便成异类了！男人与男人亦成异类——内中必有一非人之动物矣！此说可成立乎？含阴、阳之类，总体之类也。而阴与阴又为同类，阳与阳又为同类，君子与君子为同类，小人与小人为同类——此以品质而细分之者。如"阴、阳相遇方为类"，强奸犯与被辱女子亦成同类人矣！品质之分类便被抹煞矣！"马匹亡——绝类上"之"类"，整体之类，即指马类。震、艮互体，震为马。艮乃震之覆，震覆失马！马失其同类，仅剩互震之马象！此即"绝类"之意。"上"，在上者，即指覆震（艮）！"绝类上"即"绝类于上"。六四在震体之上，居艮体之中，在上卦，震成覆象，亦在互震之上，故绝类于上。

九五：有孚挛如——位正当也。

【说】九五阳居阳位，是正当。以理推说，则凡位正当者——品德正当、行为正当、方法正当……皆能有孚挛如也！

上九：翰音登于天——何可长也？

【说】鸟鸣在天，随风易散，故不可长久。上九，天位。

尚秉和谓"震为翰"，又谓"震翰象失传"，果真唯尚氏始知此象吗？《说卦》："震为鹄。"《汉上易传》："震为鹤。"《易象钩解》："震为鹤。"翰，羽毛，代指禽鸟，又为高飞之义。鹄、鹤皆高举冲天之禽，震为鹤、鹄，自然有高飞之象！

小过

卦象传——

山上有雷，小过。君子以行过乎恭，丧过乎哀，用过乎俭。

【说】艮为山，震为雷，震在艮上，呈"山上有雷"象。雷震响于山上，其声大于在居处之地所闻者，是山林空旷之故。将山上雷声稍过于常，视之为"小过"，卦名亦从之。过，超过常度。君子以此，不妨于一些事上小有越度之处，如：行为过于恭敬，临丧过于悲哀，费用过于节俭。此三种"过"，皆无害于大事，且小过易于纠正也。

爻象传——

初六：飞鸟以凶——不可如何也。

【说】飞鸟之凶，由于其飞无定向，乱飞。

六二：不及其君——臣不可过也！

【说】爻辞云："不及其君，遇其臣。"《象传》对此发议，谓："不及其君，臣不可过也！"即：你没见到这儿的君王，就不可去见这儿的大臣！不见其君，而过访其臣，失礼之举！失礼，则不是小过，乃大过矣！

此辞句法，宾语提前之式。即如：没上菜呢，酒先别喝！

爻象辞的"过",与卦象辞中"过"之字义不同,此处之"过",遇也,往见也,即过访之"过"。

九三:从或戕之,凶——何如也!

【说】"何如也",叹问之辞,言"从或戕之"之"凶",乃大凶。

九四:弗过遇之——位不当也。往厉必戒——终不可长也。

【说】九四,失位,是"位不当"。终不可长,即终究不能长久,此释"往厉"之义。既然往而有大危害,故遇此大危害必有性命不保之虞!所以说:"终不可长!"——往而遇厉,终不可长!因此:必戒!

六五:密云不雨——已上也。

【说】已上,指云已经上升,故不雨。

上六:弗遇过之——已亢也。

【说】已亢,已处亢极之地。处亢极之地,必危,故爻辞言"凶"!已上,犹属小过,而已亢,即过甚矣。过甚,故有凶。

既济

卦象传——

水在火上,既济。君子以思患而预防之。

【说】坎为水,离为火,坎在上,离在下,是"水在火上"。水下润,火上炎,水火相交——阴阳相合。矛盾处于平衡状态,水火相济,故卦名"既济"。既,已经实现者谓之"既"。既济,水、火已实现相交相助,矛盾已经化解。故,既济喻平安、安定之时。君子当既济之时，不可居安而忘危，而应想到将会出现之灾患，从而事先预防——居安思危，防患于未然，是君子处太平既济之世时应有之德！

爻象传——

初九：曳其轮——义无咎也。

【说】人之行事，以义为准。合正义则行，背正义则止。从义之行，故无咎。

六二：七日得——以中道也。

【说】六二居下卦之中。得中道，即掌握了最适当之标准！行事以中道，故事可成。

九三：三年克之——惫也！

【说】直发评议之语，谓攻伐三年始攻克敌方，实乃令己方疲惫之事！

六四：终日戒——有所疑也。

【说】因有所疑，故终日戒备。

九五：东邻杀牛——不如西邻之时也！实受其福——吉大来也！

【说】"时"，当于合宜之时。行事恰逢其时，收效则大。不值其时，劳而无功。实受其福，其吉大来！福为实福，并非虚说者，自然所得之吉亦实惠者！

上六：濡其首厉——何可久也！

【说】濡首之厉，即性命不得久长之危也！上六，处卦之极，故不可久。

未济

卦象传——

火在水上,未济。君子以慎辨物居方。

【说】离为火,坎为水,离在坎上,是"火在水上"。火势上炎,水势下润,上炎者在上,下润者在下,阴阳双方背道而驰,矛盾不统一,故卦名"未济"——水、火不相济也!君子当此未济之时,应以谨慎之态度,去辨察事物,选取立足之处。

爻象传——

初六:濡其尾——亦不知极也!

【说】渡水而濡尾,是不知渡水之法。极,法则。

九二:九二贞吉——中以行正也。

【说】九二居中。用中道,故行事必正也!

六三:未济征凶——位不当也。

【说】六三失位。位不当,必才与职不相当。才不任职,德不胜位,故曰"征凶"。

九四:贞吉悔亡——志行也。

【说】志行,心志得以付诸实践也。

六五:君子之光——其晖吉也!

【说】君子之光,如日之光辉,故吉。

上九:饮酒濡首——亦不知节也!

【说】不知节制,乃至饮酒濡首。

周易的启示

小引

《周易》的卦辞和爻辞，充满了思辨，对企业家经营是有启示作用的。

每卦有六画，每画叫一爻，自下而上是：初爻、二爻、三爻、四爻、五爻、上爻。

简便的求卦方法是：用三个硬币，抛撒六次，画出卦形。如：以硬币的正面为阳，以反面为阴，画法是：

1. 撒出的是三个阳面，即画"—"，标上一个"9"在旁边。
2. 撒出的是二阳一阴，即画"—"，标上一个"7"在旁边。
3. 撒出的是三个阴面，即画"--"，标上一个"6"在旁边。
4. 撒出的是二阴一阳，即画"--"，标上一个"8"在旁边。

每撒一次，画一道（或阳—，或阴--），自下而上，撒六次，画出六爻来。

如第一次撒出的是三个正面，第二次撒出的是二正一反，第三次撒出的是二反一正，第四次撒出的是三个反面，第五次撒出的是三个正面，第六次撒出的是二反一正。第一次画出的就是初爻，第二次画出的就是二爻，依此类推，第六次画出的就是上爻——

-- 8 ——第六次撒出的上爻

— 9 ——第五次撒出的五爻

-- 6 ——第四次撒出的四爻

-- 8 ——第三次撒出的三爻

— 7 ——第二次撒出的二爻

— 9 ——第一次撒出的初爻

这个卦是"节"卦。

怎么求爻呢？把六次记下的数，加在一起：9+7+8+6+9+8=47

用 55 去减各爻数的和：55-47=8

从初爻开始往上数：1、2、3、4、5、6。这时，已到了上爻，再往上数是不可以的了，怎么办？以上爻为 7，往回数，则第五爻就正数到 8。这第五爻即是求得的爻。

阳爻称"九"，阳爻在初位，叫初九；在二位，叫九二；在三位，叫九三；在四位，叫九四；在五位，叫九五；在上位，叫上九。

阴爻称"六"，在初位，叫初六；在二位，叫六二；在三位，叫六三；在四位，叫六四；在五位，叫六五；在上位，叫上六。

—，阳爻。9、7，是阳数，都画阳爻。9，叫老阳。7，叫少阳。

--，阴爻。6、8，是阴数，都画阴爻。6，叫老阴。8，叫少阴。

推到的爻的数字，如果是 9 或 6，就用所得的爻的爻辞来断。如果推到的爻的数字是 7 或 8，就用此卦的卦辞来断。

上例求得的是节卦，推出的是"九五"，因为爻数是 9，即用节卦"九五"爻辞"甘节，吉，往有尚"来占断。

比如：

— 7

— 9

— 7

-- 8

```
-- 6          9+6+8+7+9+7=46
—  9          55-46=9
```

应从初爻开始数到9，结果落到"九四"上，而这个爻数是7，所以就不用"九四"的爻辞去占断，而用这个卦——无妄卦的卦辞去占吉凶了。

䷀ 乾

卦辞：元、亨，利贞。

【解】元，大的意思；亨，通达、顺利的意思；利贞，以守正为有利。

如六爻都是7，就用卦辞来判断。

既然是"元、亨"，所以经商是有利的，是大有发展、财运亨通的，是能实现"生意兴隆通四海，财源茂盛达三江"的目的的。但是，经营要守道义，守法律，以守正为前提才能实现兴隆茂盛的结果。如果投机取巧，偷税漏税，制造伪劣商品去害人，则必然失败。

爻辞：

初九：潜龙勿用。

【解】占得此爻，预示着经营尚处于力量不足或条件不足的状态中，不可轻举妄动。龙是可以飞上天的，但它深潜在水下，是飞腾的条件尚不具备。所以在这种情况下，应该积蓄力量，养精蓄锐，等待时机。

九二：见龙在田，利见大人。

【解】龙已经出现在地面上了，"大人"可以现身了。见，同"现"字。

这是条件已具备，可以行动的情况已出现的判断。占得此爻，则说明可以去经办所要办的事情。"利见大人"，也可以解释为：利于去面见"大人"。大人，指高贵的人。比如经营者要集资，要有求于人，在"见龙在田"的情况之下，就可以去见所要求的人。

九三：君子终日乾乾，夕惕若，厉无咎。

【解】乾乾，是勤奋上进的意思。君子一天到晚，努力进取，又时时警惕，自己严格要求自己不犯错误。如此，即使有危难也能安然闯过去。

企业家终日乾乾，是对的。但如果一味冒进，失去警惕，就要吃亏。所以，既要"乾乾"，又要"惕"，这才能保证事业的顺利发展。如果一心只想发财，见利忘义，不守国家法律，不顾消费者利益，则越是"乾乾"，越要栽大跟头的！不知"惕"就不是君子，就势必自己倒牌子、毁声誉，企业当然就必然垮台。

九四：或跃在渊，无咎。

【解】这是说龙处于进、退皆可的情况，一跃而上可以，退居水中也可以。进或退，都没有妨害。换句话说，君子应该能伸能屈，能上能下。经营者能做到进退自如，说明他自主力是强的，是不受客观条件左右的，他所经营的企业，当然也就不会出现危难，也就是"无咎"的。如果企业家被别人牵着鼻子转，他的企业也就危险了。

九五：飞龙在天，利见大人。

【解】龙飞上天了，是最春风得意的时候！它可以任意施展，大有用武之地，实现自己的理想，发挥自己的能力。

企业家处于"飞龙在天"的阶段，就应积极利用大好良机，施展才华。因为在这个时候，主、客观条件都是有利的。龙是能飞能腾的，天是广阔无垠的，龙在天，当然是大得其所的。反过来说，如果处在"飞龙在天"的境遇下，自己却无所作为，那么岂有事业的兴旺发达？占得此爻，就必须积极发展，绝不可以消极退缩。

上九：亢龙有悔。

【解】亢，越度的意思。

做什么事，都不可超越限度，要留有余地才好。过度了，就适得其反，就会产生不良的结果，这就是亢龙有悔。

企业家应特别注意这一点，尤其在处于一切顺利的情况下，要警惕出现"亢"的现象。"飞龙在天"的境况，是春风得意之时，然后倘一亢进，便必然到了亢龙有悔的地步。这也是中庸的无过无不及思想。飞龙在天，就是中庸！什么叫"中庸"？恰如其分就是中庸。企业家固然应具备敢闯，甚至冒险精神，但是敢闯和冒险，绝不是无理智的、不经周密思考的蛮干！也不是利令智昏而做出越轨触律的乱行！《周易》是很讲居安思危的忧患意识的，忧虑产生患害，就是"亢龙有悔"的本旨所在。换句话说，亢龙有悔就是提醒人们提防居安而忘危。

☷ 坤

卦辞：元亨。利牝马之贞。君子有攸往，先迷后得主，利。西南得朋，东北丧朋。安贞，吉。

【解】坤卦预示着占此卦者处于大亨的时候。牝马，是母马。利牝马之贞，就是说这卦利于女性占得。贞，占的意思。君子有所往，将出现开始迷惘、其后得到倚靠的情况，这是有利的。往西南方能获得朋友，往东北方将失去朋友，以安守正道为吉。"安贞"的"贞"字，是正的意思。

乾是阳性，坤为阴性。乾性刚健，坤性柔顺。占得坤卦，应以守柔安贞为上，注意因时而变，不可躁动妄为。企业家既应有阳刚之性，也必须有阴柔之性，该用刚则用刚，该守柔就守柔。柔顺，不是消极的不动，不是守株待兔，而是密切关注时机的变化，随机应变。守柔是策略，绝不是目的。柔顺，是为了顺应时机以求发展，以求资生万物！

爻辞：

初六：履霜，坚冰至。

【解】踏到霜，就知道坚冰将出现了。霜，是冰的先兆。这爻所预示的，是指时机已出现，要从苗头上看到趋势，看到未来。如果时机是有利的，就抓住不放，赶紧行动，采取措施以应对好的形势的到来。如果发现的是危机信号，就应该赶快调整或重新制定经营对策，以保证危机来临时不至于蒙受大的损失。

六二：直方大，不习无不利。

【解】当处于正大之时，纵然不太熟习也没什么不利。

企业家为人方正，品德高尚，必然是遵纪守法，以诚待客，以信取胜的。有了这个基础，就有了生财的大资本，所以，纵然在具体的经营方法上有不足，也不会损伤大局。相反，为人奸诈，为了赚钱不择手段，那么，手段越"高"，倒霉也越快！

六三：含章可贞。或从王事，无成有终。

【解】含有文采，占此爻有利。如果从事君王的大事，不成功也会有好结果。

企业家胸怀智谋、学问，仪表堂堂，气质高雅，是经营成功的个人条件。如果是一般的员工，具备这些品质，纵然在企业里没做出什么大贡献，也不会有不好结果。因为你的素质既是美好的，不会的可以学嘛！

六四：括囊，无咎无誉。

【解】把袋子口拴上，比喻为人谨慎，也比喻停止工作，这是无害，也无誉可得的。

占得这爻，应该谨慎从事，应该有所收敛，才能无咎无誉。否则，只能招致悔咎！企业家应该在"括囊"时果断地括囊，静观时势，这是保全自己的有力措施。

六五：黄裳元吉！

【解】古人把黄色的裙裳视为高贵的。所以，占得这爻是大吉！

黄裳，比喻美德。企业家有美德，表明办好企业的基本条件已具备，所以大吉！有德的人，就不会孤立。有人团聚在身边，企业何愁不兴旺？有德，必有信。赢得了信誉的企业，还能不发达？德是本！本立，则枝繁叶茂。

上六：龙战于野，其血玄黄。

【解】二龙交战，血染郊野，血色混杂。这是不吉的爻辞，比喻走入穷途。

企业走入途穷境困的地步，原因可能是多方面的，如能检查出原因，采取措施修正错误，并不是没有希望。

这条爻辞与《乾·上九》的"亢龙有悔"，本旨是相通的。上六，是坤卦六爻最上的一爻，即是阴气已处盛极的阶段。阴气盛极，与阳气势均力敌，所以"战"！因此，这条爻辞也有警诫作用，提醒人们不要处于极亢的地步，也就是办事不可过火，不可越度。

屯

卦辞：元亨利贞。勿用有攸往，利建侯。

【解】占得这卦，大亨通达，利益可得。但不可有所往，以"建侯"为利。建侯，是天子封授诸侯。建侯，为了治理各方。所以，"建侯"就是部署工作，选才任贤的意思。

屯，是难的意思。事业刚刚开始，诸事尚未安定，就是屯难之时。所以不宜出动，而宜选任贤能去担当各处工作。这样，事业自能开展，自能亨通。

爻辞：

初九：磐桓，利居贞，利建侯。

【解】在徘徊不安的时候，以居守正道为利，以选才任贤为利。

大局未定，处于草创时期，最要守正，如果走歪门邪道，企业必然垮台。打个比方，幼儿正处于发育期，身心都远远没有健全，你却教他抽烟喝酒，教他偷，教他骂人……这孩子能长成有益于社会的人吗？

六二：屯如邅如，乘马班如，匪寇婚媾。女子贞不字，十年乃字。

【解】许多人马聚集而回，不是贼寇，而是求婚的。女子守贞不答应出嫁，过十年之后才嫁。男方来求婚，而女方竟要"十年乃字"，这是反常的事。

占此爻，实是遇到困难——对方不允所求。经营也常有这种情况，自己的主观想法和行动，遭到对方的拒绝、不合作。遇到这种情况，以不再强求为上。

六三：即鹿无虞，唯入于林中，君子几不如舍。往吝。

【解】到林子里打猎，没有虞人（负责狩猎的官员）的引导，是打不到野物的，不如回去。去，没有好处。

占到这爻，预兆求而不得，无人相助，应当放弃原来的打算。如果仍坚持下去，有损无益，徒劳而已。企业家要办成一件事，也需有了解情况的人相帮，否则也是"往"而"吝"！

六四：乘马班如，求婚媾，往吉，无不利。

【解】这是求婚媾，去获吉，没有不利之处的爻。占此爻的人，是能实现目的的。以主客双方论，主方去求客方合作，是能获得客方应允的。双方合作,大吉无不利。

九五:屯其膏,小贞吉,大贞凶。

【解】屯聚肥肉,不肯给人,是吝啬的表现。所以这爻说:占小事,吉;占大事,凶。吝啬的人,是不会有帮手相助的,所以办自己能完成的、不需人帮忙的小事,能成功,而办大事,因无人帮助,就不能成功了。

企业家不能当吝啬鬼,吝啬导致失去群众,大事难成。当然这不是说企业家要大手大脚,而是说对部下员工要该赏就赏,评功论赏,不可吝而不予。

上六:乘马班如,泣血涟如。

【解】骑着马徘徊,哭泣得泪都带了血,这显然是不吉的。况且泣血涟涟,更表明人的内心悲痛已达极点,这人的性命也不会长久了。一个企业如到了这地步,也快倒闭了!

蒙

卦辞:亨。匪我求童蒙,童蒙求我。初筮告,再三渎,渎则不告。利贞。

【解】占得此卦,预示着办事亨通,而且不是我去求人,相反是他人有求于我。言行应守正不阿。

他人来求我占卦,第一次占出吉凶,他如果不相信,再三求我为他占,这是对我的不敬,如此就不再为他占了。

求人,要有诚信,没有诚信,也得不到好结果——被求者上一次当，上两次当，还能上三次、四次当吗？

爻辞：

初六：发蒙。利用刑人，用说桎梏。以往吝。

【解】这爻有利于开启迷蒙，有利于有刑罪的人脱去枷锁，走向光明，走向正道。一般的人，不宜行动，往行有困难。

推而演之，占到这爻，有利于处于困境中的人摆脱困境。

九二：包蒙吉。纳妇吉，子克家。

【解】这爻预示着：包容处于愚蒙的人是吉利的。娶媳妇是吉的，孩子能掌管家务。

包容蒙昧、知识未开的人，是一种美德。孔子主张"诲人不倦"，就是不鄙夷、不抛弃那些知识不如自己多的人，那些各方面尚有不足的人，那些尚未开化的人。

作为企业管理者，对下属应有包容精神，只要不是有意违反纪律的，或某方面有些不足，就应该开导他，使他明白，去除蒙昧。

六三：勿用取女，见金夫，不有躬，无攸利。

【解】为什么勿娶这个女人？她眼中只有金，而不惜失身，娶她无利。

见利忘义，见利忘耻，见利忘身，这不只是女子的大忌，男人也不应这样。这样的人，是无廉耻的、卑俗的人。企业家用人，是决不能用这种人的！

六四：困蒙，吝。

【解】困于蒙昧之中，是无利有难的。困于蒙昧，就不了解实际情况，就会脱离实际，所以是有吝难的。

要脱开蒙昧，就要学习知识，从书本中去学，到实践中去学。企业家不会没钱，但不一定有学问！西服革履，开着"法拉利"，一张嘴说话，就露出俗不可耐的素质来，这仍是困于蒙昧中！

六五：童蒙，吉。

【解】童蒙为什么吉？因为孩童时是求知的时期，求知就不蒙昧了。一切有财而乏知的企业家，都应该像小孩子那样，甘当小学生，勤奋求知。

上九：击蒙，不利为寇，利御寇。

【解】打击蒙童——攻击、欺侮他，不利；抵御他的侵害，有利。

对愚昧者的攻击，要分清正义与非正义，他未招惹你，你攻击他，不利。他迫害你，你被迫抵御，是对的。

䷄ 需

卦辞：有孚，光亨贞吉，利涉大川。

【解】此卦预示着：有诚信则光大、亨通。这卦是吉的，占得此卦的人，能克服大川般的困难。

孚，诚信。有诚信的人，才能获得别人的诚信。企业家有诚信，企业自能光大，亨昌。相反，不讲诚信，上欺国法，下欺顾客，这是走自绝自灭的路。

爻辞：

初九：需于郊，利用恒，无咎。

【解】停待在郊野。以持久为有利，没有困难。

待在郊野，是不去犯难走险。守恒，是不失常，依规律办事。占得此爻，当有恒心，不怕停待在"郊"，不要妄行犯险。

九二：需于沙，小有言，终吉。

【解】停在沙滩上，是所处境地不易行走，但终能走出，所以纵然有人发出些小的怨言，还是吉的。

九三：需于泥，致寇至。

【解】立在泥里，寸步难行，招来贼寇的袭击。立在泥里，灾难在外部。但既然立在泥里，又是自己招致贼寇、灾难的。如果警觉，可以不败。

需于泥，是自己置于艰难的处境，所以致寇至，寇是自己招来的。

六四：需于血，出自穴。

【解】从穴中逃出，立在血泊里。比喻弱者无力抗御强者，驯顺地听从人家的命令。

九五：需于酒食，贞吉。

【解】待于酒饭之前，占得这爻是吉。

《象传》指出："'酒食贞吉'，以中正也。"为什么吉？是由于有中正的品德，中正就是公平正直，不以私为利。企业家待属下，待顾客，守中正之德，就能博得拥护和信任。这就如同有酒食在前，可以餐用似的。换句话说，酒食是供给有德的人享用的。奸狡的邪徒，无德，自难找饭碗。

上六：入于穴，有不速之客三人来，敬之终吉。

【解】进入穴室里，有三个不请自来的客人，礼貌地对待他们，终归是吉利的。

对待来客要礼敬，这是有利的。企业家在经营中免不了有不速之客，乃至找麻烦的人闯上门来。怎么办？礼敬他们！礼敬，在对手的面前，实是一种以柔制刚的手段，是减少或消除、缓和矛盾的办法。所以说"敬之"的结果是吉的。这条爻辞提醒企业家：要有气量，要遇事镇定，也就是说要有高深的涵养。这样，才能在有可能出现冲突的时候，避免冲突的发生，避免激化矛盾。

讼

卦辞：有孚，窒惕，中吉，终凶，利见大人，不利涉大川。

【解】有信诚，又遇恐惧惕怵的事，所以中吉而终凶。占得这卦的人，利于见大人。但涉渡大川是不利的——困难不能克服。

爻辞：

初六：不永所事，小有言，终吉。

【解】争讼的事半途而止，纵稍有怨言，终归是吉的。

企业家应在做事之前，考虑周全，避免以后出现争讼。比如订合同，就应订细，不出漏洞。争讼一旦出现，要做到"不永所事"，不要把争讼拖延下去，应尽快使它中止，缓和冲突，这是吉的。

九二：不克讼，归而逋其邑人三百户，无眚。

【解】官司打败了，受到许多损失，是小灾，不是大难。

六三：食旧德，贞厉，终吉。或从王事，无成。

【解】依靠着以前的德行，卜得结果虽有厉，但终归是吉。如为君王做事，不能成功。从这卦辞可见，修持德行是很要紧的。有美德的人，纵遇困难，也会有人相助而摆脱。

"从王事"，是从事大事、政事。从王事无成，并不包括干小事、干个人的私事在内。

九四：不克讼，复即命，渝。安贞吉。

【解】官司打败，回去复命，将行变化。以安居守正为吉。

九五：讼元吉。

【解】争讼大吉。打官司而大吉，是必能胜讼无疑的。为什么能胜讼？还在于行中正之道。企业家和企业的作风公正不邪，就是有理，有理自然争讼能胜。

上九：或锡之鞶带，终朝三褫之。

【解】得到贵重的赏赐，一天之中，又多次被收回——这实质上是不利的。受赏而不能无愧地当之，说明不配受赏。这是名不副实的结果。

企业要以实质性的好的经营作风、优秀产品去博得荣誉，这样的荣誉是名副其实的，是不会被褫夺的。比如名牌产品，如果质量下降了，名牌的声誉必然被毁坏，这是企业自己倒牌子，不能怪顾客。再如，企业获得了什么环境卫生好呀，什么服务态度好呀，什么信得过商店呀……各种奖赏，就应该珍惜这荣誉，更加倍努力提高业务质量，这才是正道。倘若早上得的奖旗，晚上就被收回，这只能说明当之有愧，不足以当之，说得再深一些，这是以假象骗取来的奖赏。所以，"或锡之鞶带，终朝三褫之"，是一种耻辱，是不足以令人敬佩，反而会遭人耻笑的。因此，企业家必须时时注意自己企业的形象，以真实不虚的完美形象立足于社会。

师

卦辞：贞，丈人吉，无咎。

【解】年高有德的人占得这卦，吉，没有困难。

爻辞：

初六：师出以律，否臧，凶。

【解】军队的出动，要有纪律的约束。没有纪律，凶！

企业管理也必须有一套完整的法规，如果没有法规，一切运转都无秩无序，必然乱了套，不凶何待呢？

九二：在师中，吉，无咎。王三锡命。

【解】将在师旅中，吉，无灾患，君王多次奖赏。

企业家应投身于企业中，这才能了解企业的经营情况，把企业管理好。空挂个厂长、公司经理的头衔，却不把心思用于本企业，就是不在"师中"，就不会吉。

六三：师或舆尸，凶。

【解】出征打败仗，载尸而归，是凶。企业经营失利，乃至负债累累，也是凶。

六四：师左次，无咎。

[解] 军队后退，无患。

军队的进退，是根据具体战况决定的。需要退而退，是无咎的。

企业在经营过程中，根据实际情况，做出收缩、削减的决定，也是无害的，因为这是正常的事。

六五：田有禽，利执言，无咎。长子帅师，弟子舆尸，贞凶。

【解】打猎时有收获，无咎。长子挂帅出征，次子却载尸而归，凶。

长子率师是对的，而次子舆尸则说明用人失当。企业家最应注意选用人才，用人不当，是招致亏损的重要原因。

上六：大君有命，开国承家。小人勿用。

【解】君主下命，封赏诸侯开国承受家邑。小人不得任用。

企业家如任用小人，企业必乱！

比

卦辞：吉。原筮：元永贞，无咎。不宁方来，后夫凶。

【解】此卦预示：占此卦者吉。有众多人来亲近依附，后来亲附的人有凶险。

企业家占得这卦，显然是吉利的，他会有许多人来依附、辅助。但人来亲附，是有个重要前提的，即：企业家自己要有良好的德行，这才能赢得众人的信服，才能团结人众。

爻辞：

初六：有孚比之，无咎。有孚盈缶，终来有它，吉。

【解】有诚信的人，值得亲近，亲近他没有害处。有诚信，如缶中盈满东西一样充满心中，即使末了出现意外，也是吉的！

占得这爻的企业家，先不必注意那个"吉"字，应先注意"有孚"二字。有孚，才吉。反之，无诚无信，纵占此爻，也绝不会获吉得利的!

六二：比之自内，贞吉。

【解】内部有人亲比你，吉。

企业家要首先团结企业内部员工，使众人与你一心一德，这样的企业是元气充实的，是"体质"健强的!

六三：比之匪人。

【解】与匪人为朋比。爻辞虽没说吉凶，但不言而喻是凶的!

企业家结交正人君子，能利于企业的兴旺。相反，结交的是匪类，是小人，是贪、吝、鄙、俗之徒，企业的倒闭也就迫在眉睫了。

六四：外比之，贞吉。

【解】外人来亲附，吉。

企业家要团结内部员工，也要以自己的德行，吸引外部的人来亲比，这样，企业的影响会更大，联系面会更广，对企业的发展是吉利的。

九五：显比。王用三驱，失前禽，邑人不诫，吉。

【解】光明磊落地亲近，是吉的。结党营私，必凶。君王一而再、再而三地驱赶猎物，终没猎到，并不责怪邑人，吉。

企业家要与人光明磊落地交往，切忌学小人那样阴谋勾串。在工作中倘有失误，不应推罪于属下，这是吉的。

上六：比之无首，凶。

【解】想要亲附于人，却无所适从，凶。亲附于人，反遭杀身之祸，凶。

企业家自己也会有亲比于人的情况。比如自己的企业亏损，想依附于大企业。但是，如果比附失人，找错了对象，则有凶无吉。或者是比附于人之后，自己却失去了自主权，甚至被对方吞并，这都是"比之无首"，结果都是凶的。比之无首，意思就是比之而不得善终。

䷈ 小畜

卦辞：亨。密云不雨，自我西郊。

【解】这卦预示：亨通。西郊的云虽已布在天上，但尚未下雨，说明正在酝酿时期。

爻辞：

初九：复自道，何其咎！吉。

【解】从路上走回来，没有灾患，吉。

道，指正道。企业家依法经营，行于正道，返于正道，是吉。

九二：牵复，吉。

【解】被人拉回来，吉。被人拉回，也是行于正道，所以仍是吉。

九三：舆说辐，夫妻反目。

【解】车与车轮分开，夫妻成了仇人，这显然不吉。

企业家占此爻，要检查自己是否有"车子脱落车轮"之类的事，是否有"夫妻反目"之事。车脱辐，是不能行走的，企业家失去得力的助手，失去基础，企业也就无法正常运行了。夫妻反目，是内部失和。在企业中，企业家与内部人员失和，无异于企业团结遭到破坏。

六四：有孚，血去惕出，无咎。

【解】有诚信，忧惕会消除，没忧患了。人有诚信，会得到帮助，解消忧患。

九五：有孚挛如，富以其邻。

【说】有诚信的人，来助他的人就多，牵挽同行。这样的人，也能使邻人富起来。反过来说，他也会因邻人之助而富起来。

这里又一次强调了孚信的重要。企业家的确应做到信誉至上。

上九：既雨既处，尚德载。妇贞厉。月几望，君子征凶。

【解】这爻辞说雨停了，乘车而行。女人占这爻，有大危险。月至十五，君子出行有凶。

䷉ 履

卦辞：履虎尾，不咥人，亨。

【解】踏了虎尾，虎却不咬人，是亨通之象。比喻所行遇险，但无妨害。

爻辞：

初九：素履往，无咎。

【解】穿素白色的鞋出行，无难。

素履，比喻品行洁白。品行好，所以往而无灾难。

九二：履道坦坦，幽人贞吉。

【解】在平坦的大道上行走，象征被幽囚的人占此爻是吉。

既然所行的道是坦坦平直的，说明为人行得正。为人行正道，纵被幽囚，也是冤枉的，所以吉就吉在一时受屈而心中无愧。由于无邪行，所以幽囚也不会久长，终归要被开释。

六三：眇能视，跛能履。履虎尾，咥人，凶。武人为于大君。

【解】目力不好而要看路，腿脚不好而要走路，肯定是有困难的，所以踩上虎尾，会被虎咬。凭武勇逞强的人要当国君，必治不了国。这都是凶。

企业家应时时想到自己的能力，力不能及的事，不可强做，强做必办不成。

九四：履虎尾，愬愬终吉。

【解】踏了虎尾，谨慎而行，终吉。踏虎尾，比喻走险。在险难中，小心谨慎而行，终能获吉。在险难中，失去镇定，心慌意乱，势必遭凶。

九五：夬履，贞厉。

【解】鞋子断裂，危险！

行走，不能没鞋。鞋裂坏，行动不便了，故此有大险。

上九：视履考祥，其旋元吉。

【解】看看自己走过的路，考察所做的事是吉祥的，归来是吉。

䷊ 泰

卦辞：小往大来，吉亨。

【解】小人去，贤人来；微小的去，盛大的来。亨通。

小往大来，由微转盛，由衰转旺。

爻辞：

初九：拔茅茹以其汇，征吉。

【解】把茅草一类的妨害庄稼的草拔去，出征吉利。

企业家要想企业健康发展，必须拔除杂草，淘汰小人！

九二：包荒，用冯河，不遐遗。朋亡，得尚于中行。

【解】扶着大葫芦渡河，不遗弃朋友，这是行得正的事。小人可除，朋友不可弃。

九三：无平不陂，无往不复，艰贞无咎。勿恤其孚，于食有福。

【解】没有平就没有陂，有平就有陂；有往就有复。处于难时，艰守正道就无妨害。不必忧虑，诚信能有吃食之福。

六四：翩翩。不富，以其邻不戒以孚。

【解】游游荡，因邻人不告诫他应守信诚，所以不富。

企业家应时时虚怀若谷，听取劝诫。"邻人"不戒，实际上还是自己的责任！

六五：帝乙归妹以祉，元吉。

【解】帝乙送妹出嫁，是福，大吉。

上六：城复于隍，勿用师，自邑告命，贞吝。

【解】城邑来人报告，城倒塌到护城河里，请勿出兵，否则有患。

倒塌的城，当是自己国中的，所以不宜再出兵征伐他人——先得顾自己。这爻所预示的是将要行动，而自己内部出现了麻烦。

否

卦辞：否之匪人，不利君子贞。大往小来。

【解】否卦所预示的是匪人得志，不利君子。匪人来，君子去。

泰，是通。否，是塞。二者主要分别就在于，大来小往，即泰；小来大往，即否。企业家要求泰去否，不能不注意选贤任能，近君子而斥小人。

爻辞：

初六：拔茅茹以其汇，贞吉，亨。

【解】拔去杂草，吉，亨。

六二：包承，小人吉，大人否亨。

【解】抱有仰承阿顺之心的，是小人，不是君子。所以小人吉，大人则不通。

企业家用人最重要，而小人的阿谀又是很厉害的糖衣炮弹。一般说起来容易，但真要认清阿谀小人，远小人，斥小人，实在是不容易做到的。

六三：包羞。

【解】抱羞耻之心。

人无羞耻心，这个人也就差不多了！不知羞耻，就无恶不作，就是俗话所说的没皮没脸之徒！人无羞耻心，社会秩序就不能稳定。企业家应教育属下员工，人人知耻，这样，企业的正常运行就有了保证。如果员工无耻，你偷，我窃，他贪污，企业不垮才怪呢！

九四：有命无咎，畴离祉。

【解】有天命辅佑，无灾难。有众人依附，是福！

企业家应抓住天时——时机、机遇。如改革开放，即是好的时机，是得"天时"。有了天时，再得人和，企业当然会越办越好。

九五：休否，大人吉。其亡其亡，系于苞桑。

【解】否塞不通的情况停息了，对大人来说是吉。事业的兴亡，与根基的牢固与否是紧紧相关的。

上九：倾否，先否后喜。

【解】坏的境遇完结了。开始不利，后来转为欢悦，这是否极泰来的意思。

同人

卦辞：同人于野，亨。利涉大川，利君子贞。

【解】聚合人众在郊野，亨通。利于渡过大川，战胜困难险阻。利于君子占问。

郊野是空旷的地方，所以利于聚合人众。企业家要施展才能，也得有个广阔的天地。局促在一隅一角，是不易发挥才能的。

爻辞：

初九：同人于门，无咎。

【解】聚众在门外，无灾患。

六二：同人于宗，吝。

【解】与本宗族的人相和同比附，就有营私、任人唯亲的可能，所以吝。上爻爻辞的"同人于门",是与门外的人聚合,门外的人不是本宗的人,是广大民众,所以"无咎"。

九三:伏戎于莽。升其高陵,三岁不兴。

【解】设伏兵,应该在草莽之中才便于隐蔽。把兵布在高丘上,目标暴露,所以说三年也打不掉敌人。

企业家有什么计划,应保守机密,泄密则不利。

九四:乘其墉,弗克,攻,吉。

【解】登上敌人的城墙,还没完全消灭敌人就继续攻,这是吉的。

企业家在取得一定成绩之后,不应止步,应该扩大经营,扩大再生产,争取最后的胜利,这是吉的。如果刚有成绩,就沾沾自喜,止步不进,竞争者就会超越你!

九五:同人,先号咷而后笑——大师克相遇。

【解】众人会合了,先哭后笑——这是大军打了胜仗会师了。

上九:同人于郊,无悔。

【解】聚众于郊外,无可悔怨。

同人于郊虽然无悔,但还不是志向的最后实现,应该把更远方的人也争取过来,会同在一起才是大利。所以,企业家的心志应该远大,不以眼前的利益为目的。

大有

卦辞:元亨。

【解】占到这卦,预示着大为顺利。

爻辞：

初九：无交害，匪咎。艰则无咎。

【解】没涉及灾害，不会有灾难。能守艰克苦，就无忧咎。

企业家既要警惕走错棋，陷入困境，又应有不屈不挠的意志。

九二：大车以载，有攸往，无咎。

【解】用大车载着，到要去的地方去，这是没有忧咎的。

车子大，是说工具良好。有良好的工具，事就好办。企业家也应欲毕其事，先利其器！把利于经营的一切需要，准备充足。

九三：公用亨于天子，小人弗克。

【解】公侯可以受天子赏赐的享宴，小人不能得到。

九四：匪其彭，无咎。

【解】不张扬，没麻烦！

满招损，谦受益。企业家在自身的修养方面，要以谦为上，不要自我张扬。暴发户心理，乍穿新鞋高抬脚式的作风，只能招致败毁。

六五：厥孚交如威如，吉。

【解】以诚信相交，威严自见，所以是吉的。

以信立身！企业家有信则立，无信不立。有信则有威望，无信必致损名。企业家的孚信，不仅是对外、对顾客而言，对内部员工也不可少。

上九：自天佑之，吉无不利。

【解】有天的保佑，吉，没有不利。

对企业家来说，顾客就是"天"，就是"上帝"！有顾客们的信赖,企业就能发达。如果企业的形象在顾客心中已经不佳,这个企业也就走入绝境了。

䷎ 谦

卦辞:亨,君子有终。

【解】亨通。君子有好的结局。

君子能够有终,是由于谦。没有谦虚的美德,甚至狂妄、嫉妒,这样的人是不会有好结果的。

爻辞:

初六:谦谦君子,用涉大川,吉。

【解】君子有谦谦的美好品德,就能够涉过险难,所以说:吉!

企业家必须谦虚,因为你本领再大,也不可能样样通,也必然有许多不懂的知识。你就必须谦虚,承认自己的不足,不耻下问地去求知求学。

六二:鸣谦,贞吉。

【解】心里怀着谦虚的品德,态度上也表现出谦和,吉。

曾有一阵子,谦虚在年轻人中被漠视,把"自我表现"视为理所应该。什么是"自我表现"?恐怕其中有许多人不过是自吹自擂罢了。

九三:劳谦,君子有终,吉。

【解】有功劳而谦虚,这样的人是能有善终的,吉。有功劳,是一个人勤劳、苦干的证明。一个人立下功劳,仍谦虚待人,必然会使众人钦敬的。

六四：无不利，扬谦。

【解】表现谦虚，做什么都不会困难。

一个企业家待人接物，谦和的态度会使对方感到温暖。相反，对人傲慢无理，谁愿与你合作呢？

六五：不富以其邻，利用侵伐，无不利。

【解】因受邻国的侵扰而国中不富，应对邻国发动讨伐，由于正义在我方，所以不会有任何不利。

上六：鸣谦，利用行师征邑国。

【解】此爻预兆表现谦虚，预兆有利于出兵征伐。

谦卦六爻，都主吉利，这说明"谦"这个品德是十分重要的。

䷏ 豫

卦辞：利建侯行师。

【解】占得豫卦，利于建立诸侯，利于征伐。

爻辞：

初六：鸣豫，凶。

【解】自鸣得意，凶！

豫，是和乐欢悦的意思。处于和乐的时候，应该想到不足，想到会出现什么困难，也就是居安思危才对。处于和乐，忘乎所以，一味地享乐，不务正业，怎能不凶呢？

企业家当谨慎，不可"鸣豫"！

六二：介于石，不终日，贞吉。

【解】坚介过于石头，事务不等到天黑就全做完，这是又坚介又勤奋，所以吉。

企业家必须有比石还坚的意志，有当日事当日毕的勤奋精神，才能把企业管理好。

六三：盱豫，悔迟有悔。

【解】由于太安乐而有了病，应快醒悟。悔迟，真会产生遗憾的。

九四：由豫，大有得。勿疑，朋盍簪。

【解】利用和悦安豫的条件去谋事，是可大得收获的。不必生疑，朋友们也能聚合一处。

六五：贞疾，恒，不死。

【解】用这爻占问病情，是：病会长久不愈，但不至于死。

上六：冥豫，成，有渝无咎。

【解】溺于安乐之中，已成而能有变，不会有灾难。

豫乐的时候，万不可忘乎所以，乐极生悲。

䷐ 随

卦辞：元亨，利贞无咎。

【解】占得此卦，一切都顺利，没有艰难险祸。

爻辞：

初九：官有渝，贞吉，出门交有功。

【解】馆舍有变，人将徙迁新舍，所以占这爻是吉兆。出门与人交，有事可办成功。

六二：系小子，失丈夫。

【解】拉住了小子，却失去了丈夫，是得小失大。

俗话说："捡了芝麻，丢了西瓜。"这是得不偿失的。企业家在权衡轻重得失的时候，不可不慎重。

六三：系丈夫，失小子。随有求，得。利居贞。

【解】系住丈夫，失去小子。随时运而去追求，可以有所得。以安守贞正为利。

随时而求，就是依随着时机的变化而动，去适应时机，这样则必有收获。

九四：随有获，贞凶。有孚，在道以明，何咎！

【解】追逐而获取，凶。有诚信，光明磊落地行事，不会有灾难。

企业家固然跳不出竞争的圈子，但如果只逐利而无所不为，纵取得利，也是凶事。如果以信义为上，在道以明，就可以无咎了。

九五：孚于嘉，吉。

【解】守信又逢良时，吉。

随时而动，又有孚信在怀，如此求利，是吉的，企业家也只有这样，才不会失败。靠狡猾、投机，纵获利于一时，终不能长久。

上六：拘系之乃从，维之。王用亨于西山。

【解】施信于人，人仍有不顺从的，就拘系他，使他维系于我。这样，人被维系住了，王也可以大享于西山了。

䷑ 蛊

卦辞： 元亨，利涉大川，先甲三日，后甲三日。

【解】蛊卦预示着占到这卦的人大为亨通，能涉过险阻。每月的辛日和丁日是办事最顺畅的日子。

爻辞：

初六： 干父之蛊，有子，考无咎。厉终吉。

【解】能纠正父亲的过失，有如此子，父就不会有灾患，纵使有大难也能化险为吉。

企业家应从这条爻辞领悟到：企业员工能纠正企业领导者的过失，是大好事！一个企业家能纳谏，是聪明的，反之，听见批评意见就大为恼火，这样的企业家早晚失败！

九二： 干母之蛊，不可贞。

【解】要匡正母亲的过失，不可占问是吉是凶。

九三： 干父之蛊，小有悔，无大咎。

【解】占到这爻时，预示着：将出现一些小纠纷，但终无大患。

企业员工要把企业视为自己的，要敢于指出企业领导者的过失，这是有益于企业健康发展的。

六四： 裕父之蛊，往见咎。

【解】助长父亲的过失，这样做下去是没好处的。

企业家和员工们都应以此爻辞为戒！有错就改，就能发展。只有那些心怀私欲的小人，才是"裕（增加的意思）父之蛊"的家伙！企业家应永远记住《伊索寓言》中那个狐狸骗取乌鸦口中食物的故事，近君子，斥小人。

六五：干父之蛊，用誉。

【解】当儿子的能匡正父亲的过失，是会得到称誉的。

上九：不事王侯，高尚其事。

【解】不去事奉王侯，干自己崇尚的工作。

䷒ 临

卦辞：元亨，利贞。至于八月，有凶！

【解】临卦预示着大为顺利，宜守正不阿。也指出至于八月将有凶事。

爻辞：

初九：咸临，贞吉。

【解】咸，感的意思。以感化对方之心去面临对方，吉！

九二：咸临，吉，无不利。

【解】咸临，吉，没有不利之处。

六三：甘临，无攸利，既忧之，无咎。

【解】以甜言蜜语去面临众人，这是没利的。能知道这样做不对，就能免除灾患了。

临民，治理百姓。引申到企业家，就是管理企业员工。以感化，以严正，去临对员工是有利的；以甜言蜜语去临对员工，无异于欺骗员工们。所以甘临是无攸利的。企业家能认识到这点，并坚决克服、改正，就能获得员工们的拥戴，企业内部就必然加强团结。上下一心一德，企业自然也就"无咎"了。

六四：至临，无咎。

【解】谦而亲临，无患。

企业家必须要接近群众，与员工们交成朋友，这样才能相互交流想法，企业家才能掌握员工们的希求与意见，才便于改进自己的工作。高高在上，不谙下情，这样的企业家最易被小人欺瞒。不至临，必有咎。

六五：知临，大君之宜，吉。

【解】以智慧去临民，是君主所宜做的，吉！

企业家也必须多动脑筋，开发智慧，提出一个个好的方略来把企业管理好。企业家不能把自己等同于具体工种的员工，不是去干员工们的某项工作，而是统筹全局的，所以必须以智去从事管理工作。

上六：敦临，吉，无咎。

【解】以敦厚去临人，吉，无咎。

敦，就是诚。企业家以诚待人，何愁企业不兴？

观

卦辞：盥而不荐，有孚颙若。

【解】祭祀时，只以酒灌地而不献上牺牲，怀着诚信仰视上天。盥而不荐，说明祭品不丰盛，但心诚就足可以了。

爻辞：

初六：童观，小人无咎，君子吝。

【解】童子来观望，预示：小人没灾，君子将有麻烦。

小人与君子是对立的，所以小人无咎，君子就有吝了。

六二：窥观，利女贞。

【解】窥探，不是正当的行为，女子尤其不应如此，所以女子占此爻应守正为利。

六三：观我生，进退。

【解】看自己的行为，决定进退。生，指自己做过的事、行为。

企业家应时时自观经历，肯定对的，否定过失，从而决定下一步该怎么走。

六四：观国之光，利用宾于王。

【解】观看国家的盛荣面貌，利以做君王的宾客。

企业家要开阔眼界，学习经验，少不了要去观光访问。反过来说，也应接受他人的来访观光，侍之如上宾。这样，会使企业与外部的联系加强、扩大。

九五：观我生，君子无咎。

【解】能做到时时自观，实是自我修身之道，君子做到这点，自能无咎。

上九：观其生，君子无咎。

【解】观民众的情况，有益于治国，所以君子无咎。

企业家既要"观我生"，也要"观其生"。既时时把握自己，也随时了解员工，这无疑对改进企业管理、制订发展计划是有利的。

推而演之,"观其生"也可以引申到了解全社会的消费需求上,把握消费动向,生产就能适应需求,企业办得就活泛了。不"观其生",盲目生产,不管市场情况,企业岂不亏损?

䷔ 噬嗑

卦辞：亨，利用狱。

【解】噬嗑卦预示着：亨通，占此卦有利于治理争讼。

爻辞：

初九：屦校灭趾，无咎。

【解】把木制的刑具——校，套在脚上。这说明刑还不重，所以无咎。

六二：噬肤灭鼻，无咎。

【解】噬伤皮肤，割掉鼻子，这仍属于轻刑，所以仍无咎。

六三：噬腊肉，遇毒，小吝无咎。

【解】咬吃腊肉中毒了，小有灾吝，终无大害。

九四：噬干胏，得金矢，利艰贞，吉。

【解】吃干肉，从肉中得出铜箭头。遇到此爻，应以守贞忍受艰辛为吉。

六五：噬干肉，得黄金，贞厉，无咎。

【解】吃干肉，从肉中咬出黄金来——这是危险的，但无大患。

上九：何校灭耳，凶。

【解】木制的校加于头上，掩盖了耳朵，是凶象。

噬嗑卦,《系辞下》指出:"日中为市,致天下之民,聚天下之货,交易而退,各得其所——盖取诸《噬嗑》。"也就是说,噬嗑卦是象征着集市贸易的。太阳当空,人们全拥到集市上来,各地的物产也堆聚到集市上,供人买卖。企业家可以从这个卦中领悟到市场的重要,有市场,才有交易!

噬嗑,就是咀嚼。咀嚼,就必须是上、下牙配合。企业家要把企业搞好,也不能不注意与各方面的协作配合,特别是对市场行情的真正把握。

贲

卦辞:亨,小利有攸往。

【解】占得贲卦,将会亨通。要有所往去,则小有利。

爻辞:

初九:贲其趾,舍车而徒。

【解】把脚下装饰起来,丢开车子不坐,徒步而行。

六二:贲其须。

【解】把胡须修饰起来。

初九与这爻的爻辞,都是讲修饰。企业家要推销产品,也要注意宣传。把广告做好,犹如贲趾贲须。为什么舍车而徒步?就为叫人们看脚啊!再有,产品的装潢也要讲究,外表美能吸引顾客的注意力。

九三：贲如濡如，永贞吉。

【解】装扮得光彩润泽，守此而持久是吉利的。

卖菜的往菜上洒水，为的是使菜显得新鲜。企业家对产品的外观、包装也要如此用心！

六四：贲如皤如，白马翰如，匪寇婚媾。

【解】迎亲的队伍，人们都打扮得色彩斑斑、光洁皎皎，白马也仰首而进。这不是以强暴成婚的样子。

六五：贲于丘园，束帛戋戋，吝终吉。

【解】把园子打扮起来，束了很多丝帛。从华丽奢费上说，有吝；以美而言，终吉。

企业家把自己的厂、店装修得华美，的确要花一大笔钱，但是，从长远来看，装修了店堂、门面，会给顾客一个很好的印象，这对企业的经营终是有利的。

上九：白贲，无咎。

【解】不加任何修饰，无咎。

不加修饰，以本来面目出现，是有素朴美的。比如楠木家具，不上色，更古雅。有的旅游区里的旅舍，依山傍水，哪怕是一座座茅屋，也别有风味。

剥

卦辞：不利有攸往。

【解】剥卦预示：不利于外出或行动。

爻辞：

初六：剥床以足，蔑，贞凶。

【解】把床脚剥损掉了，凶！

床的四脚是基，根基被剥，所以是凶象。企业家的根基，除了资金，更要紧的是品德、员工、顾客。

六二：剥床以辨，蔑，贞凶。

【解】把床腿剥损掉了，凶！

六三：剥之无咎。

【解】这爻预示的是虽受剥损，但没有什么大伤害。

六四：剥床以肤，凶。

【解】床板被剥损，凶。

六五：贯鱼以宫人宠，无不利。

【解】像鱼贯成一串似的，宫人们依次接受君王的宠幸，没有什么不利的。

上九：硕果不食，君子得舆，小人剥庐。

【解】有硕果而不吃。君子得到车舆，小人拆毁房舍。

君子得舆，是君子有众人拥戴。小人剥庐，是小人终不能用，用小人必招灾。从卦形上说，下边五画都是阴爻（--），是阴剥阳的象。企业家从剥卦应悟出：勿用小人！小人只能拆台，只能把一张好床从脚开始腐蚀剥损，直到毁掉这张床。

䷗ 复

卦辞：亨，出入无疾，朋来无咎。反复其道，七日来复。利有攸往。

【解】复卦预示着：通顺，出出入入都无灾患。有朋友来，无患。反复于途中，七天可归。利于有所往。

这卦是一阳（—）在下，是阳气开始上升，但尚微弱的时候。

初九：不远，复，无祗悔，元吉。

【解】走出不远就回来了，不至于有悔恨，大吉。

经营中免不了有差错，但只要很快纠正，就是大吉。

六二：休复，吉。

【解】美滋滋地归来，吉。

六三：频复，厉，无咎。

【解】蹙着眉头而回——虽遇险厉，终能归来，所以无咎。

六四：中行独复。

【解】中途独自返回。

六五：敦复，无悔。

【解】后归，没有悔恨。

上六：迷复，凶，有灾眚。用行师，终有大败，以其国君凶，至于十年不克征。

【解】迷失路途不能归，凶，有灾难。占到这爻，如果出兵，终有大败，国君也将死去，致使十年之内无力出征。

企业家最怕的是"迷复"！经营出了问题，却还找不出错的原由，迷失方向似的，势必陷入困境，举步艰难，手足无措！这就警告企业家：在居安时要思危，在制订经营方策时要考虑周全，在经营过程中发现漏洞立即补上，万不可以走得很远了，乃至迷路的时候再后悔——后悔也来不及！

一旦处于"迷复"地步，企业家应冷静对待，寻找生机，力求置之死地而后生的结果。如果企业家在困境中丧失信心，或方寸大乱，一点儿主意也没有了，这个企业也将倒闭了！

无妄

卦辞：元亨利贞，其匪正有眚，不利有攸往。

【解】无妄，就是不妄为，没邪妄之心。所以它预示元亨，以守正为利。如果占问的人行为不正，心怀邪妄，必有灾患，也不利有所往。

企业家必须心正、身正，不正，必有灾眚。遵纪守法，是正。偷税漏税，侵害顾客，乃至造假、走私、贩毒……都是不正。

爻辞：

初九：无妄，往吉。

【解】无妄，出行吉。

企业家无妄心、妄行，当然做什么都会顺利大吉的。

六二：不耕获，不菑畬，则利有攸往。

【解】不耕不获，不开荒没有熟田，所以应该去做才有利。

企业家要实现自己的目标，就去干，坐在屋里是不会成功的。

六三：无妄之灾，或系之牛？行人之得，邑人之灾。

【解】"无妄"却惹来了灾，或许与牛有关？行人得到了它，牛主人倒了霉。无妄之灾，即飞来之祸。

九四：可贞，无咎。

【解】占到这爻，没灾难。

九五：无妄之疾，勿药有喜。

【解】无缘无故而得了病，不用药也可以痊愈。这是一种比喻，指无妄的人，纵有了"疾病"，不吃"药"也会好，因为他根本没犯什么错误。本来没"疾"！

企业家或企业，无故受了诽谤，也是"无妄之疾"，勿药有喜！

上九：无妄，行有眚，无攸利。

【解】无妄的上九，预示：行动将有灾眚，没有什么利益可得。

䷙ 大畜

卦辞：利贞，不家食，吉。利涉大川。

【解】以守正为利。求食于外，吉，利于度过险阻。

爻辞：

初九：有厉，利已。

【解】这爻预示：有危险，应立即停止所为！

九二：舆说輹。

【解】车轱辘与车分开了。这也是危险的信号。

九三：良马逐，利艰贞。日闲舆卫，利有攸往。

【解】良马善于驰逐，能厉险坎，所以说利艰贞。每天演习车马，武备常修，所以利有所往。

企业家应该如良马，能历险，能耐艰苦。也应该时时训练本企业的员工，使他们精通业务，这样的企业是大有希望的。

六四：童牛之牿，元吉。

【解】小牛长了角，说明它已经可以从事劳作了，故说大吉！

企业家应培养人才，有了人才，企业才有活力。有许多企业自行办学，实是有眼光的高明之举。

六五：豮豕之牙，吉。

【解】去掉野猪的牙，使它不能伤人，所以吉。

企业家应去掉一切妨害企业发达的祸根。

上九：何天之衢，亨。

【解】大道接天，亨通！

一个企业之路，如果广阔如天，那这个企业也如良马一样任意驰骋了。相反，路窄得很，生意也绝难兴盛。所以，企业家一定要从新产品的开发上、销路上多动脑筋。企业规模小，不可怕，怕闯不出路来！把路闯开了，小企业也就变大了。路子闯不开，大企业也会萎缩。

颐

卦辞：贞吉，观颐，自求口实。

【解】占此卦者，吉。颐是颊，观颐则想到口中的食物，所以说应自求口中食。

企业家经营企业，也是自求口实。

爻辞：

初九：舍尔灵龟，观我朵颐，凶。

【解】放着你的鲜美的龟肉不吃，却看我鼓起两颊嚼食物，凶！

放着本厂的人才、机器不利用，却羡慕别家工厂利润倍增，是凶！企业家要自求口实，首先得发现、看到自己企业里有"灵龟"。不调动本企业内在的能力，企业是搞不好的。

六二：颠颐，拂经于丘颐，征凶。

【解】颊中填满了食物，违反了咀嚼的常理。出征有凶。

六三：拂颐，贞凶。十年勿用，无攸利。

【解】违反了咀嚼的活动规律，凶。十年之内举事无成，没有利益可得。

六二爻辞和这条爻辞，都讲的是守常和违理的问题。颐的动作——指口腔的咀嚼，是有常规的，如食物不能填得过多，如上下齿须咬合才行。违反了常理，咀嚼功能就无法实现，所以说凶。企业管理上也有许多常规正理，依照规律办就成功，违反规律办就失败。

六四：颠颐，吉。虎视眈眈，其欲逐逐，无咎。

【解】老虎的口腔里填满了食物，它虽然瞪着眼，还想吃，但无法再吃了，所以吉！

六五：拂经，居贞吉，不可涉大川。

【解】在反常情况下，以安居守正为吉，不可以去涉险。

企业出现困难时，企业家就应冷静地查找原因和寻求解决办法，不应再冒险妄动。

上九：由颐，厉，吉，利涉大川。

【解】任从颐颊顺其自然地动作，虽有险，也有吉，利于渡涉大川之险阻。

䷛ 大过

卦辞：栋桡。利有攸往，亨。

【解】房屋的栋折断了，预示：应该迁徙，亨通。

爻辞：

初六：藉用白茅，无咎。

【解】躺卧的时候，身下垫的是白茅草。这是很简朴的，所以无咎。

企业家"藉用白茅"，生活简朴，作风廉洁，就不会有灾咎。

九二：枯杨生稊，老夫得其女妻，无不利。

【解】枯了的杨树又生根，老头子又娶妻结婚，这没有什么不利。

一个处于困境的老企业，也"枯杨生稊"，是复兴的征兆。

九三：栋桡，凶。

【解】栋折断了，凶。

九四：栋隆，吉，有它吝。

【解】房栋隆起来，是吉兆，但也会有意外的小麻烦。

九五：枯杨生华，老妇得其士夫，无咎无誉。

【解】枯杨又开花，老妇与青年男子成婚，这没什么灾咎，也不值得称赞。

上六：过涉灭顶，凶，无咎。

【解】过河的时候，被水淹没，这是凶事，但这爻又预示：虽遇凶险，但终无大妨害，可以转险为夷。

栋，是房屋的重要骨架部分之一。栋梁，被喻为有用的人才。企业中不可缺少栋梁之才，有这样的人作为企业的中枢力量，企业才有发达的希望。企业的"栋"折断了，企业委顿，员工们自然是要投奔别处的。所以，企业家应该充分认识到栋的作用，既要发现人才，更会使用人才，还得关怀人才。一个企业有一批经营管理、技术、科研等方面的"栋"，这个企业就有坚强的骨架了。

䷜ 坎

卦辞：习坎，有孚，维心亨，行有尚。

【解】一次又一次地遇险，叫"习坎"。屡屡遇险，必有信心方可克服它们。有信心就能亨通，行为有目的才不盲目，坎险也就能克服了。

爻辞：

初六：习坎，入于坎窞，凶。

【解】遇到重重险难，又掉进了陷阱里，这是凶！

企业家占到这爻，是不利的。

九二：坎有险，求小得。

【解】在坎险中，只能求到小的收获。

作为企业家，处于困境，也不能灰心。纵有小收获，也应该求取，积蓄起来，加强企业的资金实力。

六三：来之坎，坎险且枕。入于坎窞，勿用。

【解】遇到了困难，就在困境中暂时停歇，陷入阱中是不能轻举妄动的！

企业家应该对困境有既来之则安之的胸怀，不可由于企业一时不景气，自己就乱了阵脚，不知所措。

六四：樽酒簋贰，用缶，纳约自牖，终无咎。

【解】宴享时，主要用樽酒、簋，辅之以缶，依礼节从窗外递到屋里。一切照规矩办，终无麻烦。

企业家遵纪守法，一切依规矩而行，也是终无咎的。

九五：坎不盈，祗既平，无咎。

【解】坎陷没填平，小丘已除去，没有灾患。

上六：系用徽纆，寘于丛棘，三岁不得，凶！

【解】犯人被绳子捆住，放在周围插满刺棘的牢里，三年也出不去，凶！

犯人被囚禁，是因为犯了国法。企业家要以此为鉴，做个守法的人。

䷝ 离

卦辞：利贞，亨。畜牝牛，吉。

【解】离卦预示的是：利贞，亨，畜养母牛为吉。

母牛可以产小牛，扩展牛群，所以说"畜牝牛吉"。

爻辞：

初九：履错然，敬之无咎。

【解】行路时，谨慎小心就不会出现灾难。

六二：黄离元吉。

【解】黄是中色，离是光明。所以说黄离——大吉！

中国古代极推重黄色，这与土是黄色的，土地上能生产万物有关。企业家应从这里想到为人要正直磊落，想到依靠员工，想到任人要选贤用能……这样，企业就能发展扩大。

九三：日昃之离，不鼓缶而歌，则大耋之嗟，凶！

【解】日落了只有余晖，八十老者不能安乐地击缶唱歌，却发出叹息，这都是衰败之象，所以说：凶！

九四：突如其来如，焚如，死如，弃如！

【解】逆子回来了，烧死他，杀死他，抛弃他！

六五：出涕沱若，戚嗟若，吉。

【解】哭泣得像下雨，悲哀地叹息——吉。为什么吉？因为这是忧惧、悔恨的表现。

企业员工犯了错误，知道痛改，企业家就应该宽容对待。痛改前非，是吉事。

上九：王用出征，有嘉折首，获匪其丑，无咎。

【解】君王出征，取得大胜利，斩了敌人头领，俘获许多人、物，分赏有功者。这是无咎的。

企业发财了，企业家不应忘记员工们的功劳，该赏就要赏。关心员工，爱护员工，慰劳员工，是企业家应时时记在心上的大事。

䷞ 咸

卦辞：亨，利贞。娶女吉。

【解】咸卦预示着：亨通，以守正为利，娶女很吉祥。

爻辞：

初六：咸其拇。

【解】因有所感，足趾开始动了。趾动，是说受感之初，反应尚很微小。

六二：咸其腓，凶，居吉。

【解】感受传到腿肚子，就有行动的意思了，但是动则凶，居处不动则吉。

九三：咸其股，执其随，往吝。

【解】感受传到大腿，大腿即将执行并随从心志而动。动则有小患。

九四：贞吉，悔亡。憧憧往来，朋从尔思。

【解】占这爻吉，悔恨消失了。来来往往的人，都是顺从你心意的朋友。

九五：咸其脢，无悔。

【解】感受传到脊背的肉上，预示：没有什么悔咎。

上六：咸其辅颊舌。

【解】感受传到了面部、口腔。

咸，就是感的意思。咸卦的卦象，上☱是少女，下☶是少男。少男随在少女之后，向少女求爱。

企业家也得有感动他人的本领，才能成就自己的目的。这也是一种公关本领。要做到求之，使之高兴，非具有一片真诚之心不可。比如要去求贤，就得像三顾茅庐的刘备那样，才能感动有才能的人来帮助你。也要有咸卦所启示的：从"咸其拇"开始，一步一步，做细致的工作，直到"咸其辅、颊、舌"。

恒

卦辞：亨，无咎，利贞，利有攸往。

【解】占到恒卦，预示：办事亨通，无灾难，以守正为利，出行有利。

爻辞：

初六：浚恒，贞凶，无攸利。

【解】深求持恒不变，凶，无利可图。

浚，深的意思。恒，是相对的，要求绝对的恒、不变，都是违反自然规律的。企业家极应注意不可浚恒，因为市场需求是在变化中的，企业生产如果守定一种产品、型号不变，货就卖不出去。

九二：悔亡。

【解】占得此爻的人，烦恼可消失。

九三：不恒其德，或承之羞，贞吝。

【解】不能持久地保持美好的品德，就会招来耻辱。占此爻有小患。

企业家必须保持优良的商业道德，要讲信义，要对社会群众——他们都是你的产品的消费者——负责。企业也要保持优良的经营作风，否则，顾客都不上门，企业岂不要倒霉？

九四：田无禽。

【解】打猎时找不到野兽。

这爻预示着主观目的与客观实际不吻合，徒劳而无功。企业家必须在了解市场变化的前提之下，去制订自己的目标。不结合实际的计划，是无法行得通的。

六五：恒其德。贞妇人吉，夫子凶。

【解】持守德操。妇人占此爻吉，男子占此爻凶。

上六：振恒，凶。

【解】违背自然规律，凶。

企业家不能逆着经济规律、市场规律等客观法则行事，违反了客观规律，势必使企业生产陷入盲目性、主观性的错误中，使本厂的产品不能满足消费者的需求，造成积压、浪费。对企业有害，就是凶。

遁

卦辞：亨，小利贞。

【解】亨通，小有收益。

爻辞：

初六：遁尾，厉，勿用有攸往。

【解】走得太慢，落在末尾，有危险！不利于有所往动。

企业家要占领市场，必须在了解到市场行情、消费趋势之后，雷厉风行，抢先于同行们一步，才有大效益。落后于人，产品必然滞销，亏损本利。

六二：执之用黄牛之革，莫之胜说。

【解】用黄牛革制成的皮绳拴住它，它就逃脱不了。

企业家占到这爻，应考虑以切实可行而有力、有把握的办法，去占领市场，把消费者牢牢地吸引过来！企业家的"黄牛之革"就是优良的产品。虚假的广告、伪劣的商品，都不过是浸过水的纸绳儿！

九三：系遁，有疾厉，畜臣妾吉。

【解】受到拘系跑不掉。占此爻，预示着：有病则危。畜养臣、妾吉。

病如果"跑"不了，人当然危险了。臣、妾如果跑不了，主人自然欢喜。企业的危机如度不过去，企业必危！企业拥有优良人才、设备，自然大吉。

九四：好遁，君子吉，小人否。

【解】喜欢谦退，君子有此美德，故吉。小人一味见利不顾廉耻，甚至不要性命，当然否！

九五：嘉遁，贞吉。

【解】借良机而隐退，吉！

企业家知进知退，才能机动灵活。当发现商品销售已经达到高峰，市场已经饱和，就应因时立退，改换新品种，再一次占领市场，做新浪尖上的弄潮儿。

上九：肥遁，无不利。

【解】远走高飞，无一不利！

企业家发现应该转换产品时，应当机立断，就大吉大利。

䷡ 大壮

卦辞：利贞。

【解】占到这卦，以守正为利。

爻辞：

初九：壮于趾，征凶，有孚。

【解】从根儿上就逞强用壮，肯定是动则有凶！

企业家在创业时，不守正，不用柔，开始就欺人、骗人，肯定好不了！

九二：贞吉。

【解】占此爻，吉。

九三：小人用壮，君子用罔，贞厉。羝羊触藩，羸其角。

【解】小人逞强用壮，君子恃强欺人，都是危险的。公羊把角插入篱笆中，拔不出来，进退不得，陷入困境。

九四：贞吉，悔亡。藩决不羸。壮于大舆之輹。

【解】占此爻吉，烦恼消除。如同比大车的轮辐还坚强有力似的，公羊把篱笆捅破了，摆脱了困境。

六五：丧羊于易，无悔。

【解】虽然羊在路上跑失了，对主人来说没什么大灾。

上六：羝羊触藩，不能退，不能遂。无攸利，艰则吉。

【解】公羊的角捅入篱中，不能退，不能进。这是无利的，能艰忍则吉。

企业处于进退两难的境地时，企业家不能获利是显然的。但企业家不能因此而急躁妄动，应有坚忍不拔的意志，处困不灰心，处危不丧气，这是吉！

晋

卦辞：康侯用锡马蕃庶，昼日三接。

【解】康侯用君王赏赐的马，蕃衍成群，一天就交配好几次。这卦预示着事业兴旺发达。

爻辞：

初六：晋如摧如，贞吉罔孚，裕无咎。

【解】进而遇到摧折，吉。虽不确实充裕，无咎。

初六，是开始的爻位。在事业一开始进而受挫，使人知道创业的不易，所以是吉事。开始不充裕，没关系，因为事业是向前发展的。

六二：晋如愁如，贞吉，受兹介福于其王母。

【解】进而生愁，是知创业之难，也是企业知道苦思的表现，所以吉！受祖母给的大福，预示有人相助。

企业家必须知"愁"，一帆风顺未必是好事情！在创业时，多受磨炼有何不好呢？

六三：众允，悔亡。

【解】得到众人的赞允，没烦恼。

企业家有众人赞允，事业就好办了。

九四：晋如硕鼠，贞厉。

【解】进而如硕大的老鼠那样贪而无厌，是危险的！

企业家为事业，应有积极的进取心。但于个人，则必须廉洁，一旦贪如硕鼠，必致身败名裂，事业无成。

六五：悔亡，失得勿恤，往吉无不利。

【解】这爻预示：烦恼消除，不患得患失，出行吉，没有不利的事。

上九：晋其角，维用伐邑，厉吉无咎，贞吝。

【解】用角去进攻，如军队是用来攻城的一样。以锐利的武器进攻，是险事，但能获吉，无咎。进攻时就要勇于历险，守贞静则是招来灾祸之道！

企业家要有魄力，该进的时候，胆小不动，必失去竞争的良机！

䷣ 明夷

卦辞：利艰贞。

【解】明夷，是光明消失的意思。在这时，应艰贞忍耐为利。

爻辞：

初九：明夷于飞，垂其翼。君子于行，三日不食，有攸往，主人有言。

【解】光明逝去，飞鸟垂下翅膀。君子在路上三日没吃饭，要去办事,主人有命令,所以赶路顾不上其他。

六二:明夷。夷于左股,用拯马壮,吉。

【解】天黑了。伤了左股,因为拯救马匹,这种勇壮之举,吉!企业家也应在企业处于危困时,不顾自身地拯救企业。

九三:明夷于南,狩得其大首,不可疾贞。

【解】在讨伐南方时,能捉住敌人首领,但不能很快地匡正那里的一切。

六四:入于左腹,获明夷之心,于出门庭。

【解】伸入他的左腹,把他那隐退之心取出来,让他出门去为君王效力。

企业家要礼贤下士,尽力把所要的人才请出山来,为企业服务。

六五:箕子之明夷,利贞。

【解】箕子隐退,是因为商纣王无道。占此爻,以艰贞守正为利。

上六:不明,晦。初登于天,后入于地。

【解】天色不明,阴晦。开始太阳升上天空,后来又落入地下。

企业家从明夷卦能得到什么启示呢?明夷,是黑暗的时候,可比喻处境不佳的时期。企业处于不佳时期,困难必然重重。企业家在这种境遇中,一定要艰贞自守,既不要轻举妄动,也不能无所作为,而是应该坚忍不拔,想方设法去克服困难,争取企业的振兴。

䷤ 家人

卦辞：利女贞。

【解】这卦女子占得有利。

爻辞：

初九：闲有家，悔亡。

【解】女子娴习家务，就会使家庭兴旺，没有烦愁。

企业家也必须娴习业务，企业才能兴旺，消除困难。

六二：无攸遂，在中馈，贞吉。

【解】不必去干其他事，把家里的饭食做好即可。主持中馈，是家庭主妇的职责。占这爻，吉！

企业家是企业的"主妇"，应把领导工作主持好，不必去干具体的生产性工作，如下车间替工人开机器，下食堂替厨师做饭，到传达室去当工友……

九三：家人嗃嗃，悔厉吉；妇子嘻嘻，终吝。

【解】主妇治家严厉，家人们会受不了而有怨言，但这对家庭来说，主妇的做法是对的，所以吉。相反，治家不严，妇女、孩子嘻嘻哈哈，上下没有规矩，这个家就要出现乱子了。

企业家治厂治店，也要严格。严格管理，对企业是吉兆！纵然员工们觉得管得太严，受不了，但企业好起来，大家的生活都会改善，那时也就都会高兴的。相反，企业管理上松散，上上下下没一点纪律，工作都马大哈，这样的企业离垮台就不远了。

六四：富家，大吉。

【解】家庭富起来，大吉！

九五：王假有家，勿恤，吉。

【解】君王大有其家，不忧，吉。假，大，扩展的意思。企业扩大，吉！

上九：有孚威如，终吉。

【解】有信誉，有威严，最终是吉！

企业家也应内怀诚信，外具威仪，这样才会得到最终的吉利。

䷥ 睽

卦辞：小事吉。

【解】睽卦预示：办小事，吉。

爻辞：

初九：悔亡。丧马勿逐，自复。见恶人，无咎。

【解】烦恼消失。丢了马不必找，它会自己回来。遇上恶人，不会有灾祸。

九二：遇主于巷，无咎。

【解】在巷子里遇上主人，无烦恼。

六三：见舆曳，其牛掣，其人天且劓，无初有终。

【解】见一头坏了一只角的牛拉着车子走，赶车人是个受过黥刑和割鼻刑的人。牛角有伤，人受过刑，是无初；现在拉车、赶车，干得很好，是有终。这爻预示着开始有难，后来转好。

九四：睽孤，遇元夫，交孚，厉无咎。

【解】离散的孤独者，遇到善人，相交以信。虽曾有难，但终归无愁。

六五：悔亡，厥宗噬肤，往何咎！

【解】烦恼会消失。同宗的人，有噬肤之交，到什么地方都没困苦。

上九：睽孤，见豕负涂，载鬼一车，先张之弧，后说之弧。匪寇婚媾，往遇雨则吉。

【解】离散的孤独者，见猪身上有泥，又见到一车鬼，他先张弓要射，又收起弓来。

不是去强行威暴，而是去娶亲。出行遇雨则大吉大利。

《周易·象传》说：睽，"君子以同存异"。意思是说睽卦上 ☲ 象征火，下 ☱ 象征泽。火和泽（水）是相克的，君子见睽卦，就应想办法与人交往，应求同存异。企业家在与同事和合作者的工作往来中，也应求同存异。同，是共同的利益，必须求。为了共同的利益，不去为小的异议而发生冲突，避免因小失大，因小异破坏了大同。

䷦ 蹇

卦辞：利西南，不利东北，利见大人，贞吉。

【解】这卦预示：去西南有利，去东北不利。利于见大人——长辈、有德望的人、上司。占这卦吉。

爻辞：

初六：往蹇来誉。

【解】去，遇险阻。来，得荣誉。

六二：王臣蹇蹇，匪躬之故。

【解】君王的臣子，涉历艰险，不是为了自己。

九三：往蹇来反。

【解】出行遇险又回来。

六四：往蹇来连。

【解】去，有难。来，有难。连，难的意思。

九五：大蹇朋来。

【解】处于大难时，朋友来助。

上六：往蹇来硕，吉，利见大人。

【解】去有险，来大吉，利见大人。

解

卦辞：利西南。无所往，其来复吉。有攸往，夙吉。

【解】利于去西南方。无所往，回来是吉的。有所往，早去是吉。

爻辞：

初六：无咎。

【解】占此爻，无烦恼。

九二：田获三狐得黄矢，贞吉。

【解】打猎获得三只狐狸，得金箭。占此爻：吉！

六三：负且乘，致寇至，贞吝。

【解】背着东西坐在车上——等于把财物高高举起，将把贼寇招来。所以占这爻，预示着有难。

九四：解而拇。朋至斯孚。

【解】解开你脚上的束缚，朋友来助，有诚信。

六五：君子维有解，吉。有孚于小人。

【解】君子身上的绳索解开了，吉。君子得到小人们的信服。

企业家要取信于人，取信于员工，取信于消费者。如此，有困难也能得到众人的相助而克服。

上六：公用射隼于高墉之上，获之，无不利。

【解】公爵在高墙上射隼，射中了。预示着占这爻的人所行没有不利。

䷨ 损

卦辞：有孚，元吉，无咎，可贞，利有攸往。曷用之？二簋可用享。

【解】有诚信，大吉，无灾，占这卦很好，出行有利。祭享时用什么？用二簋即可。祭享仅用二簋，说明损减，不浪费。

爻辞：

初九：祀事，遄往无咎，酌损之。

【解】祭祀的事，应速去参加，无咎。祭祀用的酒，也应减少，不宜奢费。

企业家在工作中，如有宴会，也应以简为宜，大吃大喝，讲排场，浪费而无益。尤其是开会就吃，吃谁？还不是吃公家？此爻讲"酌损之"，如此为无咎。否则，必咎！

九二：利贞，征凶，弗损益之。

【解】占此爻宜守正，动则凶。对事物也不要损之或益之。损，减。益，增加。

六三：三人行则损一人，一人行则得其友。

【解】三人同行，则损丧一人。一人独行，则可得朋友。

六四：损其疾使遄，有喜，无咎。

【解】治病，要快。有喜，无咎。

企业决策有了错误，要速速解决问题，改正错误，如此有喜无咎。否则，有咎无喜。

六五：或益之十朋之龟，弗克违，元吉。

【解】如果增加十朋（货币单位）买龟，不拒绝卖主的要求，大吉。

龟，在古代是吉物。企业家为了兴业，需要购置设备，就不能舍不得花钱——这种开销是有益的。一句话：该开销就开销，不该浪费就别浪费。

上九：拂损益之，无咎，贞吉。利有攸往，得臣无家。

【解】于事不必损之或益之就无咎。贞正守常是吉。往行有利，得无家可归者为家臣。

䷩ 益

卦辞：利有攸往，利涉大川。

【解】益卦预示：往行有利，能涉过大川险阻。

爻辞：

初九：利用为大作，元吉，无咎。

【解】利于开始大的事业。大吉，无咎。

企业家占此，当开始创业。

六二：或益之十朋之龟，弗克违，永贞吉。王用享于帝，吉。

【解】或益之十朋之龟，弗克违，吉。王去祭祀上帝，吉。

对企业家来说，上帝就是顾客。尊敬顾客，不损害消费者的利益，是企业的吉！

六三：益之，用凶事无咎。有孚，中行，告公用圭。

【解】多花费一些用于丧事，无咎，因为是有诚信于鬼神。执圭行于途中，去求告公侯。执玉圭是合于礼的。

六四：中行，告公从，利用为依迁国。

【解】行于中道去告公，公允从了，便以依附于公为有利，乃至迁国而依公。公，指大邦的君主。

企业小，或有了亏空，依附大的企业，实行合法的兼并，使本企业强大，或起死为生，也是合情理的。

九五：有孚惠心，勿问，元吉。有孚惠我德。

【解】有诚信，施恩惠于人，不必占问也是大吉的。有孚于人，人必感德。

企业家必须有孚信于人,尤其是对企业内的员工。有孚,则上下一心。

上九:莫益之,或击之,立心勿恒,凶。

【解】受不到助益,却遭攻击,是立心不恒,反复无常,所以凶!

企业家当以此爻辞为戒,立心要恒,对事业有恒心,对顾客守信不渝,对员工恩待不变,如此则吉。否则,说了不算,反复无常,结果必定不吉。

䷪ 夬

卦辞:扬于王庭,孚号有厉,告自邑:不利即戎,利有攸往。

【解】显扬于王庭之上,申信号令。有险情自邑来告,不宜立即发兵,应派人去了解一下为利。

企业家当显扬纪律、计划于大庭广众中,以激发员工的志气。如果分公司、子公司有情况,出了问题,不能立即作决定,要先派人调查,而后作出处理。

爻辞:

初九:壮于前趾,往不胜为咎。

【解】听到告急,不作调查,决然出兵,打不胜必引起麻烦。

企业家在不了解情况的时候,恃强、自信地作决定,也会出麻烦。

九二:惕号莫夜有戎,勿恤。

【解】警惕地执行号令于夜里,有敌情也不怕!莫,即暮字。

企业家时时警觉地注意市场变化,企业各部门也不松懈,那么即使出现什么情况,也是有备无患的!

九三:壮于頄,有凶。君子夬夬,独行遇雨,若濡有愠,无咎。

【解】刚壮之气涌上面颊,凶!这是指小人而言。小人遇事,一味逞刚用强,不知思而后行,故凶。君子遇事则先思后作决定,如独行遇雨被淋,心虽不快,但无妨害。

企业家遇事,必须冷静对待!

九四:臀无肤,其行次且,牵羊悔亡。闻言不信。

【解】屁股上没了皮肤,走路就不方便。牵的羊跑不了,则无烦恼。听到的不是实言。

九五:苋陆夬夬,中行无咎。

【解】苋陆(马齿苋)脆嫩易折,君子行中正之道,果决不疑就无烦恼。

企业家应在了解情况的时候果决不疑。

上六:无号,终有凶。

【解】没有号令,必凶!

姤

卦辞:女壮,勿用娶女。

【解】女子强悍,不可娶她!

企业家选择合作者,也要注意对方的品格,如是强悍霸道的人,不可!

爻辞：

初六：**系于金柅，贞吉。有攸往，见凶。羸豕孚蹢躅。**

【解】把车固定在坚质的卡轮木上，吉。有所往进，凶，如同病猪，心里还想走动，但动则危，因为它有病！

九二：**包有鱼，无咎，不利宾。**

【解】包中有鱼，无烦恼，不利客人。

企业有资金，有丰富的产品，就不发愁。相反，资产不丰，则陷于困地，竞争对手便占上风。

九三：**臀无肤，其行次且，厉，无大咎。**

【解】臀部无肤，是有伤，则行走不便，虽痛苦，但无大害。臀部的伤，并不至于危及性命。

九四：**包无鱼，起凶。**

【解】包中无鱼，凶事将出现。

企业亏损，如包中无鱼，当然危机就将到了！

九五：**以杞包瓜，含章，有陨自天。**

【解】用杞树叶子包瓜，虽很漂亮，但瓜是易烂的。瓜的损坏，具有必然性，并不因用杞叶包它而改变。外表美，无济于内部的坏损。

企业如只有个庞大的空架子，外部看去还声势不小，但内部的亏损与腐败终归是掩饰不住的。所以，企业家应务实，而不应求虚荣。譬如广告宣传闹得声名很大，但产品质量日趋下降，这样的企业迟早败落！

上九：**姤其角，吝，无咎。**

【解】碰上坚硬的犄角，虽有麻烦，但无大伤害。

萃

卦辞：亨，王假有庙，利见大人，亨利贞，用大牲吉，利有攸往。

【解】宴享于君王扩大了的庙堂中。利见大人。亨通，守正有利。用大牲畜祭祀，吉。出行有利。

此卦辞里的第一个"亨"字，同"享"，宴享的意思。第二个"亨"，是亨通的"亨"。

爻辞：

初六：有孚，不终乃乱、乃萃。若号，一握为笑，勿恤，往无咎。

【解】有信而不终，下民就乱了，结聚为群。如去号召他们，那一群一伙的人就又笑了，故无忧。去号召乱民，申以诚信，往而无咎。

企业家一定要以信服人，守信不移，否则谁还听你的？

六二：引吉，无咎。孚乃利用禴。

【解】大吉，无咎。怀有诚信，才利于祭祀天地。

古人祭祀讲心诚。企业家对待上帝——顾客，更得讲诚守信。你欺骗顾客，等于自己害自己！

六三：萃如嗟如，无攸利，往无咎，小吝。

【解】聚在一起叹气，这是无利的表现。往虽无咎，但有小麻烦。

九四：大吉，无咎。

【解】占得此爻，大吉，无咎。

九五：萃有位，无咎，匪孚，元永贞，悔亡。

【解】盛而得位，无咎。不以信服人，但能大而久地守正道行事，可以无悔。

不诚不信，是失群少助的。此爻所说，是专指"萃有位"的人，他有官位，虽少信用，但不犯法纪，位也不至于失去，所以说"悔亡"。

上六：赍咨涕洟，无咎。

【解】长吁短叹，又流涕又流泪，无咎。

升

卦辞：元亨，用见大人，勿恤，南征吉。

【解】升卦预示着：大亨，去见大人很顺利，无忧，南征吉。

爻辞：

初六：允升，大吉。

【解】占此爻，进而能升，大吉。

九二：孚乃利用禴，无咎。

【解】怀着虔诚之心，就能祭祀天地，有利，无困难。

九三：升虚邑。

【解】升进，如入无人的城邑。这是比喻升进没有阻碍。

六四：王用亨于岐山，吉，无咎。

【解】君王在岐山设宴，吉，无灾难。

六五：贞吉，升阶。

【解】吉，沿阶步步高升。

上六：冥升，利于不息之贞。

【解】在昏暗中仍进而不止，对不休止地进升者有利。

䷮ 困

卦辞：亨，贞：大人吉，无咎，有言不信。

【解】大人占此卦，亨通，吉利。又预示着无灾难，但说话别人不相信。

爻辞：

初六：臀困于株木，入于幽谷，三岁不觌。

【解】坐在木头上起不来了，进了幽深的山谷中，三年不见世面。这是一种受困之象。

企业生产滞留在一个水平上，不能提高，也如困于株木，入于幽谷一样。

九二：困于酒食，朱绂方来，利用享祀，征凶，无咎。

【解】天子赐朱绂的时候，因喜而醉酒，不好。应把酒食用于祭享才有利。征伐有凶，因醉酒了，怎能去打仗？而其他事则虽困于酒食，却没什么关系。

企业家可以有自己的爱好，但千万不可因爱好而误正事！

六三：困于石，据于蒺藜，入于其宫，不见其妻，凶！

【解】被压在石下，落在蒺藜丛里；入门不见了妻——都是凶象的比喻。

九四：来徐徐，困于金车，吝，有终。

【解】徐徐来迟，是车子出了毛病。这预示着：有困难，但终于能到来了——达到目的地。

车，是工具。企业家应注意，在工作中，所需所用的不要出问题，那样是要耽误正事的。

九五：劓刖，困于赤绂，乃徐有说。利用祭祀。

【解】遭了割鼻、刖足的刑法，是受了服赤绂的官长的惩罚，好不容易才摆脱困境，应祭祀天地为有利。

上六：困于葛藟，于臲卼。曰：动悔，有悔，征吉。

【解】被蔓草缠住，难以挣脱。动而有悔，处于悔中有所觉悟，走开是吉。

䷯ 井

卦辞：改邑不改井，无丧无得，往来井井，汔至亦未繘井，羸其瓶，凶。

【解】邑可以迁移，井不能移动。井既然不能动，所以没有损失也没有收益，人来人去，井还是井。井已经干了，没法子打水，打水的罐也摔了，凶象。

爻辞：

初六：井泥不食，旧井无禽。

【解】井水浑浊没法喝了，干废的井边连鸟儿也不来。这爻预示着衰败。

九二：井谷射鲋，瓮敝漏。

【解】射井里的鲋鱼，碰漏了汲水用的瓦罐儿。这爻预示着欲有所求，却有所失。

九三：井渫不食，为我心恻，可用汲。王明，并受其福。

【解】井水已经澄清，我不饮的原因是由于心里有伤心事。井水可以饮用，君王圣明，百姓受他的保护。

六四：井甃，无咎。

【解】以井壁象征无咎。

九五：井冽寒泉，食。

【解】井水清冽如泉，可以饮用。

井水甘冽，如同清凉的泉水那样，人们自然喜欢饮用。企业家应想到自己的为人，想到企业的声誉，想到产品的质量：自己为人正派，待人真诚；企业的声誉良好，在社会上的影响很大；产品质量保持优秀。如此，能不受人们的敬重与欢迎吗？

上六：井收勿幕，有孚元吉。

【解】打完水之后，不要盖井，让他人来打水，这是有信于人的好事，大吉。

企业家固然免不了与人竞争，但决不能自私自利，有霸道作风，只许自己渔利，不让别人得益。一个企业家如果成了千人唾指的恶霸，势必失众而成了孤家寡人。一些欺行霸市的家伙，行为与地痞流氓无异，这种人是迟早要被国法惩处的。所以，企业家一定要记住"井收勿幕"这句爻辞。

䷰ 革

卦辞：巳日乃孚，元亨利贞，悔亡。

【解】逢到每月的巳日，必能有众人来助，因为众人信任你。大为亨通，以守正得利，烦恼消失。

爻辞：

初九：巩用黄牛之革。

【解】用黄牛皮制的革去加固它。

要巩固住基础或某项成果，就要采取强有力的措施和方式。企业家也要有"黄牛之革"般的措施，来维系企业的繁荣和在市场竞争中的优势。倘若有了繁荣和优势而不去巩固它，它就会消退的。

六二：巳日乃革之，征吉无咎。

【解】巳日（每月的巳日）制革。预示着：出征大吉，无难。

九三：征凶，贞厉。革言三就，有孚。

【解】占此爻，预示：出征有凶，危险。把变革的事反复讲说多次，才能使百姓信服。

企业家在自己的设想成熟之后，要反复对员工进行讲解，使大家都能领会你的意图。这样，才能与你同心，把改革办好。

九四：悔亡，有孚改命，吉。

【解】烦恼消失，能取信于众人，进行改革，吉！

企业家要实现改革，必须取信于众，否则就不可能成功。

九五：大人虎变，未占有孚。

【解】大人行改革之道，如虎现出美丽的斑纹。不用占，这也是得到众民信任的吉兆。

虎变，是质变，是从根本上、从内在发生变化。虎长大了，自身内部就起了变化，皮毛长出美丽的花纹。所以，虎变，比喻真正的、彻底的、顺应发展规律的改革。

上六：君子豹变，小人革面，征凶，居贞吉。

【解】君子的豹变，是真正的变。小人革面，是表面上变，内心没变，所以凶，以不妄动为吉——因为君子变，小人不变，他假意随和，并不会真正听从君子的。

鼎

卦辞：元吉，亨。

【解】占到这个卦，大吉，顺利。

爻辞：

初六：鼎颠趾，利出否。得妾以其子，无咎。

【解】掀起鼎足，顺利地把鼎里的废物倒出去。得了妾（仆妇一类的女佣），并用她的孩子，没麻烦。

九二：鼎有实，我仇有疾，不我能即，吉。

【解】鼎中有食物，但我妻有疾，我不能去就食，这是吉的。为什么吉？妻病是大，就食是小，不因小失大。

企业家在处理具体问题上，也要权衡轻重，不可因小失大。

九三：鼎耳革，其行塞，雉膏不食，方雨亏悔，终吉。

【解】鼎耳掉了，就不好搬动它了。煮在鼎里的野鸡肉也吃不上了,这是亏悔。但正赶上下雨,又是归于吉利的。

九四:鼎折足,覆公悚,其形渥,凶。

【解】鼎腿断了,里边的公众的食物都倒出来了,鼎也弄脏了。凶!

鼎足,是支撑鼎的。企业靠什么支撑?靠产品的优质,靠企业家的精干,靠内部的团结,靠员工们的积极工作,靠信息的灵通……这些支撑一旦断折,企业岂有不倒之理?

六五:鼎黄耳金铉,利贞。

【解】鼎耳黄澄澄的,抬鼎用的铉又镶饰着金。占此爻有利。

上九:鼎玉铉,大吉,无不利。

【解】鼎铉是由玉装饰的。大吉,没有一点儿不利!

震

卦辞:亨,震来虩虩,笑言哑哑,震惊百里,不丧匕鬯。

【解】这卦预示亨通。雷轰轰地来,人们仍笑笑哈哈;雷声震惊百里之远,人们也不因此吓得把筷子、酒杯掉下。

企业家也应有不畏外界任何威厉的镇定精神。刚有点风吹草动,就吓得手足无措,这样是不能办好企业的。

爻辞:

初九:震来虩虩,后,笑言哑哑,吉。

【解】雷声轰轰地来了之后,人们仍泰然自若,说说笑笑,不被它吓慌,吉。

六二：震来厉，亿，丧贝，跻于九陵，勿逐，七日得。

【解】雷威厉地来了，他吓得丢了钱，跑上高丘去躲。不必找丢了的钱，七天之内会回来的。

这爻预示着在惊乱中丢失的财物，能够找回来。

六三：震苏苏，震行无眚。

【解】雷令人惊恐，但雷来了，并没带来什么灾害。

九四：雷遂泥。

【解】雷没打响，掉到泥里了。

占这爻，预示办事无功。

六五：震往来厉，亿，无丧有事！

【解】雷来来往往地响着，很吓人。啊，不要为此丢下要办的事。

上六：震索索，视矍矍，征凶。震不于其躬，于其邻，无咎，婚媾有言。

【解】雷来了，人们吓得哆哆嗦嗦，目光恐惊。出征凶。雷不会击你，将击你的邻人，所以你无咎。又预示：婚姻上会有口舌之争。

企业家必具有临危不惧、镇定自若的品性，否则在市场大潮大浪的冲击下，就会惊慌失措，导致竞争的失利。

艮

卦辞：艮其背，不获其身；行其庭，不见其人。无咎。

【解】站在人的后边，看不见这人的面目。到人的家里去，不见这个人。预示：无咎。

爻辞：

初六：艮其趾，无咎，利永贞。

【解】停步不动，没灾难，以长时间地贞静不动为有利。

六二：艮其腓，不拯其随，其心不快。

【解】小腿不动，脚也抬不起来，心里不快乐。

腿是带动足的，腿不动，足也不能动。心是指挥腿动的，腿不能动，心里着急。这比喻关键性的部位失灵了。企业家在经营中，心中虽有了好的计划，但关键性的部门如果不听指挥，企业就无法正常运行。

九三：艮其限，裂其夤，厉熏心。

【解】腰不能动，脊肉也不起作用，危险就要熏灼其心了。

腰是身体行动的重要部位。企业家必须注意企业的关键部门的健全，否则必导致企业整体的瘫痪！

六四：艮其身，无咎。

【解】身子站着不动，无咎。身子是整体，身子不动，不是说全身有了病，也不是说某部位失灵，所以无咎。

六五：艮其辅，言有序，悔亡。

【解】下巴不乱动，说话有控制，就不会发生后悔的情况。

上九：敦艮，吉。

【解】很有控制，吉。

企业家一定要有深厚的自控力，能有效地控制整个企业，这就是吉！相反，无力把握自己，把握企业，乃至把握市场，把握对方合作者，一切受人摆布，就必然失利了。

渐

卦辞：女归，吉，利贞。

【解】女子出嫁，吉，占此卦有利。

爻辞：

初六：鸿渐于干，小子厉，有言无咎。

【解】雁从河边起飞。小子——指仆奴之辈——有险。有口角或诽谤，没关系。

六二：鸿渐于磐，饮食衎衎，吉。

【解】雁从大石上起飞，饮食和乐——又有吃，又有喝，高高兴兴，吉！

企业家关怀员工生活，使员工吃喝和居住等都十分好，他们必然安心工作，努力工作，这对企业不也是大吉的吗？

九三：鸿渐于陆，夫征不复，妇孕不育，凶。利御寇。

【解】鸿雁从地上起飞是不方便的，所以预兆是凶。夫出征不回，是死了；妇怀孕而不能养活生下的孩子，都是凶象。又预示：抵御来犯之贼，有利。

雁是水鸟，所以从地上起飞不利，因为失去了良好的生活条件。企业家在制订计划时，一定要依据本企业的实际情况。计划脱离实际，脱离本企业的优势，必凶！

六四：鸿渐于木，或得其桷，无咎。

【解】雁从树上起飞，大概是立在横而平的树枝上了，没关系。

企业的起飞,必有适合的基础!企业家必须懂得这一点!

九五:鸿渐于陵,妇三岁不孕,终莫之胜,吉。

【解】鸿雁从高丘上起飞,妇人三年不生育,谁也奈何不了她,吉!

妇人应生育,而三年不孕,谁也奈何不了她,说明她是有地位的人物。

上九:鸿渐于陆,其羽可用为仪,吉。

【解】雁从地上飞起,它的羽毛可做装饰品,吉。

此爻之吉,吉在雁羽的美丽上。

企业基础不好,但产品好,吉!

归妹

卦辞:征凶,无攸利。

【解】这卦预示着:出征凶,没有一点儿利益可得。

这卦的卦象:☱是喜欢,☳是出动。因为喜欢,一高兴就行动,是纯凭感情用事,所以凶!企业家决不能感情用事,头脑一冲动就去瞎指挥!或听了几句奉承话,就依从!这都是致败的根由。

爻辞:

初九:归妹以娣,跛能履,征吉。

【解】少女出嫁,以她的妹妹做媵。姐妹同嫁一夫,互相照应,如跛足的人有人搀扶一样,出行吉。

企业家也要有个得力的助手。

九二：眇能视，利幽人之贞。

【解】眼坏了，还能看东西。此爻利于幽居者占问。

六三：归妹以须，反，归以娣。

【解】妹出嫁，以贱婢为陪媵，又被送回，仍出她妹妹为媵。

企业家在办事的时候，应一是一，二是二，不可以此代彼。经商，不能以次充好。做错了，立改。

九四：归妹愆期，迟归有时。

【解】少女出嫁的日期变了，不必急，等待着出嫁日子就好。

企业家在经营中免不了会遇到情况变化、日期变动的事，要耐心等待。

六五：帝乙归妹，其君之袂，不如其娣之袂良，月几望，吉。

【解】帝乙嫁妹，妹的衣服不如陪嫁的娣的衣服好，说明妹是简朴的。月将圆了，所以说：吉！

上六：女承筐无实，士刲羊无血，无攸利。

【解】祭祀时，主妇托着的筐里没东西，士人杀羊以血上祭，而羊却不出血。这是不利的征兆。

䷶ 丰

卦辞：亨，王假之，勿忧，宜日中。

【解】君王权力扩大，无忧，午时办事是顺当的。

爻辞：

初九：遇其配主，虽旬，无咎。往有尚。

【解】遇到相配之主，虽仅仅十天也没什么不好，往而有所得。

六二：丰其蔀，日中见主，往得疑疾，有孚发若，吉。

【解】蔽日的云不断扩大，竟至中午了还要点烛照明。出行要得惊疑之病，以信诚去对待发生的事，就可去除疑恐。吉！

企业家遇到对方不相信的情况，就应以自己的诚信态度，去消除对方的疑虑，使对方相信，把生意做成。

九三：丰其沛，日中见沫，折其右肱，无咎。

【解】黑暗遮住了阳光，中午竟看见了天上的小星星！折了右臂，不会有大灾。

九四：丰其蔀，日中见斗，遇其夷主，吉。

【解】云蔽日，中午竟看见北斗星。遇到地位相等的人，吉。

六五：来章，有庆誉，吉。

【解】出现光明了，有庆有誉，吉。

上六：丰其屋，蔀其家，窥其户，阒其无人，三岁不觌，凶！

【解】高大的屋舍，罩上大棚的宅院，看这样的门户里却没有人，三年都不见人。凶！

一个企业，徒有从外表看去华贵的空架子，里边却没有真正的人才，没有良好的技术和设备，没有信得过的、能独占市场的、过得硬的产品，这样的企业也势必垮台！

旅

卦辞：小亨，旅贞吉。

【解】小有顺利，旅行者占这卦吉。

爻辞：

初六：旅琐琐，斯其所取灾。

【解】旅行中，形容琐琐，这是招灾惹祸的原因。

企业家在出行时，不可琐琐屑屑。

六二：旅即次，怀其资，得童仆贞。

【解】住在旅舍，带好资财，得童仆相奉伴，是贞固之表现。

出行住宿，一定要把财物看好，随行者也要找可靠的。

九三：旅，焚其次，丧其童仆，贞厉。

【解】占到这爻是有危险的，因为旅店失火，童仆逃跑！

九四：旅于处，得其资斧，我心不快。

【解】旅行歇息时，得到了失去的财物，但童仆尚不知去向，所以心中不快。

这爻预示的是失去的不能全找回来。

六五：射雉一矢，亡，终以誉命。

【解】射雉的时候，一箭就射死了，预示着到头来一定有好运的。

上九：鸟焚其巢，旅人先笑后号咷，丧牛于易，凶。

【解】这爻是兆凶的。鸟窝被烧了，旅行的人开始笑，后来大哭。牛在田边上跑丢了——这都是不吉的现象。

䷸ 巽

卦辞：小亨，利有攸往，利见大人。

【解】占得此卦，做小事是通顺的，出行办事有利，见大人有利。

爻辞：

初六：进退，利武人之贞。

【解】进也自如，退也自如，武人贞此爻有利可获。

武人，指从军的。打仗是武人的事，打仗又是机动灵活的，或进或退，因形势变化决定，没有死规矩，所以利武人之贞。

企业家也必须灵活机动，在经营策略上，不可墨守成规，要依据市场变化而定夺。

九二：巽在床下，用史巫，纷若吉，无咎。

【解】趴伏在床下，像史巫占卜时候那样诚惶诚恐，吉，无咎！

占此爻，应虔诚地对待人和事。

九三：频巽，吝。

【解】一再地顺伏，这是处于被动地位，受制于人的样子，所以说：吝。

六四：悔亡，田获三品。

【解】烦恼没有了，打猎获得许多种野兽。此爻是吉利的。

九五：贞吉，悔亡，无不利。无初有终，先庚三日，后庚三日吉。

【解】占此爻：吉，烦恼消除，所做的一切都顺利。开始时不顺利，结果则很好。办事在庚日前三天和后三天吉！庚日前三天是丁日，后三天是癸日。

上九：巽在床下，丧其资斧，贞凶。

【解】趴伏在床下，样子可怜之极，身上的盘缠全丢了。占此爻凶！

䷹ 兑

卦辞：亨，利贞。

【解】占到这兑卦，预示着亨通，以守正为有利。

爻辞：

初九：和兑，吉。

【解】和和悦悦，吉！

九二：孚兑，吉，悔亡。

【解】有信于人，和美，吉，悔消失。

六三：来兑，凶。

【解】对方来讨你欢喜，凶！

企业家必须警惕献媚者和花言巧语者！

九四：商兑未宁，介疾有喜。

【解】商议未定，不让小人介入则有喜。

九五：孚于剥，有厉。

【解】信任小人，危险！

上六：引兑。

【解】招致喜悦。

䷺ 涣

卦辞：亨，王假有庙，利涉大川，利贞。

【解】亨通。君王扩建庙堂。顺利度过险阻。守正得利。

爻辞：

初六：用拯马，壮，吉。

【解】以救马的壮举而受人称赞，吉。

九二：涣奔其机，悔亡。

【解】涣散了，各奔其所，烦恼可消。

六三：涣其躬，无悔。

【解】水冲洗身子，无烦恼。

六四：涣其群，元吉。涣有丘，匪夷所思。

【解】水冲洗众人，去掉污垢，大吉。涣散了又聚合，是出乎意料的！

九五：涣汗其大号。涣，王居无咎。

【解】大汗淋漓，大声哭号。水冲洗君王居室，预示无咎。

上九：涣，其血去逖出，无咎。

【解】乱离时，忧恐消失了，没有灾患。

䷻ 节

卦辞：亨，苦节不可贞。

【解】亨通。过度地节制，不可为法。

有节制，好。但节制过分了，死守教条，是不可取的。企业家要以原则为依据，也要会见机行事，灵活变通。

爻辞：

初九：不出户庭，无咎。

【解】不出家门，没有灾患。

九二：不出门庭，凶。

【解】不出门庭，有凶事！

六三：不节若，则嗟若，无咎。

【解】没有节制就会遇到苦恼，但没有大患。

六四：安节，亨。

【解】安守法度，亨通！

九五：甘节，吉，往有尚。

【解】守法而悦，吉，往行有所得。

上六：苦节，贞凶。悔亡。

【解】死守成规，凶。知其凶，悔可除。

䷼ 中孚

卦辞：豚鱼吉，利涉大川，利贞。

【解】诚信能施及豚、鱼，吉！能度过险阻，守正得利。

爻辞：

初九：虞吉，有它不燕。

【解】安守有吉。有它想则不安。

九二：鸣鹤在阴，其子和之。我有好爵，吾与尔靡之。

【解】鹤在北坡上叫，小鹤附和着。我有好酒，与你同享。此爻极力赞赏以诚信互相交往的欢悦。

六三：得敌，或鼓或罢，或泣或歌。

【解】碰上敌人，要么击鼓进攻，要么退却，要么为战败而哭，要么为战胜而唱。

六四：月几望，马匹亡，无咎。

【解】月将圆的时候，马跑了一匹。没有灾。

九五：有孚挛如，无咎。

【解】有诚信牵系于众人，没灾患。

上九：翰音登于天，贞凶。

【解】鸡飞上天，凶。

鸡不能高飞，而飞上天了——反常！所以说：凶！

企业家要讲信用，要以诚信服人，这才是立于竞争不败之地的真诀窍。以诈立身，只能立上一时，终归要倒。所以，商业竞争绝不是尔虞我诈，而是以产品的质量进行较量，以实力进行比赛。这实力，就是信用！竞争，实际上是争夺消费者之战。而讲信守诚，是争取消费者的真正力量！保证产品质量，是不欺不诈、严守诚信的具体表现。

企业家还要注意量力而为——根据本企业的实际情况，去制订计划，去发展生产，开发新产品。脱离实际，就是虚张声势，就是行诈术！所以，翰音登天就凶！

小过

卦辞：亨，利贞，可小事，不可大事。飞鸟遗之音，不宜上，宜下大吉。

【解】小过卦预示着：顺通，守正为利。小事可以办成，大事不易办成。如飞鸟的声音，在上空很快就消散了，而在地上叫才能使人听清，宜下不宜上。居下，大吉！

爻辞：

初六：飞鸟以凶。

【解】像飞鸟那样，凶。

六二：过其祖，遇其妣，不及其君，遇其臣，无咎。

【解】去看望祖父，却遇上祖母。没见到君王，却见到大臣。没什么灾患。

九三：弗过防之，从或戕之，凶。

【解】没越过常规时，应加以提防。如纵任过错，等于杀人，凶！

九四：无咎。弗过遇之。往厉必戒，勿用，永贞。

【解】这爻预示：没灾。不犯过失，适得其宜。去而有险，应告诫他不要去，不要自守不言。

六五：密云不雨，自我西郊。公弋取彼在穴。

【解】西郊上空的云尚没有降下雨来，公爵在穴中猎到了禽兽。

上六：弗遇，过之，飞鸟离之，凶，是谓灾眚。

【解】不能适度而越轨，如飞鸟般离去，凶！凶，就是灾眚。

企业家万不可违背国家法度，更不能如飞鸟那样越轨，飞得又快又远——越快越远，也就违法违得更严重。违法乱纪，就必然招来灾害，也就必然落得凶的结果！

䷾ 既济

卦辞：亨，小利贞，初吉终乱。

【解】这卦预示着：顺利不大，以守正为宜。开始吉，结局败乱！

爻辞：

初九：曳其轮，濡其尾，无咎。

【解】拽着车子过河，弄湿了车尾，没什么大患。

六二：妇丧其茀，勿逐，七日得。

【解】妇人把首饰丢了，不用找，七天内可得回。

九三：高宗伐鬼方，三年克之，小人勿用。

【解】殷高宗讨伐鬼方国，三年把他攻克了。不要依靠小人！

六四：繻有衣，袽，终日戒。

【解】水沾湿衣服，终日警戒。

九五：东邻杀牛，不如西邻之禴祭实受其福。

【解】祭祀以德行高尚为上，以虔诚为上，不在于上供的供品多少。东邻虽杀牛祭祖，却不如西邻以薄礼祭祖更使祖先受福，就在于西邻供品虽少，但诚信。

企业家与人交往，不要在乎厚而丰美的宴席——小人之交以利！而要在乎以信以诚——君子之交以义！君子之交淡如水。以信相交，实受大福，因为这种交往是心心相敬的。以利交，则有利是朋友，没利就"拜拜"了！

上六：濡其首，厉。

【解】水淹了头，危险！

未济

卦辞：亨，小狐汔济，濡其尾，无攸利。

【解】亨通。小狐过河，弄湿了尾巴，是无利之征兆。

爻辞：

初六：濡其尾，吝。

【解】弄湿尾巴，不顺利。

九二：曳其轮，贞吉。

【解】拉车前进，吉。

六三：未济，征凶，利涉大川。

【解】没准备好就出征，凶。度过险阻还是可以的。

企业家要实行某项计划，必须事前做好充分准备，打有准备之仗。如不准备就匆匆上马，必导致失败。

九四：贞吉，悔亡，震用伐鬼方，三年有赏于大国。

【解】吉，烦恼除消。以雷霆般的威力去伐鬼方，三年就使他宾服于大国了。

六五：贞吉，无悔。君子之光，有孚吉。

【解】吉，无悔，君子的荣光，是因诚信而得，所以吉！

上九：有孚于饮酒，无咎。濡其首，有孚失是。

【解】怀着诚信，饮酒并没什么不好。但是，饮酒失度，至于醉后落水，连头都弄湿了，那诚信也因此失去。这里的"孚"，指信度。

企业家由此爻辞，应领悟到做事不要过度，过度则有失。

周易臆说

一、伏羲画卦和坤尊乾卑

《系辞下》："古者包牺氏之王天下也，仰则观象于天，俯则观法于地，观鸟兽之文与地之宜，近取诸身，远取诸物，于是始作八卦，以通神明之德，以类万物之情。"是为古籍中述伏羲画卦事较为详尽的记录。古人对伏羲画卦是相信的，今人则提出怀疑，乃至否定。我是相信的——八卦可能不出于伏羲一人之手，但也出于她的时代，即母氏社会。伏羲是母系氏族社会时的一位女首领。

《帝王世纪》："庖牺氏，风姓也，蛇身人首……女蜗氏，亦风姓也，承庖牺制度，亦蛇身人首，一号女希，是为女皇……女娲氏没，次有大庭氏、柏皇氏、中央氏、栗陆氏、骊连氏、赫胥氏、尊卢氏、混沌氏、昊英氏、有巢氏、朱襄氏、葛天氏、阴康氏、无怀氏，凡十五世皆袭庖牺之号。"庖牺即伏羲。十五世皆袭其号，则十五世君主皆"蛇身人首"者也。到了"神农氏"才变成"人身牛首"。所谓"蛇身"，其实就是女身！《帝王世纪》又说伏羲"有景龙之瑞，故以龙纪官"。这"龙"，实亦蛇类。《述异记》云："水虺百五年化为蛟，蛟千年化为龙，龙五百年为角龙，千年为应龙。"虺，小蛇。关于蛇与龙的关系，《山海经·海外北经》云："钟山之神，名曰'烛阴'……人面蛇身……"郭璞注："烛龙也，是烛九阴，因名云。"《西山经》曰："钟山，其子曰'鼓'，其状如人面而龙身。"可见蛇身与龙身是一回事，所以《文选·鲁灵光殿赋》说:"伏羲鳞身,女蜗蛇躯。"鳞身,即蛇身也。化龙之蛇,水蛇也。《论衡·龙虚篇》说:"叔向之母曰:'深山大泽,实生龙蛇。'"《系辞传下》说:"龙蛇之蛰,以存身也。"龙与蛇同类,其性也同,都是阴类。《春秋元命苞》说:"龙之言萌也,阴中之阳。"龙是阴中之阳物,蛇是阴中之阴物,同为阴类,又有区别。在《抱朴子·释滞》中说"女蜗地出",地为阴,地为坤。蛇为阴物,为女性是无疑的了。以蛇作为女性之象征,所以什么"蛇身""龙身""鳞身",全是女身。伏羲部落的首领是女性,蛇的高级同类"龙",成为她的氏族的图腾。甲骨文中的龙字"龙"(乙三七九七),上端的"▽"是女阴符号,可证龙是母系氏族社会的族徽、图腾。《山海经》所叙"人面鸟身""人面虎身"的人,可能是与蛇龙为图腾的氏族为对头的部落,也可能是男性为主的部落了。神农氏的"人身牛首",显然是继伏羲部族之后,取代了母系社会进入父系社会的男性领袖了。正因为伏羲社会为母系氏族社会,所以《易》才显示出尊坤的意识。《礼记·礼运》曰:"孔子曰:'……吾得《坤乾》焉。'"注:"得殷阴阳之书也,其书存者有《归藏》。"在殷时,仍把"坤"置于"乾"前,恰说明上古尊坤思想久久不灭。如甲骨文的帝字写作"帝"一样,上古崇尊女性的影响,以"▽"入于文字的形式显现着。

任何一种带有全社会性质的意识,都不会因所在社会的变迁而戛然中断。《易》的六十四重卦和卦、爻辞中,留存着尊坤的显明痕迹。如泰卦的坤上乾下:"䷊";师卦的坤上坎下:"䷆";比卦的坎上坤下:"䷇";大有卦的离上乾下:"䷍";谦卦的坤上艮下:

"☷"；临卦的坤上兑下："☱"；大畜卦的艮上乾下："☰"；等等。或是坤居上，或阴爻居上，或坤体（坎本坤体）居上。重卦的下卦称内，称贞，上卦称外，称悔。内、外，贞、悔，且不去说，以上、下而观，实是尊卑之位。由蛇变成龙，从蛰于地而腾上天，是地位的大变。六级爻位，五位是天位，故是尊位。坤居于天位，正是女性为君主的权力象征。女性君主既是母系氏族社会的掌权者，所以泰、否、大有、大畜等卦中的"大"，是指女主的地位之大，并代指女主。因此，我的观点是：《易》中坤为大，乾为小——仅以尊坤卑乾的上古社会男、女地位而言。这是八卦产生于伏羲母系氏族社会的必然，又是产生于伏羲母系氏族社会时代的反证，也是排除了父系社会意识在《易》中的影响，还《易》卦象以本来面目的结论。

二、远取诸物和近取诸身

卦象是通过对自然物的形态、本性及其相互关系与对人自身及本能的观察创造出来的，也就是《系辞传下》所说的"远取诸物"和"近取诸身"之结果。卦象不是形象化的表现形式，而是抽象的表现性符号形式。说它是符号，因为它抽象；说它是表现性符号，因为它具有内涵意义。它不是一般代指性符号，原因就在于它有表现性。

卦象的创造者，把万物的本质分为"阴""阳"二性，万物形态之正反、显伏也分为或"阴"或"阳"。人，也有阴、阳的不同。自然数列一、二、三、四、五、六……也分奇数为阳，偶数为阴。物生为阳，物灭为阴。光明为阳，晦暗为阴……"近取诸身，远取诸物"而画成八卦，正是取物、身之阴、阳本质及其变化关系，画成抽象符号，而不是取物、身之表象！抽象的结果是高度的概括，即理念与表现性符号形式的有机统一。这统一的基础，就是八卦创造者对阴、阳二性的认识。卦象的表现性基础，也正在于阴（--）、阳（—）二性的特定符号所蕴含的意义，由--和—的三位或六位组合，画成单卦或重卦，形成卦的形式，如☰、☱、☲、☳……或䷀、䷁、䷂……由于卦体的组合结构的不同，也就是卦形中--和—的排列组合的不同，产生出质与形的差异和变化，才表现出万物的质、形之差异和变化。对事物本质的揭示，就是《系辞传下》所说的八卦那"通神明之德""类万物之情"的功能和作用。比如☵（坎），它的形就具有水的象——当然不是写生式的象，而是抽象概括之后的、只呈现水的外部形式结构的、图案式的象。重要的是表现出水的性是阴柔的，在上下两画--之间的—，表现着阴柔中的能动性。再如☲（离），外部的阳画—，是象征光明、动的。中间的阴画--，象征暗、静、虚、弱的。火焰正是外部明亮、温度高、晃窜不已，而中部虚、暗淡、温度低、相对稳定。因此，☲有火象。水、火是身外之物，—、--的组合，表现出它们的性质，反过来说，☵和☲是"远取诸物"而画成的。细究起来，—和--的最初确立，我认为是"近取诸身"——对人体自身观察、研究的结果。人是男、女有别的，主要标志在于阴部，所以—就标示出阴（生殖器官）之阳性，--就标出阴之阴性（郭沫若先生持此说）。推而衍之，—就是一切阳性的符号，--就成了一切阴性的符号。以"龙"是"阴中之阳"的提法来核对，《易》以—为龙，正是吻合的。这也说明了上古人类对人类产生的认识，是认为男、女皆出于阴的。上古人对▽的崇拜，对女神的崇拜，有关人之原祖出于"匏"或"葫芦"（匏即葫芦）中的大量传说，都足以证明。而这个分化阴、阳的"阴"，就是母体，是老子所说的"玄牝"，是阴、阳未分时的"混沌"，是"太极"状态。从生物进化过程来看，单细胞生物是不分雄雌、以裂变形式进行繁衍的，高级动物的胚胎也不现雄雌之象，可以说确乎处于"太极"阶段。阴阳判定之后，才有交合。《易》的起点，就是从阴、阳既定之后，产生交合衍化开始的。以阴、阳的关系，去解释人与自然万物的发生与变化，所以☷（坤）所代表的阴性，和☰（乾）所代表的阳性，成了八卦的根本。《系辞传上》说的"一阴一阳之谓道"，即是明确了阴、阳为本的思想。"乾坤其易之门"，即阐明了阴阳的相互作用才产生变化的道理。《系辞传上》对"乾"和"坤"性、态的解释——"夫乾，其静也专，其动也直"；"夫坤，其静也翕，其动也辟"——十分正确地点出了八卦创造者以—为阳，以--为阴的本由。以象征男阳的—为阳性符号，以象征女阴的--为阴性符号，不正好说明八卦的创立，是由"近取诸身"而推及"远取诸物"吗？这两个最基本表现性符号确立了，万物的质、态便无不可用—、--的组合来表现了。

三、六七和八九

数字是显示质和量的既佳又简明的标记。数学与人类结缘，应该是伴随着人类的诞生而开始的。数学无处不在，其与卦象的结合，是必然的。物分阴阳，就是一分为二。十进位的一、二、三、四、五、六、七、八、九、十，奇数一、三、五、七、九为阳，偶数二、四、六、八、十为阴，究其所以作如是称谓，我以为仍与━为阳，- -之为阴的基础判定有关。阴为大，阳为小，阴虚——有容量——而可纳阳，阳却只可纳于阴，而不可纳阴。相邻的奇、偶二数，也是前奇小于后偶，后偶中包含前奇。十位数之十，实已进入高一级单位，它既是偶数，又标示着阴阳相合——阳数一、三、五、七、九，九加一、三加七、五加五，得十；阴数二、四、六、八，八加二、六加四，也得十。阳数中的五加五，是自身相加，所得为十。自偶数中去掉十，自奇数中去掉自身相加得十的五，阳数中留下一、三、七、九，阴数中留下二、四、六、八。一、二、三、四，一加四得五，二加三得五，五既为奇数，又含阴阳相合之义。一、二、三、四、五，五个数与六、七、八、九、十的关系，又是一加五为六，二加五为七，三加五为八，四加五为九，五自加成十。故一、二、三、四、五是合成其他数之基础，称为"生数"。六、七、八、九、十乃合成之数，是"成数"。成数中六、七、八、九，即揲蓍之后所得的四个数字。故《易》占用六、七、八、九。六、八为偶数，为阴；七、九是奇数，为阳。阳性上升，阴性下降，所以九是阳数之极，是老阳，六是阴数之极，是老阴。七，则为少阳，

八,乃谓少阴。(如图)

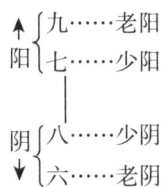

物极必反,阴极生阳,阳极生阴。极,就是"穷""尽",阴阳处于穷极,便生变化,这就是"穷则变"。六、九既处阴、阳之穷极,所以含有变的意义。八、七处于少阴、少阳,是阴、阳虽盛而未至极之时,也就是处于正位,没有生变的意思。处于八、七时,阴阳不交,各守本性。处于六、九时,阴阳必交,交合即变。老阴、少阴、少阳、老阳,就是由阴、阳二仪所生化出的四象。"仪""象"都是直感对象,阴为女,阳为男,可以谓是二仪之像了。那么抽象的老阴、少阴、少阳、老阳的具象又该是什么呢?

看看"∧、∩"(六)、"十"(七)、")("(八)、"ᠬ"(九)四个字吧。∧——交合生变之阴,)(——未变之阴,ᠬ——交合生变之阳,十守正未变之阳。阴由)(而∧,是正而变,阳由十而ᠬ,是正而变。ᠬ、∧、十、ᠬ四字,从其形已可见正、变之象了!而且ᠬ、∧、∩,与ᠬ、)(七)义为女阴的字,何等近似!十、ᠬ,与"上、丁"(士)义为男阳的字也相似得很!这不是偶然吧?我认为:∧、∩(六)和)((八)是含有女阴之义的两个数字;十(七)和ᠬ(九)是含有男阳之义的两个数字。《易》以六、八、七、九分指老阴、少阴、少阳、老阳四象,画--称六而实含六、八两象,画—称九而实含七、九两象,两仪、四象之象,源于男阴、女阴及其动与静、变与不变之态不显见了吗！--、—之创造，是"近取诸身"的结果，当无可置疑了。

四、坤与宇宙

坤，阴也，虚也，静也。坤，也是上古人类所崇尊的母性——物种之源的象征。它是阴阳的本源，是老子所说的形象的"牝"，和抽象的"道"。《老子·二十五章》："有物混成，先天地生，寂兮寥兮，独立而不改，周行而不殆，可以为天地母。吾不知其名，强字之曰'道'，强为之名曰'大'。"这"母""大"的意义，正与坤性相符！《坤·象》曰："至哉坤元，万物资生……"《系辞传上》曰："坤作成物。"诚然，《象》和《系辞传》所说的坤，是阴阳分化之后的坤，但它的性能却是阴阳未分之前的"玄牝"之坤所具备的。从《周易》的观点看，坤是在乾的作用下——也就是阴在阳的作用下——发挥生育本能的。"万物资生，乃顺承天。"这个观点可用以对待地球上万物的发生，推及宇宙，也可以对待宇宙"万物"的化成。坤阴为大，即无涯无际、混混茫茫的宇宙"空间"——这是宇宙中"万物"之玄牝，"万物"之发源。它囊括了无数运动着的星体，所有星体全在它恢廓、幽静的"怀抱"中。那些已具形体的、运动着的星体，相对于它就是阳。它的"空间"至大，"大象无形"，也就不存在空间和时间，即是说它是至虚至静的。所谓时、空，都是它"怀"中的物体运行所产生的。从运动的星体上去反视它，它又是"乾"，星体自身又是"坤"。因此它是阴阳的合体——太极！它的至虚至静的阴性，必然就产生至动、至实的阳性。它的"太极"状态,就是处于䷋(否)的状态。否就要变,否变成䷞(咸),阴阳发生相感现象。咸再经过变化,到䷊(泰)的状态下,阴阳交合,万物化生。宇宙中出现星球,以《易》观之,即是如此。从乾性先动成☲(离)的卦次和坤受成☵(坎)的卦次看,似可推测星球之始成的时候,不出火、水二性——或是炽烈的燃烧体,或是液体。☰之成☲,是乾施,同时坤已入乾体;☷之成☵,是坤受,同时坤也施入乾了。以☲为日来看,放光热的太阳中心部,当是液态的物质。阳爻象明,阴爻象静,☲以阴爻为主,故恒星为炽热而相对静止的天体。☵为坤体,为土,为水,以阳爻为主,为动,即是行星了,行星外静而内动,外柔而内坚。易象以☵为月,正是一个行而寒的星体!☶为土,为暑热,☵本坤体,为水,阳动于中,所以行星、卫星内有炽热液体,有火山喷发!

五、人与天、地的关系

《说卦》云:"兼三才而两之,故《易》六画而成卦。"这说明卦形三画,是天、地和人"三才"之象。上画为天,中画为人,下画为地。"两之"而后,即成重卦,重卦的六画,则上、五为天,四、三为人,二、初为地。伏羲画卦,就仰观天,俯察地。"与天地准",就是以自然阴阳变化为准则。这就从一开始便确立了天、地——自然——与人的不可分割的统一关系。阴、阳是万物的根本,是天、地、人"三才"一统的认识基础。《系辞传上》指出的

"一阴一阳之谓道",是《易》的观察一切的基本点。阴阳的交合、变化,是万物生、变的根由。乾为阳,为天;坤为阴,为地——这是从天、地总体上的把握。天的晴、晦、昼、夜,又成阴、阳;地的表、里、方位,也有阴、阳之别。人,男为阳,女为阴,乾象男,坤象女。具体到个体的人,乾为首,坤为腹,左为阳,右为阴……天地交,云行雨施,地生万物;男女交,孕嗣生息。实际上,天、地是个"人体",人体也是个"天地",自然与人通融浑然。由于"三才"都基于阴阳,虽然阴阳交变在自然与人体上表现不同,本质则一,所以"三才"的并提,就是自然与人、人与自然相统一的理论。从《易》的《象传》中,可以明显看出这一点来。举几例说明——

《乾·象》:"天行健,君子以自强不息。"

《坤·象》:"地势坤,君子以厚德载物。"

《屯·象》:"云雷屯,君子以经纶。"

《蒙·象》:"山下出泉,蒙。君子以果行育德。"

《泰·象》:"天地交,泰。后以财成天地之道,辅相天地之宜,以左右民。"

《否·象》:"天地不交,否。君子以俭德辟难,不可荣以禄。"

《坎·象》:"水洊至,习坎。君子以常德行,习教事。"

《离·象》:"明两作,离。大人以继明,照于四方。"

《既济·象》:"水在火上,既济。君子以思患而预防之。"

《未济·象》:"火在水上,未济。君子以慎辨物居方。"

可以看出,卦象所表现的,无一不是自然与人——"三才"同论的,也就是既讲自然之理,又讲人之用世之道。如果我们只把"天行健"作为"君子以自强不息"的天人合一意识,当成修辞上的引喻关系,或对偶结构,那就太肤浅了。必从乾阳为刚、为健、为运行的——阳的本性——观点去看,才明了阳性于天,是天体运行不息的"能源",于人,是自强不息的力量。如是观之,自然之性与人之性就和谐统一于同一"道"上了。六十四卦的卦象,伟大之处,就在于仅仅示现阴、阳爻的位和错杂的变化关系,由阴阳的交错变化,去揭示天、地、人的内在变化规律,也就是揭示事物的本质及其变化。所谓"知幽明之故""知死生之说""知鬼神之情状""显道神德行""通神明之德""类万物之情""幽赞于神明"等等说法,我认为不必从字面上去胶柱鼓瑟地找什么"鬼"呀、"神"呀的,而要从实质上去理解,就是对自然界万物——包括人类在内——内在的质的本性与变化的把握,就是对自然规律的把握。因为本质、规律都不是感性范畴内的,没有实体可供视听把握,而是隐伏于形象之内的,所以用"幽""明""神""鬼"来说明之。

六、卦与爻的不同在静与动

六十四卦的卦象,是静止的象,是"无思也,无为也,寂然不动"的,"爻者"才是"言乎变者也"。爻有阴阳,阴为柔,阳为刚,加之所处位不同,阴阳错杂,才产生"刚柔相推而生变化"的效果(以上引文皆出自《系辞传》)。六十四个卦象,是固定下来的完整的、独立存在的各个"个体"象，它们的存在只是现示自己之象，让人们知道每个卦的"面目"而已。说到"乾"，便想到或画出☰，说到"咸"，便想到或画出䷞……就是因为各卦自具面目的缘故。固定的卦象如果失去稳定性，那将面目皆非。从七、八不变的角度去说，每个卦象的爻都应该是少阳（七）或少阴（八）之数。

说卦象由七、八构成，是从它们固定的面目而言。而求卦的时候，七、八、九、六四个数都可能出现，七、九为——，八、六为— —，于是占出的卦就会出现变爻，即或六，或九之爻了。占求所得的卦，不是为了看看此卦的面目是什么样子，而是"实用"，要占断吉凶了，所以就要取决各个爻所处的位，及是变爻还是不变爻了。也就是说这时的卦，其动也罢，其静也罢，乃是爻所决定的卦——不是标示面目的卦了。爻的性质因为由八、七、九、六决定，所以爻是可动性的——可以变或不变。爻的意思，就是阴阳之变动，"道有变动，故曰爻"，看阴、阳爻的位置和它们的相互关系，去断吉凶。爻有变，卦才变。实用时的卦象之变与不变，决定在于爻。

因象见意，是断卦的重要准则。但只看到重卦的上（外、悔）卦和下（内、贞）卦的象是不够的。还要看到二、三、四爻和三、四、五爻所组成的、交错互体的两个互卦。《系辞传下》说："六爻相杂，唯其时物也。其初难知，其上易知——本、末也。初辞拟之，卒成之终。若夫杂物撰德，辨是与非，则非其中爻不备——噫，亦要存亡吉凶，则居可知矣！"这段话是重要的，指出了二、

三、四、五这四个中间的爻的重要性。初爻和上爻，只处于一卦中——初爻在下卦，上爻在上卦。中间四爻则不然，它们当中的二、五两爻，"脚踩两只船"——二既在下卦，又在下体的互卦；五既在上卦，又在上体的互卦。三、四两爻，则是"一身三任"了，——三既居下卦，又居下体互卦之中，又居上体互卦之下；四既居上卦，又居上体互卦之中，又居下体互卦之上。因此，中间这四爻的变与不变，对卦象有重大作用。从因象见意的意义上看，中间四爻决定着卦象的变化大小，卦象如何，自然也就决定卦意如何了。所以，《系辞传下》专门对这四爻作了解说：

"二与四同功而异位，其善不同：二多誉，四多惧……三与五同功而异位：三多凶，五多功……"

为什么二位多誉？二位是阴位，居于下卦之中，中而位正，所以多誉。

为什么四位多惧？四位是阴位，但居于上卦之下，位正而不中，所以多惧。

为什么三位多凶？三位是阳位，阳刚而居下卦之终，不处中而处终，所以多凶。

为什么五位多功？五位是阳位，又在上卦之中，中而位正，所以多功。

当然，上边所说，只是讲爻位的优劣，是一般性的说法。主要还要看具体是阴爻还是阳爻，是变爻还是不变爻，以及在什么卦中，卦象为何，根据具体情况，考虑到特殊性，才能做出切合实际的判断。再就三、四爻位为人位观之，三、四两爻贯通全卦诸个体卦象，与天位、地位相混融，又显示了"三才"一体的观念。

七、立象尽意和依象断意

《系辞传上》说："子曰：圣人立象以尽意……"点明了八卦的创造者是以形象思维为基础，画出标示形象的形、质符号——卦形的。反过来，我们要判断卦意，也必依据卦象，否则便难窥其奥，难知其情，难获其蕴意。判断，当然离不开逻辑思维。单体的八个卦（即八经卦），每卦三画，象征天、地、人"三才"。单卦虽有象，但是不能看出变化。重卦——"兼三才而两之"的卦画，则因其分出了"内、外""贞、悔"，也就是分出了阴（内、贞）和阳（外、悔），才产生出变化。六个爻阴阳有别，虽只六画，实是包括了十二画——初六、六二、六三、六四、六五、上六和初九、九二、九三、九四、九五、上九。如果代表阴爻的六，和代表阳爻的九，不交错出现于六位之中，便仅剩纯阳的乾、纯阴的坤两个卦象了，还如何显示自然万物的形、质及变化呢？正因为六个爻位中，阴（包括少阴、老阴）、阳（包括少阳、老阳）爻杂处，六、七、八、九皆可出现，象才具有通幽明的作用。

六十四重卦的每一卦整体之象，是大象。每一爻所显示的象，是小象。小象，实际是本爻所在的一个或两个、三个单卦——重卦中的上、下单卦和互卦、覆卦、伏卦等单卦——的象。有时，还加上爻位所标志的象。比如：☲

爻位	爻称	爻象之意
上位	-- 上六	……苦节
五位	— 九五	……甘节，往有尚
六四	-- 六四	……安节
三位	-- 六三	……不节若，则嗟若
二位	— 九二	……不出门庭
初位	— 初九	……不出户庭

初九取象当先取所在之☳之象。九二是阳爻，但二本是阴位，☳的九二是阳爻入了阴位。如果阳爻不入阴位，则☳当是☱。震为行。现在二位被阳爻所据，震体☳变成了兑体☱。震体已破，所以说"不出"，即不往外行了。

初九与六四为相应的两爻。六四在互体（互卦）☶和☳之中。☶的下爻即九二，是阳爻入了☷体，因而成☶的。坤为户，艮为门，门内户前是庭。连起"不出"二字，即"不出户庭"之象。

九二取象，也先取它所在的☱之象，再取所在的互震☳，再取它所当应之爻（九五）的所在象。震为行。九二在震，本有出行的象。但它所应该取应的五位上却是阳爻（九五），它是阳爻，又遇阳爻，故不能相应——不能达到阴阳相合。艮☶为止，又为门。九二与九五失应，故取艮的止象，于是即成"不出门庭"之象了。

六三取象先取☱的象。兑为口，有嗟叹之象。再取兑为泽之象，取互震之动象。六三应该与上爻为应，但上六是阴爻，与六三不应。上六在☵，坎为水。这就成了水动于泽中，泽不能节制水之象。但六三又在互艮，☶为止，又有止水之象。于是"不节若，则嗟若"的象就出来了。应该节制，如不能节制，就会引起悲嗟了！兑有喜悦象，为何不取？六三无应而失位，故不取悦象。

六四取象在☵，在☶，有止水之象。六四阴爻居阴位，是当位，与初九阳爻有应。于是"安节"之象出矣。

六五阳爻居阳位，又在上卦之中，是位中而位正。九五是☵的主爻，坎为美，坎本☷体，坤为文为甘。它又是互体☶的主爻，艮为止，坎为水，所以有"甘节"之象。☵的覆象是☵，震为行动，为往。艮为山，九五在艮极，是上之象。"上""尚"相通，故有"往有尚"之象。

上六居全卦之穷极，与六三无应，坎的伏象是离，☲为火为苦，☵为水，火在水下，互不相容，所以这爻就取"苦节"之象了。

从以上所分析取象的过程可以发现，同一单卦竟可以通过与之相关的单卦，取两种以上的象，又可以勾上伏象、覆象，如同一个象上叠了许多象，互不阻碍，任意穿越，没有限界。这正是思维不受时空限制的反映，用当前时髦的词儿说，就是"进入多维空间""多层次思维"吧？琢磨卦象，实有利于锻炼形象思维、逻辑思维的能力。

周易美学浅探

一、易象符号是艺术符号

易象符号的结构成分

易象,指的是经卦、重卦的卦形所标示的事物形象和十二爻因其爻位所标示的事物形象。前者是卦象,后者是爻象。卦象又称大象,爻象又称小象。经卦是基本的卦象,共有八个,即:乾(☰)、坤(☷)、坎(☵)、离(☲)、震(☳)、巽(☴)、艮(☶)、兑(☱)。重卦即八个经卦的两两重叠所组成的六十四卦,它们是:乾(䷀)、坤(䷁)、屯(䷂)、蒙(䷃)、需(䷄)、讼(䷅)、师(䷆)、比(䷇)、小畜(䷈)、履(䷉)、泰(䷊)、否(䷋)、同人(䷌)、大有(䷍)、谦(䷎)、豫(䷏)、随(䷐)、蛊(䷑)、临(䷒)、观(䷓)、噬嗑(䷔)、贲(䷕)、剥(䷖)、复(䷗)、无妄(䷘)、大畜(䷙)、颐(䷚)、大过(䷛)、坎(䷜)、离(䷝)、咸(䷞)、恒(䷟)、遁(䷠)、大壮(䷡)、晋(䷢)、明夷(䷣)、家人(䷤)、睽(䷥)、蹇(䷦)、解(䷧)、损(䷨)、益(䷩)、夬(䷪)、姤(䷫)、萃(䷬)、升(䷭)、困(䷮)、井(䷯)、革(䷰)、鼎(䷱)、震(䷲)、艮(䷳)、渐(䷴)、归妹(䷵)、丰(䷶)、旅(䷷)、巽(䷸)、兑(䷹)、涣(䷺)、节(䷻)、中孚(䷼)、小过(䷽)、既济(䷾)、未济(䷿)。八经卦及六十四重卦的图形结构,是由阳性符号(—)和阴性符号(--)为构成材料。每一个重卦由六画组成,每一画称为一爻,共六爻。由于每一爻的性质分阴或阳,所以构成一个重卦的备用材料是十二爻,即六阴爻、六阳爻。重卦的最下一爻为初爻,自下而上为二、三、四、五,最上一爻即第六爻，称上爻。因此，六阴爻——阴爻以偶数六为代称，即初六、六二、六三、六四、六五和上六；六阳爻——阳爻以奇数九为代称，即初九、九二、九三、九四、九五和上九。初、二、三、四、五、上，标志着爻的位置，故称为"位"。六或九居于卦中的哪一位，即称"六×"或"九×"。可以看出，卦象的形式，主要构成材料是—和--，形式的结构，则是—和--的变化组合。

卦象是表现性形式

（一）—和--的内蕴

—和--是什么东西的标示？郭沫若在《中国古代社会研究·周易时代的社会生活》一文中，指出—是男性生殖器的象，--是女性生殖器的象，我认为他的判断是完全正确的。—和--，不是男、女生殖器外形的写生式描绘，而是对男、女生殖器外形结构的抽象概括。这种抽象，不是屏弃物象的概念，乃是保存物象形态结构特点的艺术抽象。概念是思维形式，可以屏弃事物表象。艺术形式则既要作用于感官，又要供直觉去把握，是具象的概念表现、显示形式。艺术形式所具的象，是事物表象结构的象，而不是事物表象。—和--，正是十分准确、高度地概括了男、女生殖器形状的结构特征的艺术符号。称它们为艺术符号，因为它们不是纯代指性的符号（如语言、文字，特别是拼音文字），也就是说它们所标示的意义，不在自身之外，乃在自身之内。它们的男性生殖器和女性生殖器的意思，就由它们自身呈示着，使我们一看便能领悟，便能想象出男阳与女阴的实在形状。从艺术的角度观之，它们是原始艺术品，恰如苏珊·朗格所说的："原始艺术，由于很少受到各种理论的干扰，因此它与那些更加高级和复杂一些的艺术比较起来，就更富于表现性，其风格也更加纯化。"(《艺术问题》中文版第92页)—和--，作为男阳和女阴的表现性形式，它们不仅具象，而且蕴义——蕴含着男阳和女阴的概念所包括的全部内容。换句话说，—和--就是男阳和女阴两个概念的形象化标示。

—为男性生殖器，为阳；--为女性生殖器，为阴。它们被创造出来，是远古先民对人体观察的结果。《系辞传下》："古者包牺氏之王天下也，仰则观象于天，俯则观法于地，观鸟兽之文与地之宜，近取诸身，远取诸物，于是始作八卦，以通神明之德，以类万物之情。"近取诸身，就是从人自身开始观察，《系辞传上》所解释"夫乾（就是阳），其静也专，其动也直，是以大生焉。夫坤（就是阴），其静也翕，其动也辟，是以广生焉"不正是十分明了地说出了男阳和女阴的特征与功能吗？从对男身女身的观察与判断，推而广之，以阴、阳观去判断自然万物的形与质，就奠定了中国古典哲学、认识论的基础。—和--这两个具象蕴意的表现性符号之出现，我认为它的重要意义即在于开创了中国艺术表现特征和审美特征之源头。关于这一点，将在本书此后章节中详细论述。

（二）以象尽意的卦象

—和--两个蕴意符号确立之后，由它们构成的卦形，也无不是蕴含意义的形式——象。《系辞传》对"象"有如下述说：

> 圣人设卦观象……
>
> 圣人有以见天下之赜，而拟诸其形容，象其物宜，是故谓之"象"。

圣人立象以尽意，设卦以尽情伪……

八卦成列，象在其中矣。因而重之，爻在其中矣……

"象"也者，像此者也。爻象动乎内，吉凶见乎外。

"易"者，"象"也。"象"也者，像也。

八卦以象告。

从以上几条，可知卦形就是表现事物形象的。象，即物的形象。卦形一出现，它所标示的形象即出现了。卦象还不单是事物形象，更重要的是象中含着"意"，含着"情伪"。这就确定了卦象的实质，是含有意蕴的表现性形式。因此，卦象也就具有审美的条件、审美的作用了。《说卦》中指明了八经卦的象，举例如下：

乾（☰）——为马，为首，为天……

坤（☷）——为牛，为腹，为地……

震（☳）——为龙，为足，为雷……

巽（☴）——为鸡，为股，为风……

坎（☵）——为豕，为耳，为水……

离（☲）——为雉，为目，为火……

艮（☶）——为狗，为手，为山……

兑（☱）——为羊，为口，为泽……

就人伦而言，乾为父，坤为母，震为长男，巽为长女，坎为中男，离为中女，艮为少男，兑为少女。乾是三画阳爻组成，呈阳性，故为父。坤是三画阴爻组成，呈阴性，故为母。震、坎、艮是阳卦，即以阳爻为主的卦。震的阳爻在下画，下画是初，是始，初生之男，是长男。坎的阳爻居中，在第二位，故坎为中男。艮的阳爻在上画，位居末，居终，是最后生的男，故艮为少男。巽、离、兑，是阴爻为主的阴卦，也据其阴爻所在的初、中、终位，决定它们象长女、中女和少女。在这里，父、母、长男、中男、少男、长女、中女、少女各象，是纯粹以—为男阳、--为女阴的性质决定的。那么其他象又是依据什么呢？

乾为天。乾三画皆阳，阳性是健、刚、向上的。天在上，以乾象天，是依据阳的本性。

坤为地。坤三画皆阴，阴性柔顺、居下。地在下，以坤象地，是依据阴的本性。

震为雷。震阳画在两阴画之下，是阳刚动于阴之下，雷响于云下——雷震的声音，自云下传到地上——所以震之为雷，也是因阳性而定。

巽为风。巽阴画在两阳画之下，两阳画像天，风柔而动于下。阴画标示风的柔，阳画标示风的动。三画的上画像天，下画像地，中间一画像风动于天地之间——中间为第二位，二是偶数，所以二位是阴位。巽之中爻是阳画，阳画居于阴位，柔而动，恰是风的性格。

坎为水。坎是阳爻居于坤体之中，坤为纯阴，是柔性的。阳爻刚而动，阳在阴中，是刚动于柔内，恰是水可以流动的属性。

离为火。离的上、下两画是阳爻，阳性动而明；中间的阴爻，阴性静而暗。火焰的外层明，中间暗，故此离有火象。

艮为山。艮的初、中两画是坤，是土地。上画是阳，阳性坚硬。山高出地面，岩石覆于外，所以艮呈山象。

兑为泽。兑上画为阴爻,下、中画为阳爻,阴柔动于阳刚之上,恰为水在泽中。

以上八例的取象,都与阴、阳的属性——或说性格——相关。也有的与物的形象直接相关,如坎为水,离为火。可见,卦象既象物之形,更重在标示物之性。由象见意,其实就是从卦的形象——表层形象,去揭示象内所蕴含的性质、意义。在重卦中,以象尽意的效用就更为明显。仅举《咸》《归妹》为例——

咸卦,兑（☱）在上,艮（☶）在下。兑是少女之象,艮是少男之象。艮又有手象,卦形如一少男以手托一少女。兑又为喜悦,是少女因少男相求而喜之象。所以,兑卦的蕴意是少男求爱于少女,少女受其求而喜——男、女相爱也!

归妹,震（☳）在上,兑（☱）在下。上即外,下即内,震为长男,兑为少女。所以,卦的象是兄长送小妹出嫁,小妹居于内即主家室也。如果相反来看,则是少女追随长男,年龄不般配,所以"征凶"!

（三）静象与动象

六十四卦的象,是固定下来的,因为六十四个卦的卦形是固定了的。如果把固定下的、静止状态的卦象（即大象）,姑且称为"静象",那么爻象（即小象）则可称为"动象",因为爻是可变的,"爻象动乎内,吉凶见乎外……"（《系辞传下》）就是指此。爻,是用蓍草占卦过程中得出的营数——六、七、八、九——的标示。六、八是阴,七、九是阳。阴则画--,是阴爻,阳则画—,是阳爻。六是老阴,九是老阳——也就是指极阴、极阳。阴、阳已老、已极，所以即向对方转化，转化就是变。《易》的阴爻称"六"，阳爻称"九"，也就包含着爻的阴性或阳性，有向反方向变化的意思。阴性至于六，则向阳性变；阳性至于九，即向阴性变——六变九，九变六，阴爻变阳爻，阳爻变阴爻。《系辞传上》中说："蓍之德圆而神，卦之德方以知。"即指爻是可转变的，是动的，如圆形之可回旋，而卦则是静止的，如方状物那样稳定不移。所谓"天圆地方"，也不是说天是圆形的，地是方形的，而是说天——即乾，即阳性——是动的，地——即坤，即阴——是静的。天圆地方，即阳动阴静也！爻既然是可变性的，故爻象不是静止固定的象。六十四卦的静象，有六十四个，也就是卦象、大象。每卦有六爻，故每卦的动象也就有六个，即爻象，或叫小象。以《鼎》卦为例，其卦象是"木上有火""以木巽火，烹饪也"。所以下巽（☴）上离（☲），合成的䷱便是烹饪用的鼎之形象。巽是木之象，离为火之象，从内蕴意思上，点出了烹饪的条件。䷱，下边的阴爻像鼎足；二、三、四爻是三个阳爻，阳性坚实，像鼎身；第五位的阴爻，在鼎身上，像鼎口和鼎口上的鼎耳；上边的一画阳爻，像抬鼎用的铉（抬鼎的杠子）。所以，䷱的形象，也即鼎之形象。然而爻象则不复是这固定的鼎之形象，乃依各爻所在爻位的不同，表现着不同的象了。爻辞是介绍各爻象的内容的，现录鼎卦各爻的爻辞和象传，一览可知其不同——

初六：鼎颠趾，利出否。得妾以其子，无咎。

象曰：鼎颠趾，未悖也。利出否，以从贵也。

九二：鼎有实，我仇有疾，不我能即，吉。

象曰：鼎有实，慎所之也。我仇有疾，终无尤也。

九三：鼎耳革，其行塞，雉膏不食，方雨亏悔，终吉。

象曰：鼎耳革，失其义也。

九四：鼎折足，覆公悚，其刑渥，凶。

象曰：覆公悚，信如何也？

六五：鼎黄耳金铉，利贞。

象曰：鼎黄耳，中以为实也。

上九：鼎玉铉，大吉，无不利。

象曰：玉铉在上，刚柔节也。

六个爻象的不同，对整体的、固定的卦象而言，是变动了的、静止的象。这样，撇开"互象""覆象""伏象"等不谈，一卦便展示出了一个静象、六个动象，共七个象。也就是一卦之内，包括了七个表现性形式，供我们把玩，供我们欣赏，成为审美对象。《系辞传上》所说的"观其象而玩其辞"，就是审美活动。从审美的目的、角度出发，我认为八卦和六十四卦实际上就是艺术品！它有审美的价值和功能。这是因为，读《易经》，能够获得如读诗，看小说，观戏剧、舞蹈，听音乐，赏画、书法等艺术时所得到的审美感受。审美感受的获得，缘由即在于卦象是有内蕴的表现性形式，是艺术符号！

易象艺术符号的特征

现在可以归结一下易象艺术符号的特征。首先就是它以简单的材料"—"和"--"构结而成。依苏珊·朗格的理论，"一件艺术品就是一种表现性的形式"（《艺术问题》中文版第 128 页）。构成一般艺术品的材料,自身只有"材料"的意义,绝不含其他任何意义。雕塑、绘画、戏剧、建筑等艺术所用的材料,是具有物理性的实体。而易象艺术符号所用的—和--,则与它们不同,是含有意蕴的,而且没有确定的物理性的实体。比如,你如果用草棍儿或竹棍儿、纸条儿,甚至烟卷儿摆成—和--的样子,倒也算是有物理性的材料了。不过,这恰恰证明它的用料的随意性,即是用什么都行,也即是用什么都不行!易象符号的物性材料,是任意取用的,并不对易象产生任何限定作用。其他艺术则受材料的物理性的限定,石雕就是石料雕成,泥塑就是泥塑就,国画必以水墨、国画色、宣纸、绢帛绘来,油画不用油彩和麻布不行,戏曲要活人去演,木偶戏非木头人儿不胜其任……

其次,作为艺术符号的任何其他一件艺术品,虽然是供知觉去把握的,但感性形象及形式美在审美活动中的位置是很重要的。易象在这方面的重视则远不如其他艺术形式,它的感性形象是朦胧的,形式美也是朦胧的。在直接提供视听形象上,易象强于诗,弱于其他艺术品种的艺术符号。

第三个特点,易象符号的整体符号(大象)之中又含有部分性的符号(小象)。乍一看,近似于诗,但又有差别。一首诗,是一个完整的情感表现符号,比如《枫桥夜泊》:"月落乌啼霜满天,江枫渔火对愁眠。姑苏城外寒山寺,夜半钟声到客船。"全诗是一个完整的表现"枫桥夜泊"时情感的艺术符号,每一句又各有形象。但每句诗的形象是纯粹部分性的,是整体意象的组成部分,自己没有独立性的情感,每句的情感也是全诗情感的构成因素。易象的爻象与整体卦象的关系，则一方面是卦象中的一部分，另一方面自己又是独立的意象。比如乾卦的大象为"天行健，君子以自强不息"。而初九爻辞则为"潜龙勿用"，以"潜龙"之象，言"阳气潜藏"于"下也"。初九为阳爻，它既与大象的阳道刚健、自强不息有联系，又自己以"潜龙"的象，喻"勿用"之内蕴而独立着。而这一特点，正是现代符号主义美学关于艺术符号与艺术中使用的符号的理论所不能笼罩的。苏珊·朗格认为"艺术符号是一种单一的符号，它的意味并不是各个部分的意义相加而成"（《艺术问题》中文版第130页）。这切合卦象作为整体的艺术符号的特征。但朗格又认为艺术符号中使用的符号，"它们起的作用仍然是一般性符号所能起到的作用，它们传达的意义仍然是超出自身的另外一种东西"（同上第131页）。爻象所呈现的意义，却蕴于自身之内，并不是传达自身以外的什么东西。即是说，爻象不同于一般的代指性符号。这个特点，是易象艺术符号所独具的。在中国戏曲艺术中，一出戏里使用的表现性符号的特殊点，正是与易象艺术符号特征相通的。

易象的审美特征

艺术品要表现情感才是艺术品。情感，是人对客观事物的心理反映。艺术作品，又是情感的艺术化载体。易象的意，首先是指情感，"以类万物之情""圣人之情见乎辞"，及"吉""凶""悔""吝"皆与情相关。卦象既见情，所以是艺术符号，即情感之表现形式，情感之载体。《中孚》九二爻象呈现的"鸣鹤在阴，其子和之。我有好爵，吾与尔靡之"就是和乐之情。《解》九二爻象呈现的"田获三狐得黄矢，贞吉"，也是喜悦之情。《明夷》卦象是"明入地中"，是忧患之情。《随》六二"系小子，失丈夫"是悲伤之象。《系辞传下》所说"作《易》者，其有忧患乎"正指出了卦象作者是因情而发的。

意的另一个含义，就是义理。义理，是对自然、社会、人生等方面的认识。《系辞传》："易与天地准，故能弥纶天地之道。"这是说易象中蕴含着天地自然的运行规律。"夫易，圣人所以崇德而广业也。""圣人有以见天下之赜，而拟诸其形容，象其物宜，是故谓之象。""作易者其知盗乎！""夫易，圣人之所以极深而研几也。惟深也，故能成天下之志；唯几也，故能成天下之务……""君子见几而作，不俟终日。易曰：'介于石，不终日，贞吉。'介如石焉，宁用终日？""易之为书也，广大悉备，有天道焉，有人道焉，有地道焉。"这些话，讲出了易象蕴含着社会、人生诸般道理。天道、地道、人道，即"三才"。易象中含"三才"之道，则人情物理悉为其表现之内容了。而易象的构成材料，又是—和--两个表现性符号，那天、地、人"三才"之道的显示，唯靠—和--的排列和所在爻位来实现。所以，易象艺术的审美特征，突出在于对—和--结构成象的认识与判断。

八经卦中，除乾为纯阳性，坤为纯阴性的之外，震、坎、艮为阳性，三画中一阳二阴；巽、离、兑为阴性，三画中一阴二阳。一阳二阴，阳为主；二阳一阴，阴为主。《系辞传下》说："阳，一君而二民，君子之道也；阴，二君而一民，小人之道也。"这是以封建男尊女卑思想对卦性作的解释，是与卦象本义不符的。王弼《明象》说："夫少者，多之所贵也；寡者，众之所宗也。"虽有些道理，但也没看到三画卦的阴、阳区分准则。三画，是单数，以—和--来组成三画之经卦（单卦），必然除却纯阴、纯阳之外，出现此一则彼二，此二则彼一的状况，阳卦的一画（—）和阴卦的一画（--），就突现出来。因此，一"—"即以此为标志，为阳卦；一"--"即以此为标志，为阴卦。阳性刚，阴性柔，阳卦现阳刚之美，阴卦现阴柔之美，二者不同。

六十四重卦中，六爻中有一阳五阴，为阳卦，如剥（䷖）、复（䷗）、比（䷇）等等。六爻中有一阴五阳，为阴卦，如大有（䷍）、同人（䷌）、姤（䷫）等等。上、下卦皆阳，是重阳之卦，如蒙（䷃）、蹇（䷦）、小过（䷽）等等。上、下卦皆阴，是重阴之卦，如离（䷝）、睽（䷥）、革（䷰）等等。上、下卦一阴一阳，是中性之卦，如归妹（䷵）、咸（䷞）、井（䷯）等等。

卦象是固定的，爻象是在变化中呈现的，这就促成易象审美的又一特征——在动中见美。爻位：一、三、五为阳位，二、四、六为阴位。一位即初位，六位即上位。阴爻处于阴位，阳爻处于阳位，是当位；阴爻处阳位，阳爻处阴位，是失位，即所处位不当。卦中某爻，对其上之爻，是"承"的关系，对其下的爻，是"乘"的关系。承，就是顺承、承接。乘，就是乘坐，引申为依托、倚恃、占据之意。爻之间除了乘、承关系外，还有应与失应（不应）的关系。应，相呼应。六爻中，初、二、三是下卦，四、五、上是上卦。初爻与四爻为相应，二与五相应，三与上相应。何谓相应？一阴一阳相呼为应。如初位是阳爻，四位是阴爻，则初与四是相应关系。如果初位是阴爻，四位也是阴爻，则是失应；初位是阳爻，四位也是阳爻，也是失应。阴位的阴爻与阳位的阳爻相应，称为"正应"，如初位阳爻与四位阴爻之应，二位阴爻与五位阳爻之应，三位阳爻与上位阴爻之应，皆是正应关系。所谓正应，就是当位（位正）而有应。如不当位而有应，只称"应"，如初位阴爻与四位阳爻之应，二位阳爻与五位阴爻之应，三位阴爻与上位阳爻之应。正应关系，胜于位不正的相应关系。二位处下卦之中间，五位居上卦之中间，如果二位是阴爻，五位是阳爻，则此二爻位既正，又居中，是谓"中正"。

上述爻位的种种关系，都直接关系着"吉""凶""悔""咎"的与否，也就是和美与否相关。故此，在易象审美中，这些关系是占有重要位置的，起的作用不容忽视。特别要指出的是，相应关系与爻象的构成有关。这些关系实际起的是构造爻象的作用。比如颐卦（䷚）的初九是阳爻当位，与六四又成正应关系，是可贵的。颐卦卦象是"口"的形象，口是上齿不动，下颔动，进行咀嚼，因而吃进食物，得到颐养的。从直观卦象看，是个"口"，并有"牙齿"。从卦象蕴意来看，上艮是止的意思，下震现动的含义，恰如口之上颌不动，下颌动。初九在下震，三爻位是阳位，现在是震的阴画所居之处。阳位是阳爻当处的位置，三位上如果是阳爻，则下卦便不是震，而是离（☲）。离是龟象，如今离象不见，三位由阴爻占据，因而成震（☳），是"舍尔灵龟"之象。初九应于六四，六四在艮，艮是"目""视"之象。六四与六三、六五组成坤（☷），坤为我。从艮的"止"象，加上震的"动"象，是

"口"在"咀嚼"之象。把"目视""我""朵颐"(咀嚼的样子)联起来,即"观我朵颐"之形象。舍弃自己鲜美的龟不吃,却看人家吃东西的样儿,是不好的,故"凶",故"不足贵也"!不足贵,就是不值得称道。由此可见爻位诸般关系对成象的作用。对爻位关系的把握,是易象审美的必经途径,是关键。

易象审美的另一重要特征,是审美活动在逻辑思维与形象思维交织构造的想象中进行。易象自身那朦胧、薄弱的感性形象——抽象后的事物外部形态结构模式——几乎在全部审美活动中不起作用。艺术离不开想象。绘画、雕塑、影视、戏剧等艺术,感性形象是清晰的。诗是完全没有直供感觉器官把握的感性形象的,这一点似乎与易象相近,但实不同。诗的语言描绘出了形象,为想象提供了清晰的表象。易象则是以抽象的事物形态结构之象,为想象提供表象的结构或结构关系,由想象去依此把事物表象复原于脑海中。"孤帆一片日边来",使我们直接"看"到"孤帆一片"从"日边"驶来的形象,这形象是具体的。鼎卦的卦象䷱,便得通过想象的加工,才能在这个"工程图纸"式的鼎的结构图上,呈现鼎的形象。离开想象——形象思维——就不能得到鼎之表象。上☲下☴,又从鼎是烹饪器具的功能,及实现此功能的条件——以木(☴为木)生火(☲为火)才能爨鼎——的道理上,来说明䷱是鼎之形象。因此,抽象思维又交织于想象之中。在把握爻象表象时,这一点更为突出。仍以颐之初九"舍尔灵龟,观我朵颐"之象来分析,首先要"看"到☶为龟象,再"看"到☶的上画变为--,是☶象被破坏。☶象被破,也即龟象不存,如是才获得了"舍尔灵龟"的表象。必先从逻辑上知道初与四相应，才进而联想到☷有"观"象，看到互卦☶，才联想到上坤为我，再对䷚的整体进行辨析，把握了☶为止象，☳为动象，上止下动是咀嚼时口腔的活动规律，这样才获得"观我朵颐"的表象。所以说易象审美过程中的想象，是逻辑思维与想象（形象思维）交织浑成的想象！而审美——玩象——的乐趣，正在这种想象之中。运用这种必须与逻辑思维融贯一起的想象进行审美，是易象审美所独具的。

易象，作为意象，与其他具感性形象的艺术所有的意象之不同在于，既然易象之意象是以事物形象的外态结构图形式出现，它就不以形式美为重。故而，易象审美中，可以撇开形式美不谈。意中见美，不求形中见美，因形得象，由象得意，得意忘形。易象的这一审美特征，实开中国审美准则之源。中国画之不求形似，中国戏曲表演之以意为尚，皆与此一脉相承。可以说，易象是纯粹的想象艺术。卦辞、爻辞是卦象、爻象的"说明书"，观象玩辞，即是玩象。玩象不是欣赏卦形，而是玩审象中反映于我们心中的表象，再由表象去发现内蕴之意，以获得审美目的。

纯粹的想象艺术，是心灵所玩赏的艺术，它的美直接供心灵去享受，因此它是最高妙的艺术！它不取悦于审美者的耳、目，乃取悦于审美者之心灵。庄子说："悲夫，世人以形、色、名、声为足以得彼之情！夫形、色、名、声果不足以得彼之情！则知者不言，言者不知，而世岂识之哉！"（《庄子·天道》）易象其庶几乎！

二、易经的美学思想

(一) 载有母系氏族社会意识的遗痕

钱玄同说:"我以为原始的《易》卦,是生殖器崇拜时代的东西;'乾''坤'二卦即是两性底生殖器底记号。"(顾颉刚《古史辨》第77页)这说法,我赞成。"生殖器崇拜时代",远古旧石器、新石器时代也,亦即母系氏族社会之时。八卦卦形产生于这个时代,我是确信不疑的。在《易象通说》中,我已作了些论证,这里再赘叙一下。产生于殷周之际的卦辞、爻辞——《系辞传下》主此说而未敢遽定,云"《易》之兴也,其当殷之末世、周之盛德耶?当文王与纣之事耶?"郭沫若云:"《易经》……它是由原始公社社会变成奴隶制时的社会的产物。"(《沫若文集》卷十四第71页)高亨云:"我认为《周易》一书,在西周初年写定。"(《周易杂论》第12页)——之中,存在着原始社会时候的意识痕迹。

古籍中早已认定"伏羲画卦",至于是否确有伏羲这个人,我的看法是有,且是一位氏族部落的女首领。八卦产生于原始社会,所以后人便将这功劳归属于她了。以"羲"字的金文来看,《羲妣鬲》写作"羲",《诅楚文》写作"羲"。这两个金文的"丂""丁",是古文字中女性生殖器符号,如"妣"甲骨文为"匕"(《铁云藏龟》四六·一),"牝"甲骨文为"牝"(《殷契选释》第49页》),牝羊,甲骨文为"羊"(上书第50页,原译为"牝",误),宾、嫔,甲骨文为"宾""嫔"(上书第66页)。故,甲骨文学者早已判定"丂"或"匕""丁"为女阴标记。且"曰'羲和',曰'娥皇',

皆'常羲'一语之变"（王国维《殷卜辞中所见先公先王考》）。郭沫若亦认为"羲和、常羲即娥皇、女英"（《沫若文集》卷十四第231页）。是知"羲"即"娥"之通假，女子名的专用字也。是可证伏羲为女性，是母系社会时的一位女首领。再如帝写为"帝"，王写为"太"，而甲骨文中的女阴符号"▽"，正是原始母系社会女性为主的反映。伏羲既为当时首领，由此二字亦可佐证她是女人。八卦出现在那个时代，必然要反映当时的社会状况，当它出现时，开始也必然有"卦辞""爻辞"。否则，它作为筮卜方法、方式，没有解释卦象的说辞，也就没有意义，也就无所谓占筮了！因为占出了卦形之后，无所解说，占有何用？那么，为什么甲骨文、金文记载中不见它的踪影呢？我认为这问题很好解释：甲骨文是记载另一种占卜术的占卜结果的，与用蓍草占卜而求卦的方式乃两码事，故此，卦不见于甲骨上。正因为占卦的方法是用草棍儿，与今天用扑克牌"算卦"的游戏相似，占得的辞只是口头流传，故不见诸上古文字文献中。总结、记录这用草棍儿占卜判词的工作，是在殷末周初做的，所以，《易经》才出现于殷末周初。正由于《易经》的编述，是整理、记录原始蓍草成卦的占辞，它就必然保留着母系社会时占卜的大量原貌，才不可免地注入新的说法——将新的事例补充进去，如"高宗伐鬼方""王用亨于西山""箕子之明夷"等"新典故"。进而，我认为八卦是用草棍儿摆成的基本卦形，八个卦形是不足以适应占卜的，故，重卦也应需要而必然同时出现！八卦与六十四卦的名称，也必然是早就定下来的，即使因口头流传，有所讹变，《易经》在整理编写时，选字用字上或与口语有异，但原音原义还不至于有太大的走迹。所以，研究《易经》的占辞，是可以洞见母系氏族社会的思想意识——包括美学意识的。那么，从《易经》经文中，可以窥见母系社会的哪些美学意识呢？

（二）坤为美

坤（☷）是阴性，是母象，是女阴象，也是土、地象。在母系氏族社会时期，女尊而男卑，《易经》里于此有明显反映。先以卦形来看，泰（䷊）——坤居上，乾居上临下、自外向内之势，所以就泰。相反，否（䷋）——坤居下，有仰承和动则自内出外之势，所以就否。泰，安也，和也。否，倾也，失和也。泰就是好，否就是坏。泰则美，否则不美。咸（䷞）——兑在上，艮在下，兑是少女之象，艮是少男之象。少男居下求于少女，所以才感悦于少女。翻个位置，艮上而兑下，少女从于少男之后，则变为损（䷨）。咸则美，损则不美。

再以占辞来看：

象男阳之乾（䷀）卦，只说男阳之自静而动，自弱而盛乃至亢盛遂败的道理（详见拙作《易象通说》）。于象牝器之坤（䷁）卦，则明白地说出"含章"（六三爻辞），"黄裳元吉"（六五爻辞）。《文言》说"阴虽有美，含之以成王事……""君子黄中通理，正位居体，美在其中……"是释"章""黄裳"为美。"美之至也"，就是"元吉"。

《光明日报》1986年7月25日头版，以近五分之四的版面报道的辽西考古发现的五千年前、新石器时期的泥塑女性裸体像残块,为《易经》的尊坤和女阴崇拜意识提供了有力的旁证。更值得注意的,是发现了"祭坛遗址内有象征'天圆地方'的圆形和方形祭坛"。这说明乾动坤静,"天地设位,而《易》行乎其中","天行健",坤"至静而德方"的思想已经存在了!既然对女性生殖器的崇拜,是包括中国在内的各国上古时人类必经的历史阶段,那么,产生于母系氏族社会时期的八卦、六十四卦和后些时候记录、整理出的卦、爻辞——《易经》之反映尊坤意识,是不容置疑的。乾卦占辞中不言"美",坤卦占辞中言"含章""黄裳元吉",亦是合乎"时代意识"的了。

(三)交合为美

上古人类对生殖器的崇拜,反映出对人类繁衍的需求。对牝器的崇拜,从考古发现来看,是早于对牡器之崇拜的。而男女交合,是生育的必需,所以,交合在上古人眼中是神秘和美好的。1988年3月18日《工人日报》报道的我国新疆地区发现的原始时期遗留的大型男、女以及牝、牡兽交媾形象的岩画,证实了上古人类对交合的崇拜及群婚的俗习。《吕氏春秋·恃君览》说:"昔太古尝无君矣,其民聚生群处,知母不知父,无亲戚、兄弟、夫妻、男女之别……"这不是蒙昧、野性的表现,实是对生命发展的积极的追求!《易经》中对此有深广的反映。

坤卦卦辞中,有"西南得朋,东北丧朋"的话。这"得朋"和"丧朋",是指坤阴得乾阳,阴阳相遇为朋。朋,群也,即《尚书·虞书·益稷》"朋淫于家"之"朋"。《论衡·物势》"西方,金也。"《说卦》:"乾为金",《白虎通德论·五行》"火在南方……

族集体上下同心。"有孚惠心""有孚惠我德",即上施信于下,下信上,上下间用孚维系着关系。家族之中,女主的威信也是靠孚信建立的,能孚于下,主威自立,《家人》上九的爻辞"有孚威如"的判语就是"终吉"!首领要做重大的改革,离开下众的信任则不可为,孚众望的改革——"有孚改命"——吉!孚作为美德的确立,在《易》经文中是很突出的。

(五)变与恒

在讲艺术的美时,有人引《易》,说变是美,甚至有以《泰》的☰上☷下来证明中国古代的审美标准在于"天""地"掉个儿,而☰上☷下的合常,就是否,就是不美。前者,还沾点儿边,后者则不可说也!

美是显现于固定的形式上的。卦象不是在不成形式的变动中,而是静止的形式。形式是守恒的,不论是变动的形式,还是稳定的形式,变与定皆形式的内部结构在外部的表现。形式中的变,不等于外现形式的变。卦象不变,但卦中的爻象是变化的。卦象一变,则此卦变成彼卦,是形式已变的。比如一个陶瓶,它的形式是静止状态的,并不是说它形式自身各部位之间没有差异,没有"变化"。而海浪、河波是在动态中的,但浪也是一个固定的形式,不是因它处于动中而不再是"浪"了。一幅画,形式是固定的,画中的色彩、形象之间富有变化,不是"画"在变。一支乐曲,旋律在不停的变中,但不因旋律的进行而使这支乐曲"变"没了!《步步高》《二泉映月》,永远不能变,变了,就不是《步步高》《二泉映月》了。但是《步步高》不能是一个音符,它必得由诸多音符组成一个相互间有变化的形式，才是一支称为《步步高》的乐曲。卦形由阴爻、阳爻的变化排列组成六十四种，才有六十四种卦象，如果阴、阳画只依一个模式排列，也就不存在六十四卦了。形式中的内部变化，有益于美的显现；形式本体的变，是对本形式的美的破坏！形式内部的富于变化，也有准则。《泰》卦的坤上乾下，正是讲"小（乾）往"与"大（坤）来"的往、来之动中，产生阴阳交合，阴阳交则万物生，生生为易，美才显现。《否》所以否，在于"大（坤）往"与"小（乾）来"——地跑上边去，天跑下边来，天、地则错位——阴阳不交，乾坤颠倒，不"否"还等什么！《泰》正是说阴、阳即将对位，《否》正是说阴、阳将不对位！《乾》用九"见群龙无首，吉"讲的就是"变"，但这种变不是没规律的乱变，而是周而复始的、不见首尾的变。《坤》用六"利永贞"讲的就是贞定持恒。形式上要方（静），形式内部则有圆（动）。乾动坤静，乾坤相交，阳动而有恒定的规律形式，阴静之形式内部有变化规律。一年是春、夏、秋、冬的固定之形式，守恒不变。春、夏、秋、冬在年之中，却要周而复始地运转不停。形式内部没有变化，形式也就丧失了生命，美也就不存在了。《恒》卦九三爻辞说："不恒其德，或承之羞，贞吝。"这就是讲阳动应守其规律。六五爻辞："恒其德。贞妇人吉，夫子凶。"这就是指阴应守恒——形式的守恒。"妇人"即阴、坤。相反，"夫子"（阳、乾）的恒是指内在规律性的变化不应停止，如果"夫子"不守自身的恒，却守"妇人"的恒——把形式内部的规律性变化停止了，去学形式的不变，是凶的，因为形式内部变化（阳动）一停，形式

（阴静）也不复存！上六爻辞："振恒，凶。"六是阴性，阴之形式的贞固被破坏了，阴、阳无所依着，不凶何待！举个最简单的例子吧，你把"国画"这形式全消灭了，还谈什么国画呢？

外在载体形式的恒，与内部关系的变，在《易》中明显的反映，就是卦形的象与爻象的关系。以《乾》卦为例，☰是群龙周而复始的运行之象。《乾》用九说"见群龙无首"。乾卦六画，每画都象征的是龙。六画所标示的回环往复的群龙运行形象，是持恒的，是属于规律性的变化结构。这个结构图，就叫乾卦。一见这种六道短线，即知其为乾卦，如果这个恒定的结构图有了变化，六道短线中只要有一道中间断开，乾卦的形就被破坏，也就不复是乾卦的卦形了。然则六画中每一画因其所处的位置不同，即在整体结构中所处环节不同，它们之间的关系也有差异，自身也有相对的独立性。初九："潜龙勿用"；上九："亢龙有悔"。都是"龙"，处境、个性、效能却不一样。在恒定的卦象中，爻象处于变化、显示个性的不同位置上。四季变化规律是恒性的，四季自身却处于可变性中。春、夏、秋、冬的气候反常，就是可变性的表现。

变在恒中，是《易》的哲学思想，也是它的美学思想。《恒》上六："振恒，凶。"自然规律是恒性的，对自然规律的违背，必招凶咎。恒，是指规律性变化的守恒和变化的合于规律，而不是静止不动。